FOM-Edition

FOM Hochschule für Oekonomie & Management

Reihe herausgegeben von
FOM Hochschule für Oekonomie & Management, Essen, Deutschland

Bücher, die relevante Themen aus wissenschaftlicher Perspektive beleuchten, sowie Lehrbücher schärfen das Profil einer Hochschule. Im Zuge des Aufbaus der FOM gründete die Hochschule mit der *FOM-Edition* eine wissenschaftliche Schriftenreihe, die allen Hochschullehrenden der FOM offensteht. Sie gliedert sich in die Bereiche Lehrbuch, Fachbuch, Sachbuch, International Series sowie Dissertationen. Die Besonderheit der Titel in der Rubrik Lehrbuch liegt darin, dass den Studierenden die Lehrinhalte in Form von Modulen in einer speziell für das berufsbegleitende Studium aufbereiteten Didaktik angeboten werden. Die FOM ergreift mit der Herausgabe eigener Lehrbücher die Initiative, der Zielgruppe der studierenden Berufstätigen sowie den Dozierenden bislang in dieser Ausprägung nicht erhältliche, passgenaue Lehr- und Lernmittel zur Verfügung zu stellen, die eine ideale und didaktisch abgestimmte Ergänzung des Präsenzunterrichtes der Hochschule darstellen. Die Sachbücher hingegen fokussieren in Abgrenzung zu den wissenschaftlich-theoretischen Fachbüchern den Praxistransfer der FOM und transportieren konkrete Handlungsimplikationen. Fallstudienbücher, die zielgerichtet für Bachelor- und Master-Studierende eine Bereicherung bieten, sowie die englischsprachige *International Series*, mit der die Internationalisierungsstrategie der Hochschule flankiert wird, ergänzen das Portfolio. Darüber hinaus wurden in der FOM-Edition jüngst die Voraussetzungen zur Veröffentlichung von Dissertationen aus kooperativen Promotionsprogrammen der FOM geschaffen.

Peter Altmiks
Hrsg.

Soziale Marktwirtschaft und Freiheit

Analyse – Herausforderungen – Reformvorschläge

Hrsg.
Peter Altmiks
FOM Hochschule für Oekonomie & Management
Hannover, Deutschland

ISSN 2625-7114 ISSN 2625-7122 (electronic)
FOM-Edition

ISBN 978-3-658-47371-6 ISBN 978-3-658-47372-3 (eBook)
https://doi.org/10.1007/978-3-658-47372-3

Die Deutsche Nationalbibliothek verzeichnet diese Publikation in der Deutschen Nationalbibliografie; detaillierte bibliografische Daten sind im Internet über https://portal.dnb.de abrufbar.

© Der/die Herausgeber bzw. der/die Autor(en), exklusiv lizenziert an Springer Fachmedien Wiesbaden GmbH, ein Teil von Springer Nature 2025

Das Werk einschließlich aller seiner Teile ist urheberrechtlich geschützt. Jede Verwertung, die nicht ausdrücklich vom Urheberrechtsgesetz zugelassen ist, bedarf der vorherigen Zustimmung des Verlags. Das gilt insbesondere für Vervielfältigungen, Bearbeitungen, Übersetzungen, Mikroverfilmungen und die Einspeicherung und Verarbeitung in elektronischen Systemen.
Die Wiedergabe von allgemein beschreibenden Bezeichnungen, Marken, Unternehmensnamen etc. in diesem Werk bedeutet nicht, dass diese frei durch jede Person benutzt werden dürfen. Die Berechtigung zur Benutzung unterliegt, auch ohne gesonderten Hinweis hierzu, den Regeln des Markenrechts. Die Rechte des/der jeweiligen Zeicheninhaber*in sind zu beachten.
Der Verlag, die Autor*innen und die Herausgeber*innen gehen davon aus, dass die Angaben und Informationen in diesem Werk zum Zeitpunkt der Veröffentlichung vollständig und korrekt sind. Weder der Verlag noch die Autor*innen oder die Herausgeber*innen übernehmen, ausdrücklich oder implizit, Gewähr für den Inhalt des Werkes, etwaige Fehler oder Äußerungen. Der Verlag bleibt im Hinblick auf geografische Zuordnungen und Gebietsbezeichnungen in veröffentlichten Karten und Institutionsadressen neutral.

Planung/Lektorat: Angela Meffert
Springer Gabler ist ein Imprint der eingetragenen Gesellschaft Springer Fachmedien Wiesbaden GmbH und ist ein Teil von Springer Nature.
Die Anschrift der Gesellschaft ist: Abraham-Lincoln-Str. 46, 65189 Wiesbaden, Germany

Wenn Sie dieses Produkt entsorgen, geben Sie das Papier bitte zum Recycling.

Geleitwort

© Tristan Unkelbach/FDP

Im Jahr 1948 hob der erste liberale Wirtschaftsminister, Ludwig Erhard, noch vor Gründung der Bundesrepublik die Zwangsbewirtschaftung und die Preisbindung auf. Trotz enormer Widerstände und großer Ängste. Doch bereits am Folgetag seiner mutigen Entscheidung zeigte sich: Die Auslagen in den Schaufenstern des Landes füllten sich. Der Mut zur Marktwirtschaft – er hatte sich für die Menschen gelohnt.

Auf dieser Grundlage setzte die FDP in den 1950er-Jahren mit Ludwig Erhard die Soziale Marktwirtschaft in Deutschland durch: ein Rahmen für neue Unternehmungen, ein soziales Netz, das schützt vor dem Fall ins Bodenlose, und klare Regeln für den geordneten Markt.

Seit jeher hat sie sich nicht nur bewährt, sondern fortwährend ihre Anpassungsfähigkeit bewiesen. Es ist die Soziale Marktwirtschaft, die Deutschland einen beständigen sowie stetig wachsenden Wohlstand beschert hat – stets unter Berücksichtigung gesellschaftlicher Veränderungen. In ihrer idealen Verfasstheit fördert und fordert sie zudem die persönliche Übernahme individueller Verantwortung und bildet im Einklang mit dem Rechtsstaat und der Bürgergesellschaft die Freiheitsordnung, in der sich jede und jeder Einzelne am besten entfalten kann.

All dies ist keine Selbstverständlichkeit. Die in manchen Kreisen verbreitete Annahme, Wohlstand, Innovationskraft und Wachstum unseres Landes seien Naturgesetze, trügt. Der Fokus mancher auf Umverteilung und die Rolle des Staates ist stark verengt. Die abermals nach unten angepassten kurz- und mittelfristigen Prognosen zeigen nämlich, dass Deutschland sein Potenzial nicht abrufen kann.

Zwar dämpfen auch konjunkturelle Faktoren das Wirtschaftswachstum, seine Schwäche reflektiert aber insbesondere strukturelle Herausforderungen, Versäumnisse der Vergangenheit und politisch festgelegte Rahmenbedingungen.

Genau hier setzen die Autoren dieser Publikation an: Sie analysieren, welche Fehler in der Wirtschafts- und Finanzpolitik zu diesen Missständen führten. Zugleich skizzieren sie Lösungsmöglichkeiten, um den Wirtschaftsstandort Deutschland attraktiver und damit die bewährte Wirtschaftsordnung der Sozialen Marktwirtschaft wieder zukunftsfähig auszurichten.

Bundesvorsitzender der FDP, Berlin, Deutschland   Christian Lindner

Vorwort

Passend zum BMBF-Wissenschaftsjahr 2024 beschäftigt sich dieser Sammelband mit der Entwicklung und Zukunft der Sozialen Marktwirtschaft und den damit zusammenhängenden Ausprägungen der Freiheit. Die deutsche Volkswirtschaft steckt in einer Rezession. Die seit 2018 stagnierende Arbeitsproduktivität, die seit 2018 deutlich steigenden Lohnstückkosten und die seit 2018 gesunkene Industrieproduktion weisen auf strukturelle Ursachen hin, die deutlich vor der Covid-19-Pandemie eingesetzt haben. Zusätzlich ist eine maßgeblich durch die expansive Geldpolitik der Europäischen Zentralbank induzierte Inflation zu beobachten, die zuerst zu einer Vermögenpreisinflation führte und seit 2021 auch in den Verbraucherpreisen sichtbar wurde. Die Autorinnen und Autoren dieses Sammelbandes analysieren nicht nur den Zustand der Sozialen Marktwirtschaft sowie die wirtschafts- und finanzpolitischen Fehler, sondern liefern auch fundierte Reformvorschläge.

Zuerst präsentiert Peter Altmiks im ersten Beitrag einen kurzen Abriss der Geschichte der Sozialen Marktwirtschaft verbunden mit einem Abgleich der konstituierenden und regulierenden Prinzipien der Wettbewerbsordnung, ohne die eine Marktwirtschaft nicht entstehen und nicht erhalten werden kann. Die Soziale Marktwirtschaft war nie ein in sich geschlossenes Konzept und hat sich über mehr als 75 Jahre als anpassungsfähig und resilient erwiesen. Allerdings sind Abweichungen und Deformationen zu beobachten, die zu der derzeitigen Wirtschaftskrise beigetragen haben.

Im zweiten Beitrag beschreibt **Daniel Zimmer**, der ehemalige Vorsitzende der Monopolkommission, die Sicherung der Wettbewerbsfreiheit durch eine moderne Wettbewerbspolitik. Vor allem geht er auf Maßnahmen ein, in denen das Kartellrecht gezielt gegen neue Formen des Monopolkapitalismus auf Plattformmärkten eingesetzt wird. Das moderne Wettbewerbsrecht schützt wieder umfassend die Wettbewerbsfreiheit vor den marktmächtigen großen Plattformen – sowohl die der Endnutzer (Verbraucher) als auch die der gewerblichen Nutzer.

Im dritten Beitrag geht **Gunther Schnabl** auf die Zentralisierungstendenzen in der Europäischen Union ein. Verglichen werden zwei Sichtweisen des europäischen Integrationsprozesses: die keynesianische schuldenfinanzierte Wachstumspolitik und das wettbewerbsorientierte deutsche Zentralbank- und Wachstumsmodell. Im Euroraum bestehen weiterhin starke Divergenzen, beispielhaft sei die Regierungskrise Frankreichs im Jahr 2024 erwähnt. Eine gemeinsame Finanz-, Sozial- und Wirtschaftspolitik ist in Europa nicht in Sicht. Die Europäische Zentralbank und die Europäische Union können die wachsenden Gräben in Europa mit zentralbankfinanzierten Staatsausgaben nur zeitweise überbrücken. Nicht die Zentralisierung von Macht in gemeinsamen europäischen Institutionen, sondern Geldwertstabilität und der Binnenmarkt können den Wohlstand in Europa sichern.

Im letzten Beitrag des zweiten Teils skizziert **Fritz Vahrenholt** die Anforderungen an eine umweltverträgliche, belastbare und bezahlbare Energieversorgung. Er analysiert die Auswirkungen der deutschen Energiepolitik, vor allem die Effekte und Verwerfungen der deutschen Energiewende. Strom, Gas und Öl sind durch klimapolitische Maßnahmen erheblich verteuert worden. Zudem ist die Versorgungssicherheit zunehmend fraglich. Der geplante Import großer Mengen an Wasserstoff verteuert den Strompreis zusätzlich und gefährdet damit die industrielle Basis. Ein preiswerter Strommix aus neuen Offshore-Windkraftwerken, günstiger Kernenergie und Braunkohlestrom mit CO_2-Abscheidung würde sowohl eine sichere als auch günstige sowie umweltverträglichere Lösung bieten.

Der dritte Teil behandelt die materielle Freiheit, die sich im Sozialstaatspostulat der Sozialen Marktwirtschaft widerspiegelt. **Guido Pöllmann** vergleicht in seinem Beitrag Ludwig Erhards Schrift „Wohlstand für Alle" aus dem Jahr 1957 mit der heutigen Sozialpolitik. Erhard wollte nicht den Weg in einen allumfassenden Versorgungsstaat, der ökonomische Eigenverantwortung und Eigeninitiative verhindere, sondern entwickelte die Vorstellung einer in die Wirtschaftspolitik integrierten Sozialpolitik. Der Wettbewerb soll durch eine die individuelle Handlungsautonomie sichernde Wirtschaftspolitik geschützt werden. Dadurch wird Wohlstand geschaffen, der durch eine die Kaufkraft erhaltende Geldpolitik abzusichern ist. Die Schaffung von Wohlstand ist aktive Sozialpolitik. Die gegenwärtige Sozialpolitik würde den damaligen Vorstellungen Ludwig Erhards widersprechen, da Erhard sich gegen verhaltenslenkende Politikmaßnahmen, eine expansive Geldpolitik und die hohe staatliche Bezuschussung der Rentenversicherung ausgesprochen hat.

Judith Niehues vergleicht in ihrem Beitrag subjektive Einschätzungen der Gerechtigkeit der Verteilung von Einkommen und Vermögen innerhalb der Bevölkerung mit objektiven statistischen Verteilungskennziffern. Viele Menschen in Deutschland empfinden diese Verteilung als zunehmend ungerecht. Entsprechende statistische Kennziffern ergeben dagegen ein weniger negatives Bild. Die Einkommensungleichheit ist weitestgehend stabil und die Ungleichheit der Vermögen weist seit der Finanzkrise 2008/09 eine leicht rückläufige Entwicklung auf. Hohe Erwartungshaltungen, teilweise widersprüchliche Umverteilungspräferenzen und Finanzierungsrestriktionen sorgen für eine Enttäuschung innerhalb der Bevölkerung. Mit einer besseren Differenzierung bei der Einordnung von Verteilungsmaßen kann den negativen Gerechtigkeits- und Verteilungswahrnehmungen entgegengewirkt werden.

Thomas Mayer beleuchtet in seinem Beitrag die historischen Hintergründe für die Entwicklung des Sozialstaats, seine schwindende finanzielle Grundlage und die durch die Alterung der Bevölkerung und weitgehend unkontrollierte Immigration entstehenden Herausforderungen. Es ist ein Rückgang der Produktivität pro Kopf zu beobachten, der sowohl durch Arbeitszeitverkürzung als auch erheblich durch die wuchernde Staatstätigkeit bedingt ist. Die Produktivität im öffentlichen Dienstleistungsbereich ist nicht nur deutlich geringer als in der Gesamtwirtschaft, sondern hat im Lauf der Zeit auch abgenommen. Im Vergleich zu mageren gesetzlichen Renten sind die Pensionen der Beamten üppig. Das Rentenpaket II wäre eine Politik zu Lasten der Erwerbstätigen gewesen. Der deutsche Sozialstaat droht zunehmend unbezahlbar zu werden. Ein umfasser Sozialstaat und offene Grenzen sind unvereinbar. Asylrecht und Einwanderungspolitik müssten so gestaltet werden, dass die Einwanderung in den Sozialstaat drastisch sinkt und die Einwanderung in die Beschäftigung den Ansprüchen der Wirtschaft genügt. Wirtschaftliche Leistungsfähigkeit ist die Voraussetzung für soziale Sicherung. Ergo müssen Maßnahmen umgesetzt werden, die die Leistungsfähigkeit der deutschen Wirtschaft erhöhen, das marode Bildungssystem reformieren und die bürokratische Gängelung der Unternehmer beenden.

Der vierte und letzte Teil beschäftigt sich mit den derzeitigen Herausforderungen der Sozialen Marktwirtschaft. **Markus H. Dahm** und **Uwe Neuhaus** untersuchen das Spannungsfeld von Künstlicher Intelligenz und Freiheit. Sie weisen einerseits auf die möglichen Fortschritte in der Medizin, Wissenschaft und Automatisierung durch den Einsatz von Künstlicher Intelligenz hin, andererseits sind auch Einschränkungen der menschlichen Freiheit durch den verstärkten Einsatz von Künstlicher Intelligenz möglich. Wie wirkt sich die Überwachung durch KI-Systeme auf die Privatsphäre aus? Welche Auswirkungen hat die Automatisierung von Arbeitsplätzen auf die wirtschaftliche Freiheit? Und wie kann sichergestellt werden, dass KI-Systeme ethisch und gerecht eingesetzt werden, um die individuelle und kollektive Freiheit zu schützen? Durch den breiten Einsatzbereich von Künstlicher Intelligenz, ihre Doppelnatur und die immer umfassendere Nutzung berührt Künstliche Intelligenz vielfältige Aspekte der menschlichen Freiheit. Sie berührt insbesondere die Informationsfreiheit, die Meinungsfreiheit, die Entscheidungsfreiheit und, etwas indirekter, auch die Berufsfreiheit. Künstliche Intelligenz kann die jeweilige Freiheit fördern, aber auch einschränken, je nachdem, wie und wofür sie eingesetzt wird.

Abschließend plädiert **Stefan Kooths** für einen ordnungsökonomischen Neustart in der Wirtschaftspolitik. Nach einer eingehenden Analyse der Wachstumshemmnisse entwirft er eine Reformagenda, um die ökonomische Misere zu beenden. Nötig sind eine aktivierende Sozialpolitik durch ein integriertes Steuer-Transfer-System, die Anpassung der sozialen Sicherungssysteme an die demografische Alterung, eine rationale Finanzpolitik und eine Nutzerfinanzierung für Infrastrukturen, eine marktwirtschaftliche Rückbesinnung in der Dekarbonisierungspolitik sowie eine vernünftige und bezahlbare Energiepolitik. Letztendlich muss die Wirtschaftspolitik wieder mehr Ordnungspolitik wagen. Der Standort Deutschland müsste für mehr Wachstum vom Ballast dysfunktionaler Teilbereiche durch tiefgreifende Reformen befreit werden.

Mein herzlicher Dank gilt den Autorinnen und Autoren für die eingereichten Beiträge sowie der FOM Hochschule und dem Springer Verlag für die konstruktive Zusammenarbeit bei der Realisierung dieses Buchs. Den Leserinnen und Lesern wünsche ich eine anregende Lektüre.

Hannover, Deutschland
im Frühjahr 2025

Peter Altmiks

Inhaltsverzeichnis

Teil I   Grundlagen

1   Gerahmte Freiheit – die Geschichte der Sozialen Marktwirtschaft   3
    Peter Altmiks

Teil II   Wirtschaftspolitik im Spannungsfeld von Freiheit und Rahmensetzung

2   Sicherung der Wettbewerbsfreiheit   17
    Daniel Zimmer

3   Zentralisierung statt Freiheit? Bewegt sich die Europäische Union in die
    falsche Richtung?   31
    Gunther Schnabl

4   Anforderungen an eine umweltverträgliche, belastbare und bezahlbare
    Energieversorgung   49
    Fritz Vahrenholt

Teil III   Materielle Freiheit: Das Sozialstaatspostulat der Sozialen Marktwirtschaft

5   Ludwig Erhards Wohlstand für alle und die Sozialpolitik heute   63
    Guido Pöllmann

6   Gleichheit und Gerechtigkeit in der Sozialen Marktwirtschaft   81
    Judith Niehues

7   Marsch in den „totalen Versorgungsstaat"   99
    Thomas Mayer

Teil IV Herausforderungen

8   Herausforderung Künstliche Intelligenz und menschliche Freiheit 121
Markus H. Dahm und Uwe Neuhaus

9   Ordnungsökonomischer Neustart in der Wirtschaftspolitik 149
Stefan Kooths

Herausgeber- und Autorenverzeichnis

Herausgeber

Prof. Dr. Peter Altmiks ist seit 2017 Professor für Volkswirtschaftslehre an der FOM Hochschule für Oekonomie & Management in Hannover. Zusätzlich lehrt er Sozialpolitik, Gesundheitspolitik und qualitative Forschung. Seine Forschungsinteressen liegen in den Bereichen Wirtschafts- und Sozialpolitik, Geld und Währung sowie Bankenregulierung.

Verzeichnis der Beitragsautorinnen und -autoren

Prof. Dr. Markus H. Dahm FOM Hochschule und IBM Deutschland, Hamburg, Deutschland

Prof. Dr. Stefan Kooths Institut für Weltwirtschaft, Kiel, Deutschland

Prof. Dr. Thomas Mayer Flossbach von Storch Research Institute, Köln, Deutschland

Uwe Neuhaus Europa-Universität Flensburg, Flensburg, Deutschland

Dr. Judith Niehues Institut der deutschen Wirtschaft, Köln, Deutschland

Prof. Dr. Guido Pöllmann FOM Hochschule, München, Deutschland

Prof. Dr. Gunther Schnabl Flossbach von Storch Research Institute, Köln, Deutschland

Prof. Dr. Fritz Vahrenholt Universität Hamburg, Hamburg, Deutschland

Prof. Dr. Daniel Zimmer Universität Bonn, Bonn, Deutschland

Teil I
Grundlagen

Gerahmte Freiheit – die Geschichte der Sozialen Marktwirtschaft

Peter Altmiks

Inhaltsverzeichnis

1.1	Die Idee des Ordoliberalismus und der Sozialen Marktwirtschaft	4
1.2	1950er- und 1960er-Jahre (Wirtschaftswunder)	4
1.3	1970er- (keynesianische Globalsteuerung) und 1980er-Jahre (angebotsorientierte Wirtschaftspolitik)	5
1.4	1990er-Jahre (Wiedervereinigung)	6
1.5	2000er-Jahre (Dotcom-Krise 2001/02, Hartz-Reformen und Finanzkrise 2008/09)	7
1.6	Ab 2010 (nach der Finanzkrise bis zur Covid-19-Pandemie)	8
1.7	Fundament und Korrektur der Sozialen Marktwirtschaft	9
	1.7.1 Fundament der Sozialen Marktwirtschaft	10
	1.7.2 Korrektur der Sozialen Marktwirtschaft	11
Literatur		13

Zusammenfassung

Die Entstehung und Entwicklung der Sozialen Marktwirtschaft wird in prägenden Dekaden beschrieben, verbunden mit einem Abgleich der konstituierenden und regulierenden Prinzipien der Wettbewerbsordnung, ohne die eine Marktwirtschaft nicht entstehen und nicht erhalten werden kann. Die Soziale Marktwirtschaft war nie ein in sich geschlossenes Konzept und hat sich über mehr als 75 Jahre als anpassungsfähig und resilient erwiesen. Gleichwohl hat die Wirtschaftspolitik über die verschiedenen Epochen unterschiedliche Schwerpunkte gesetzt. Dabei sind Abweichungen und De-

P. Altmiks (✉)
FOM Hochschule für Oekonomie & Management, Hannover, Deutschland
e-mail: peter.altmiks@fom.de

formationen zu beobachten, die mit zu der derzeitigen Wirtschaftskrise beigetragen haben.

1.1 Die Idee des Ordoliberalismus und der Sozialen Marktwirtschaft

Die Vordenker der Sozialen Marktwirtschaft waren die Ordoliberalen Wilhelm Röpke, Alexander Rüstow und Walter Eucken, die entscheidende Grundlagen legten, auf denen später Ludwig Erhard die theoretischen Überlegungen in praktische Wirtschaftspolitik überführte. „Deshalb besteht eine große Aufgabe des gegenwärtigen Zeitalters darin, dieser neuen industrialisierten Wirtschaft mit ihrer weit greifenden Arbeitsteilung eine funktionsfähige und menschenwürdige Dauerordnung zu geben. Funktionsfähig und menschenwürdig heißt: In ihr soll die Knappheit, die sich Tag für Tag in den meisten Haushalten drückend geltend macht, so weitgehend wie möglich und andauernd überwunden werden. Und zugleich soll in dieser Ordnung ein selbstverantwortliches Leben möglich sein."[1]

Dabei waren die Chancen für eine marktwirtschaftliche Ordnung nach dem Zweiten Weltkrieg gering. Die Westdeutschen waren nach der vorangegangenen Kriegswirtschaft mehrheitlich planwirtschaftlich geprägt. Damals wurde eine staatliche Planwirtschaft für nötig befunden, um eine erneute Weltwirtschaftskrise zu verhindern. Außer den Liberalen waren die anderen maßgeblichen politischen Kräfte SPD und CDU für eine Wirtschaftsordnung mit klarer staatlicher Steuerung. Das Ahlener Programm der CDU forderte eine Sozialisierung von Betrieben mit Monopolstellung sowie die Vergesellschaftung der Bergwerke. Der erste Bundeskanzler der Bundesrepublik Deutschland, Konrad Adenauer, widersetzte sich dem gegenüber einer sozialistischen Strömung und stärkte Ludwig Erhard den Rücken. Es war ein glücklicher Zufall, dass Ludwig Erhard auf Vorschlag der FDP als Direktor der Verwaltung für Wirtschaft des Vereinigten Wirtschaftsgebietes gewählt wurde und die Wirtschaftspolitik in den westlichen Besatzungszonen verantwortete. Konservative und Sozialdemokraten standen der Marktwirtschaft skeptisch gegenüber.

1.2 1950er- und 1960er-Jahre (Wirtschaftswunder)

Das sogenannte Wirtschaftswunder basierte auf der Wahl einer marktwirtschaftlichen Wirtschaftsordnung, einer geglückten Währungsreform 1948, die die bisher gültigen Zahlungsmittel Reichsmark und Rentenmark durch die Deutsche Mark ersetzte, sowie der umfangreichen Unterstützung durch die USA über den Marshallplan (European Recovery Program). Der Marshallplan stellte Kredite bereit und lieferte Waren, Rohstoffe sowie

---
[1] Eucken, 1947, S. 371.

1 Gerahmte Freiheit – die Geschichte der Sozialen Marktwirtschaft

Lebensmittel. Er sollte nicht nur das zerstörte Europa wieder aufbauen, sondern auch das Vordringen des Sozialismus und des Kommunismus verhindern. Besonders wirksam war die Freigabe der bis dahin bewirtschafteten Preise (Gesetz über Leitsätze für die Bewirtschaftung und Preispolitik nach der Geldreform), die zunächst zwar zu einem deutlichen Anstieg des Preisniveaus führten, aber relativ rasch die Regale in den Läden wieder mit Waren füllten. Güter des täglichen Bedarfs, welche oftmals auf dem Schwarzmarkt gehandelt bzw. getauscht wurden, gelangten jetzt in die Auslagen der Läden. Obwohl viele Flüchtlinge aus den verlorenen Ostgebieten versorgt und in Beschäftigungsverhältnisse gebracht werden mussten, sank die Arbeitslosenquote, die 1950 noch 11 % betrug, auf 0,7 % 1962.[2]

1967 trat das Stabilitäts- und Wachstumsgesetz in Kraft, welches Ziele („magisches Viereck") für die deutsche Wirtschaftspolitik formulierte, und eine Reaktion auf die erstmalige Stagnation des Bruttoinlandsprodukts war. „Bund und Länder haben bei ihren wirtschafts- und finanzpolitischen Maßnahmen die Erfordernisse des gesamtwirtschaftlichen Gleichgewichts zu beachten (§ 1 Satz 1 Stabilitäts- und Wachstumsgesetz)." Demnach soll im Rahmen der marktwirtschaftlichen Ordnung ein stabiles Preisniveau, ein hoher Beschäftigungsstand und ein außenwirtschaftliches Gleichgewicht bei stetigem und angemessenem Wirtschaftswachstum erreicht werden. Die ersten drei Ziele sind auch mit Zahlen versehen. So soll der Anstieg des Verbraucherpreisindex weniger als zwei Prozent betragen und die registrierte Arbeitslosenquote unterhalb von fünf Prozent liegen. Das außenwirtschaftliche Gleichgewicht wird im Rahmen der Zahlungsbilanzstatistik zweifach operationalisiert: Der Anteil eines Leistungsbilanzüberschusses oder eines -defizits soll maximal zwei bis 2,5 % des nominalen Bruttoinlandsprodukts betragen. Der Anteil eines Zahlungsbilanzüberschusses oder eines -defizits (Devisenreserven) soll maximal zwei bis 2,5 % des nominalen Bruttoinlandsprodukts betragen. Eine zahlenmäßige Vorgabe für das stetige und angemessene Wirtschaftswachstum, operationalisiert durch das Wachstum des realen Bruttoinlandsprodukts, existiert nicht. In den 50er- und 60er-Jahren hatte Deutschland hohe Wachstumsraten des realen Bruttoinlandsprodukts, die sich über die Jahrzehnte abschwächen.

1.3 1970er- (keynesianische Globalsteuerung) und 1980er-Jahre (angebotsorientierte Wirtschaftspolitik)

In den 70er-Jahren verursachte die deutliche Reduzierung der Erdölfördermenge durch das OPEC-Kartell einen starken Anstieg des Erdölpreises und damit eine Wirtschaftskrise. In diesem Zeitraum setzte die herrschende Wirtschaftspolitik in Deutschland verstärkt auf eine stabilisierende Steuerung der Volkswirtschaft, die auf den Ideen des britischen Ökonomen John Maynard Keynes basierten. Keynes hatte seine marktpessimistische und interventionistische Theorie als Antwort auf die Weltwirtschaftskrise in den 30er-Jahren

---

[2] Vgl. Statistisches Bundesamt, 2024.

formuliert. Ferner basiert sein nachfrageorientiertes Modell auf einer geschlossenen Volkswirtschaft und erklärt die Entwicklung einer Volkswirtschaft nur in der kurzen Frist zufriedenstellend. Zudem muss gemäß Keynes die Volkswirtschaft nicht nur im Abschwung durch Nachfragestimulierung stabilisiert werden, sondern auch im Boom wieder „abgebremst" und die durch die Nachfragestimulierung entstandenen Schulden reduziert werden. Letzteres ist bei der Mehrzahl der handelnden Politiker unbeliebt und wird auch als „Vulgärkeynesianismus" bezeichnet. Auch die Lag-Problematik, d. h. die Verzögerungen bei dem Erkennen von Krisen, der Umsetzung der darauf basierenden Wirtschafts- und Finanzpolitik sowie der tatsächlichen Wirkung in der Volkswirtschaft, schmälern die Wirkung der keynesianischen Globalsteuerung. Der damalige Wirtschaftsminister Karl Schiller griff zur Rechtfertigung seiner wirtschaftspolitischen Neuorientierung auf ein Papier seines Staatssekretärs Otto Schlecht zurück, der eigentlich als Ordoliberaler galt.[3] Die Anwendung der keynesianischen Globalsteuerung führte zu einer steigenden Staatsverschuldung und höheren Inflationsraten. Zudem war die Arbeitslosenquote 1982 mit 7,5 % zu hoch. Karl Schiller trat 1972 mit der Bemerkung zurück, dass er nicht mehr bereit sei, eine verantwortungslose Politik zu unterstützen. Vielmehr müsse jede Regierung dem Volk rechtzeitig sagen, was finanziell zu leisten ist und was notwendig sei.

1982 führte das Lambsdorff-Papier (Konzept für eine Politik zur Überwindung der Wachstumsschwäche und zur Bekämpfung der Arbeitslosigkeit) zu einer wirtschafts- und finanzpolitischen Neuorientierung sowie zu einem Regierungswechsel von der sozialdemokratisch-liberalen Koalition unter Bundeskanzler Helmut Schmidt zu einer konservativ-liberalen Koalition unter Bundeskanzler Helmut Kohl, die mehr auf eine angebotsorientierte Wirtschaftspolitik setzte. Neben Hans Tietmeyer hatte auch Otto Schlecht an diesem Papier mitgearbeitet. Otto Schlecht vollzog dadurch eine wirtschaftspolitische Kehrtwende im Vergleich zu seinem Papier, welches er einst für Karl Schiller mitverfasst hat. Das Lambsdorff-Papier setzte auf eine Konsolidierung der staatlichen Finanzen, mehr Anreize für arbeitsplatzfördernde Investitionen, einen Stopp der steigenden Kosten des Sozialstaats und einen Abbau von wachstumshemmenden Regulierungen. Alle Vorschläge und Empfehlungen wurden von der damaligen Regierung nicht umgesetzt. Vor allem die dringend notwendige Reform von Arbeitslosenhilfe, Sozialhilfe und Transfersystem wurde unterlassen.

1.4 1990er-Jahre (Wiedervereinigung)

Die 90er-Jahre waren durch die großen Herausforderungen der Wiedervereinigung geprägt. Hatte die damalige Bundesregierung die Staatsschuldenproblematik vor dem Mauerfall einigermaßen gelöst und die Neuverschuldung deutlich gesenkt, so führten die Lasten der Wiedervereinigung zu neuen Rekordschuldenständen. Insgesamt hat der

---

[3]Vgl. Goldschmidt, 2018.

Aufbau Ost rund eine halbe Billion Euro gekostet.[4] Betrugen die Kreditmarktschulden der öffentlichen Haushalte 1991 noch 600 Mrd. €, so verdoppelten sich diese in nur zehn Jahren auf 1,2 Billionen Euro 2001.[5] Vor allem musste die marode Planwirtschaft der DDR abgewickelt und neue Wirtschaftsstrukturen aufgebaut werden. In den ersten Jahren der Wiedervereinigung war von den angekündigten „blühenden Landschaften" wenig zu sehen und die Arbeitslosenquoten in den neuen Bundesländern stiegen auf zweistellige Werte. Die dysfunktionalen Staatsbetriebe mussten privatisiert werden und die Preise bildeten sich fortan auf den Märkten. Der Umtausch der DDR-Mark in D-Mark zum Kurs von 1 zu 1 war für die DDR-Bürger ein großer Gewinn an Kaufkraft, für die Betriebe der neuen Bundesländer aber ein Verlust an Wettbewerbsfähigkeit. Gleichwohl wurden die großen Herausforderungen gemeistert, die marode Infrastruktur größtenteils erneuert und es entstanden wettbewerbsfähige Wirtschaftsstrukturen in den neuen Bundesländern.

1999 wurde die europäische Währungsunion mit der Festschreibung der Wechselkurse gestartet. Seitdem ist die Bundesbank nur noch ausführendes Organ der Europäischen Zentralbank und die Geldpolitik wird im Rat der Europäischen Zentralbank entschieden, in dem Deutschland leider nicht das Stimmgewicht gemäß Kapitalanteil hat, sondern nur eine Stimme wie die anderen Mitgliedstaaten der Währungsunion auch. Zunehmend konzentrierte sich die Geldpolitik der Europäischen Zentralbank auf die Senkung der Zinsen, um den hoch verschuldeten Mitgliedern der Währungsunion die günstige Refinanzierung ihrer Haushaltsdefizite zu ermöglichen.

1.5 2000er-Jahre (Dotcom-Krise 2001/02, Hartz-Reformen und Finanzkrise 2008/09)

Mit der Dotcom-Krise 2001/02 setzte ein Abschwung ein, auf den geldpolitisch mit einer Senkung der Zinsen reagiert wurde. Ursachen waren Einbrüche an den wichtigsten Wertpapierbörsen, Insolvenzen einiger Unternehmen im Neuen Markt sowie die Terroranschläge im September 2001. Der Neue Markt war ein Segment der Deutschen Börse und wurde 1997 im Zuge der Euphorie um die „New Economy" eingeführt. Nachdem er zwischen 1997 und 2000 sehr stark wuchs und mehr als 300 Unternehmen dort gelistet waren, gab es einen Einbruch ab 2001. Spektakuläre Unternehmensinsolvenzen wie die von Comroad, FlowTex und EM.TV (heute Constantin Medien) förderten den Niedergang des Neuen Markts, der 2003 geschlossen wurde. Eine zusätzliche Belastung war der Irak-Krieg vom März bis April 2003.

2005 traten die Hartz-IV-Reformen als Folge der Agenda 2010 in Kraft, die das System der sozialen Sicherung und den Arbeitsmarkt gründlich änderten. Bis 2004 konnte das Arbeitslosengeld I als Versicherungsleistung bis maximal 32 Monate bei Arbeitslosigkeit

---

[4]Vgl. Paqué, 2009, S. 190.
[5]Vgl. Nicodemus, 2009, S. 788.

in Anspruch genommen werden. Danach konnte unbegrenzt die Arbeitslosenhilfe bezogen werden, die 53 % des letzten Nettoeinkommens betrug. Ab 2005 wurde die Bezugsdauer des Arbeitslosengelds I auf zwölf bis 18 Monate begrenzt (für Arbeitslose ab dem 58. Lebensjahr bis zu 24 Monate). Die Arbeitslosenhilfe und die Sozialhilfe wurden abgeschafft und durch das Arbeitslosengeld II für erwerbsfähige und das Sozialgeld für nicht erwerbsfähige Transferbezieher ersetzt. Die Höhe der Leistungen ergab sich aus den Regelsätzen, die auf den Berechnungen des Existenzminimumberichts basierten, und individuellen Mehrbedarfen. Zusätzlich werden die Kosten der Unterkunft sowie die Beiträge zur Kranken- und Pflegeversicherung vom Steuerzahler aufgebracht. Vor allem wurde von der damaligen sozialdemokratisch-grünen Regierung das Prinzip des Förderns und Forderns eingeführt. Die Jobcenter und Arbeitsagenturen steigerten ihre Betreuungs- und Vermittlungsanstrengungen. Gleichzeitig wurden die Kriterien für die Zumutbarkeit einer Arbeit verschärft und mittels Sanktionen Verhaltensänderungen erzwungen. Der Erfolg der Hartz-IV-Reformen stellte sich erst nach ca. sechs Jahren ein, kam den nachfolgenden Regierungen zugute und führte zu einer drastischen Senkung der Langzeitarbeitslosigkeit von 1,7 Mio. auf knapp 700.000 Personen. Der damals regierenden SPD und den Grünen wurden die Hartz-IV-Reformen dagegen vorgehalten. Insbesondere die SPD wurde dafür massiv kritisiert.

Die Finanzkrise 2008/09 führte zu einem Einbruch des realen Bruttoinlandsprodukts von fast fünf Prozent. Mit zwei großen Konjunkturpaketen stützte die damalige konservativ-sozialdemokratische Koalition die gesunkene Nachfrage. Zudem mussten auch Kreditinstitute, mehrheitlich staatliche Landesbanken, aber auch zwei private Banken mit dem Geld der Steuerzahler gerettet werden. Im Falle der Commerzbank wurden große Teile der gewährten stillen Einlage zurückgezahlt. Die private Hypo Real Estate wurde dagegen verstaatlicht und Teile davon in einer Auffangbank (Bad Bank) abgewickelt. Die Europäische Zentralbank senkte die Zinsen deutlich und sorgte für eine umfangreiche Liquiditätsschwemme. Der viel zu späte Ausstieg aus der expansiven Geldpolitik nach dem Ende der Finanzkrise 2008/09 war hauptverantwortlich für die hohe Inflation in den Jahren 2021 bis 2024.

1.6 Ab 2010 (nach der Finanzkrise bis zur Covid-19-Pandemie)

Die Phase nach der Überwindung der Finanzkrise 2008/09 war von einem stetigen Aufschwung bis zur Covid-19-Pandemie und Haushaltsüberschüssen auf Bundesebene in den Jahren 2015 bis 2019 gekennzeichnet. Die soliden Staatsfinanzen wurden aber nicht für Strukturreformen genutzt, um die sozialen Sicherungssysteme demografiefest zu gestalten, sondern erhöhten das Sozialbudget. So wurden von der konservativ-sozialdemokratischen Regierung unter Bundeskanzlerin Angela Merkel die abschlagsfreie Rente mit 63 und die Mütterrente beschlossen, die die ohnehin brüchige umlagefinanzierte gesetzliche Rentenversicherung zusätzlich belasteten und den Fachkräfteengpass verschärften. Aus dem Bundeshaushalt werden jährlich über 100 Mrd. € zur Finanzierung der gesetzlichen Rentenversicherung benötigt, welche weit über die Finanzierung versicherungsfremder Leistungen hinausgeht.

Die sozialdemokratisch-grün-liberale Regierung ab dem Jahr 2021 musste sowohl die Auswirkungen der Covid-19-Pandemie als auch die negativen Effekte des russischen Angriffs auf die Ukraine bewältigen. Zudem verursachten die Einführung des „Bürgergelds" und das temporäre Aussetzen der Sanktionen sowie die deutlich über dem Bedarf erhöhten Regelsätze hohe Ausgaben.[6] Zu den ohnehin schon vorhandenen bürokratischen Lasten wurden mit dem Lieferkettensorgfaltspflichtengesetz (ein CSU-Gesetz noch unter der großen Koalition) und anderen Gesetzen weitere bürokratische Lasten eingeführt. Umweltpolitisch will Deutschland der „Vorzeigeschüler" in Europa sein und eine Klimaneutralität anstatt 2050 schon 2045 erreichen. Zudem belasten die gestiegenen Kosten des Erneuerbaren Energiegesetzes sowie die Kosten des Klima- und Transformationsfonds den Bundeshaushalt. So erhielten die Besitzer von Anlagen, die regenerative Energien ins Netz einspeisen, allein im September 2024 Vergütungen in Höhe von rund 2,56 Mrd. €, davon wurden 1,77 Mrd. € aus dem Bundeshaushalt finanziert.[7] Zudem müssen die 100-Milliarden-Sonderschulden für die Bundeswehr und die hohen Kosten der Migration aus den Steuereinnahmen finanziert werden. Ohne Strukturreformen und Einschnitte in den Sozialversicherungen dürften die Sozialbeiträge ab 2025 über 40 % steigen, die Arbeitskosten weiter wachsen und zunehmend Arbeitsplätze rationalisiert bzw. ins günstigere Ausland verlagert werden.

1.7 Fundament und Korrektur der Sozialen Marktwirtschaft

Zwar war die Soziale Marktwirtschaft kein „in sich geschlossenes Konzept",[8] aber die zu beobachtenden Abweichungen und Deformationen sowie gelegentlichen Skandale[9] gefährden die Funktionsfähigkeit der Sozialen Marktwirtschaft und damit den Wohlstand der Bevölkerung massiv. Um zu beurteilen, ob die Soziale Marktwirtschaft derzeit in Deutschland wirtschaftspolitisch konsequent umgesetzt wird, ist eine Betrachtung der konstituierenden und regulierenden Prinzipien der Wettbewerbsordnung nach Walter Eucken nötig.[10] Diese Prinzipien sind die Basis für eine funktionierende Soziale Marktwirtschaft.

---

[6] Das Defizit in den Haushalten der Städte und Gemeinden ist im ersten Halbjahr 2024 aufgrund stark steigender Kosten für Sozialleistungen auf 17,3 Mrd. € gestiegen. Siehe FAZ vom 02.10.2024, S. 19.

[7] https://www.netztransparenz.de/xspproxy/api/staticfiles/ntp-relaunch/dokumente/erneuerbare%20energien%20und%20umlagen/eeg/transparenzanforderungen/eeg-konten%C3%BCbersicht/aktuelle_daten_zu_den_einnahmen_und_ausgabenpositionen_nach_enfg%20ivm%20eeg_dezember_2024.pdf. Zugegriffen: 28.10.2024.

[8] Goldschmidt, 2018.

[9] Eine kurze Chronik ausgewählter Wirtschaftsskandale liefert Altmiks, 2012.

[10] Vgl. Altmiks/Christiaans, 2024.

1.7.1 Fundament der Sozialen Marktwirtschaft

Stabile Währung

Eine stabile Währung ist elementar. Die hohe Inflation in den Jahren 2021 bis 2024 gefährdet eine stabile Währung. Es ist zu hoffen, dass die zuletzt gesunkenen Inflationsraten dauerhaft niedrig bleiben und sich nicht Zweitrundeneffekte einstellen. Allerdings erfasst der Verbraucherpreisindex als Standardmessgröße nur die Preisentwicklung von Gütern privater Haushalte. Die Betrachtung der Preise von Gold, Immobilien und Aktien zeigte jedoch auch vor dem jetzigen Anstieg des Verbraucherpreisindex eine sehr deutliche Inflation. Gut für alle, die überwiegend Sachwerte ihr Eigen nennen und für diejenigen, die keine Ersparnisse haben. Schlecht für die Mitte der Gesellschaft, die versucht, durch Sparen von Geld und „sicheren" Anleihen vorzusorgen. Die ersten Auswirkungen der Sachwertinflation treffen den Konsumenten in Form steigender Mieten. Die Staatsverschuldung, auch die coronabedingte, hat mit zur Inflation beigetragen und sollte entsprechend verantwortungsbewusst gemäß den Regeln der Schuldenbremse wieder zurückgeführt werden.

Funktionierendes Preissystem und Vertragsfreiheit

Die Reaktion des Staates auf den Nachfrageüberhang im Wohnungsmarkt, der auch durch die irreguläre Migration bedingt ist, verletzt zwei weitere konstituierende Prinzipien, das funktionierende Preissystem und die Vertragsfreiheit. Die Mietpreisbremse reflektiert Not und Sachfremde der handelnden Personen. Das Angebot von Wohnungen wird die Nachfrage nicht decken können, da der Markt nun nicht mehr funktioniert. Unwirtschaftliche Investitionen sind das Privileg derjenigen, die nicht ihr eigenes Geld ausgeben. Über die letzten Jahrzehnte hinweg hat der Staat in viele Preise eingegriffen. Die Buchpreisbindung wurde mit dem Schutz des stationären Buchhandels und kleinerer Verlage begründet. Die Preisbildung bei verschreibungspflichtigen Medikamenten ist kompliziert und führt zu den sogenannten Apothekenpreisen. Durch den allgemeinen gesetzlichen Mindestlohn wurde die Tarifautonomie eingeschränkt. Besonders drastisch waren die Eingriffe in die Energiepreisbildung. 2022 dämpfte die Bundesregierung mit dem Tankstellenrabatt die Benzinpreise und subventionierte mit dem Neun-Euro-Ticket den Personennahverkehr.

Privateigentum

Als Reaktion auf den angespannten Wohnungsmarkt wurde in Berlin auch schon die Enteignung von Wohnraum diskutiert (und glücklicherweise nicht umgesetzt), obwohl Art. 14 des Grundgesetzes den Schutz privaten Eigentums garantiert. Damit würde ein weiteres konstituierendes Prinzip, das Privateigentum, verletzt. Über die Jahre sind schon viele Eingriffe in das Privateigentum erfolgt: Zum Beispiel haben einige Gemeinden auf dem Höhepunkt der Migrationswelle 2015 private Immobilien beschlagnahmt oder sogenannte Vorratsbeschlüsse gefasst, um günstiger an Wohnraum für Migranten zu kommen als über freiwillig ausgehandelte Verträge. Der ehemalige Generalsekretär der Regierungspartei

SPD schlug 2019 vor, Wohneigentum auf eine Immobilie pro Person zu rationieren und hielt eine Kollektivierung von BMW für sinnvoll.

Haftung und Verlässlichkeit der Wirtschaftspolitik
Ein weiteres elementares Prinzip der Sozialen Marktwirtschaft ist die Haftung. Hier ist der Staat doppelt gefordert. Zum einen muss er die Gesetze an sich ständig ändernde Randbedingungen anpassen, zum anderen muss oder müsste er als Vorbild agieren. Bei der Finanzkrise 2008/09 überwogen die Eigeninteressen des Staates: Die Finanzinstitute, insbesondere die staatlichen Landesbanken, wurden geschützt und die geschädigten Bürger (Kleinanleger) hatten das Nachsehen. Eigennutz des Staates überwog auch bei der doppelten Wende der Energiepolitik, die nicht nur dem Prinzip verlässlicher Wirtschaftspolitik zuwiderlief, sondern der Staat versuchte auch, die Haftung für Schadenersatzansprüche zu vermeiden.

Offene Märkte
Die besonders für eine exportorientierte Volkswirtschaft notwendigen offenen Märkte wurden in den letzten Jahren durch protektionistische Maßnahmen einiger Staaten gefährdet. Dabei sind auch die hohen Agrarsubventionen innerhalb der Europäischen Union hinderlich. Die Welthandelsorganisation hat an Bedeutung verloren und das wichtige Freihandelsabkommen TTIP scheiterte. Zusätzlich behindern außenpolitische Spannungen (z. B. der russische Angriff auf die Ukraine) den wohlfahrtsfördernden Freihandel. Ein Lichtblick ist die kürzlich erfolgte Ratifizierung des Freihandelsabkommens CETA. Leider ist das Freihandelsabkommen zwischen der Europäischen Union und den südamerikanischen Staaten (Mercosur) bisher noch nicht vollständig ratifiziert worden.

1.7.2 Korrektur der Sozialen Marktwirtschaft

Aktive Wettbewerbspolitik (Monopolproblem)
Das wichtigste regulierende Prinzip in der Sozialen Marktwirtschaft ist eine aktive Wettbewerbspolitik, die Wettbewerbsbeschränkungen durch Kartelle, Marktmissbrauch und eine zu starke Unternehmenskonzentration bekämpft. Nach den obigen ernüchternden Befunden kann dem Staat hier ein positives Zeugnis ausgestellt werden. Sowohl auf deutscher als auch europäischer Ebene wird gegen wettbewerbsbeschränkendes Verhalten effektiv vorgegangen. Durch die zehnte und elfte Novelle des Gesetzes gegen Wettbewerbsbeschränkungen, die 2021 und 2023 in Kraft getreten sind, kann das deutsche Wettbewerbsrecht auch passende Antworten auf die neueren Entwicklungen im Bereich der Digitalisierung und Online-Plattformen geben.

Externe Effekte
Die Korrektur nachgewiesener externer Effekte muss marktwirtschaftskonform geschehen. Zum Beispiel hat die bisherige planwirtschaftliche Politik im Energiebereich sowohl

eine geringe Effektivität als auch eine sozial schädliche Umverteilung von unten nach oben mit sich gebracht. Die Chancen, die durch eine technologieoffene, marktwirtschaftliche Energiepolitik möglich sind, wurden vertan. Die Übersubventionierung im staatlichen Hochschulwesen geht weit über die nachgewiesenen externen Effekte hinaus und sorgt für eine zu hohe Nachfrage nach bestimmten Studiengängen bei gleichzeitigen Fachkräfteengpässen in anderen Bereichen, besonders im Handwerk.

Einkommenspolitik
Die für den sozialen Ausgleich notwendige Einkommenspolitik geschieht in Deutschland sehr umfassend und setzt oftmals falsche Anreize. Über die Jahre hinweg war eine Steuermehrbelastung durch die kalte Progression zu beklagen, die durch steigende Einkommen bei unveränderten Grundfreibeträgen und Steuertarifen entstanden ist. Das Steueraufkommen wächst stärker als die Bemessungsgrundlage und führt zu einer heimlichen Steuererhöhung. Die kalte Progression betrifft vor allem die breite Mitte vom Facharbeiter bis zum Ingenieur. Wird der Steuertarif nicht angepasst, rutschen alle nach oben und zahlen mehr. Glücklicherweise hat die Ampel-Regierung die kalte Progression deutlich gesenkt. Gleichwohl ist eine große Steuerreform, die auf Transparenz, Fairness, Entlastung der arbeitenden Mitte und Vereinfachung setzt, jahrelang diskutiert worden, wurde aber nie umgesetzt.

Anormales Verhalten des Arbeitsangebots
Ein anormales Verhalten des Arbeitsangebots, d. h., bei sinkendem Lohn bieten Arbeitnehmende mehr Arbeit an, ist angesichts eines umfangreichen Sozialstaats mit Gewährleistung des soziokulturellen Existenzminimums und der bestehenden Lohnuntergrenzen nicht mehr zu erwarten. Um nachhaltiger aus dem Bürgergeld-Transferbezug herauszukommen, müssen die Anreize zur Arbeitsaufnahme durch z. B. bessere Hinzuverdienstmöglichkeiten verbessert werden. Die jüngst beschlossenen Verschärfungen des Bürgergelds – Senkung der Karenzzeit für eigenes Vermögen auf nur noch sechs Monate, konsequentere Anwendung von Sanktionen, Meldungen der Jobcenter an den Zoll bei Verdacht auf Schwarzarbeit und ein zumutbarer Hin- und Rückweg zur Arbeit von insgesamt drei Stunden – führen in die richtige Richtung und ähneln wichtigen Maßnahmen, die auch das ehemalige Hartz-IV-System kennzeichneten. Die Babyboomer erreichen in den nächsten Jahren das Rentenalter. Ein deutlicher Abbau der Arbeitslosigkeit von derzeit bundesweit ca. sechs Prozent ist also möglich.

Zunehmender Interventionismus
Die Soziale Marktwirtschaft ist nicht nur durch Globalisierung und Digitalisierung herausgefordert, sondern auch durch eine Politik, die die marktwirtschaftlichen Grundlagen gefährdet – obwohl sich im Wesentlichen alle bisherigen Bundesregierungen zur Sozialen Marktwirtschaft bekannten. Bei vielen Bundesbürgern ist das Gefühl zu beobachten, dass das bisherige Modell der Sozialen Marktwirtschaft nicht zur Lösung der heutigen Probleme beiträgt. Dabei sind viele Probleme erst durch eine interventionistische Wirtschaftspolitik entstanden.

In der Sozialen Marktwirtschaft ist der Staat lediglich zuständig für Gesetze und ihre Durchsetzung. Allerdings tendiert der jetzige Staat dazu, ein führender Akteur in der Wirtschaft zu sein. Vor allem sind eine übermäßige Regulierung und eine hohe Belastung durch eine ausufernde Bürokratie zu beklagen.[11] Ludwig Erhard bemühte das Gleichnis vom Staat als Schiedsrichter, der bei einem Fußballspiel die Regeln setzt und deren Einhaltung überwacht. Mittlerweile ist der Staat in vielen Bereichen auch noch zum Spieler geworden. Er kontrolliert und reguliert das Kapital in einer Wirtschaft, die früher privat war. Und die Staatsquote ist während der Pandemie auf ein Allzeithoch von 50 % gestiegen. Zunehmend wollten auch Vertreter der Ampel-Bundesregierung steuern und aktive Industriepolitik betreiben. Die Gefahr, in eine Kommando- bzw. Planwirtschaft abzudriften, ist offensichtlich.

Literatur

Altmiks, P. (2012). Die Soziale Marktwirtschaft in der Krise – Vertrauensverlust durch Skandale und Finanzkrise. In P. Altmiks & J. Morlok (Hrsg.), *Noch eine Chance für die Soziale Marktwirtschaft? – Rückbesinnung auf Ordnungspolitik und Haftung* (S. 31–62). Olzog.

Altmiks, P., & Christiaans, T. (2024). Ordnungs- und Prozesspolitik. In P. An de Meulen et al. (Hrsg.), *Volkswirtschaftslehre – Mikroökonomik, Wirtschaftspolitik, Makroökonomik* (S. 223–245). Springer Gabler.

Eucken, W. (1947). *Die Grundlagen der Nationalökonomie* (5. Aufl.). Bad Godesberg.

Goldschmidt, N. Wirtschaft für den Menschen. In FAZ vom 01.06.2018. https://www.hagemann-ordnungspolitik.de/fileadmin/Downloads/Forum_Ordnungspolitik/Goldschmidt_-_Wirtschaft_fuer_den_Menschen.pdf. Zugegriffen am 31.07.2024.

Nicodemus, S. (2009). *Schulden des öffentlichen Gesamthaushaltes 2008*. Statistisches Bundesamt. https://www.destatis.de/DE/Methoden/WISTA-Wirtschaft-und-Statistik/2009/06/schulden-gesamthaushalt-2008-062009.pdf?__blob=publicationFile. Zugegriffen am 31.07.2024.

Paqué, K.-H. (2009). *Die Bilanz – eine wirtschaftliche Analyse der Deutschen Einheit*. Hanser.

Rebeggiani, L. (2024). *Die blockierte Republik – Bürokratie als Wachstumshemmnis in Deutschland*. FOM Hochschule. (KCV Streiflicht, Nr. 13, KompetenzCentrum für angewandte Volkswirtschaftslehre).

Statistisches Bundesamt. (2024). Registrierte Arbeitslose und Arbeitslosenquote nach Gebietsstand, Statistik der Bundesagentur für Arbeit. https://www.destatis.de/DE/Themen/Wirtschaft/Konjunkturindikatoren/Lange-Reihen/Arbeitsmarkt/lrarb003ga.html. Abgerufen am 31.07.2024.

---

[11] Vgl. Rebeggiani, 2024, S. 1.

Prof. Dr. Peter Altmiks ist seit 2017 Professor für Volkswirtschaftslehre an der FOM Hochschule für Oekonomie & Management in Hannover. Zusätzlich lehrt er Sozialpolitik, Gesundheitspolitik und qualitative Forschung. Seine Forschungsinteressen liegen in den Bereichen Wirtschafts- und Sozialpolitik, Geld und Währung sowie Bankenregulierung.

Teil II

Wirtschaftspolitik im Spannungsfeld von Freiheit und Rahmensetzung

Sicherung der Wettbewerbsfreiheit

Daniel Zimmer

Inhaltsverzeichnis

2.1	Einführung	18
	2.1.1 Ergebnisoffene Konzepte	18
	2.1.2 Ergebnisorientierte Ansätze	19
	2.1.3 Neuere Entwicklungen in der Wettbewerbspolitik	20
2.2	Pluralität der Zielfunktionen im Wettbewerbsrecht?	21
	2.2.1 Berücksichtigung von Nachhaltigkeitszielen?	21
	2.2.2 Vorschläge, das Kartellrecht gezielt gegen neue Formen des Monopolkapitalismus auf Plattformmärkten einzusetzen.	23
	2.2.3 Ein neues Verständnis von Fairness im Wettbewerbsrecht? ..	25
2.3	Ein neuartiges Verständnis: Sicherung der Wettbewerbsfreiheit durch Ex-Ante-Regulierung für marktmächtige Plattformen	26
Literatur		28

Der vorliegende Beitrag geht teilweise auf frühere Abhandlungen des Verfassers zurück. Hier sind die folgenden Beiträge zu nennen: Daniel Zimmer, Der rechtliche Rahmen für die Implementierung moderner ökonomischer Ansätze, Wirtschaft und Wettbewerb 2007, S. 1198 ff; Daniel Zimmer, A New Plurality of Objectives in Antitrust Law? Competition Overdose: Exploring the Limitations, Searching for the Treatment, On-Topic Concurrences 2022 No.1, 48 ff.

D. Zimmer (✉)
Institut für Handels- und Wirtschaftsrecht, Universität Bonn, Bonn, Deutschland

> **Zusammenfassung**
>
> Was ist das: Wettbewerb? Wozu dient das Wettbewerbsrecht, und sichert es die Freiheit von Bürgerinnen, Bürgern und Unternehmen, unter fairen Bedingungen am Wettbewerb teilzunehmen? Bei der Beantwortung dieser Fragen konkurrieren ergebnisoffene und ergebnisorientierte Ansätze. Ergebnisoffene Konzepte stellen bei der Definition des Wettbewerbs den Wettbewerbsprozess als solchen in den Mittelpunkt. Der Wettbewerbsprozess ist hiernach als solcher zu ermöglichen, Bedingungen des Wettbewerbs sind zu schützen. Dies bedeutet nicht, dass ergebnisoffene Ansätze den Wettbewerb als Selbstzweck behandeln. Befürwortende ergebnisoffener Konzepte erhoffen sich vom Wettbewerb günstige Resultate. Sie meinen, Wettbewerb fördere in vielen Fällen die wirtschaftliche Effizienz und könne wohlfahrtsteigernde Wirkungen entfalten. Aber sie verbinden mit dem Wettbewerb weitere Wirkungen, etwa den Schutz einzelner Personen vor der wirtschaftlichen Macht anderer. Demgegenüber versuchen ergebnisorientierte Ansätze erwünschte Resultate auf direktem Weg zu erreichen: Zum Teil definieren sie Wettbewerb anhand bestimmter angestrebter Marktresultate wie Effizienz und Wohlfahrtsförderung. Zudem ist hier die Ansicht verbreitet, Wettbewerb sei nur insoweit mit den Mitteln des Rechts zu schützen, wie bestimmte Ergebnisse – etwa eine Steigerung wirtschaftlicher Effizienz und die Förderung der Konsumentenwohlfahrt – dies rechtfertigen.

2.1 Einführung

2.1.1 Ergebnisoffene Konzepte

Ergebnisoffene Konzepte definieren den Wettbewerb von seinen Voraussetzungen, nicht von seinen Folgen her. Voraussetzung des Wettbewerbsprozesses ist die Handlungsfreiheit von Marktteilnehmenden. Adam Smith hat schon 1776 dargelegt, in welcher Weise eigennützig handelnde Individuen – wie von einer „unsichtbaren Hand" gelenkt – das Wohl aller zu fördern vermögen, wenn den Menschen Wettbewerbsfreiheit zukommt.[1] Auch bei der Schaffung des modernen Kartellrechts in der Mitte des 20. Jahrhunderts kam der Wettbewerbsfreiheit große Bedeutung zu: Der ordoliberalen Schule, die bei der Schaffung des deutschen Gesetzes gegen Wettbewerbsbeschränkungen großen Einfluss hatte, war die individuelle Handlungsfreiheit wichtig: Sie bedürfe rechtlichen Schutzes gegenüber staatlicher Lenkung und gegenüber der wirtschaftlichen Macht privater Akteurinnen und Akteure. (Der Freiheitsbezug der ordoliberalen Schule kommt in den Ausführungen Walter Euckens zum Ausdruck: „Niemand ist für seine eigene Person befugt, seine moralische Autonomie aufzugeben und sich zum bloßen Werkzeug machen zu lassen.")[2] Diese Aussagen erklären nicht nur die Schaffung eines Kartellverbots, sondern auch die Bestimmungen über den Missbrauch marktbeherrschender Stellungen im deutschen Kartellgesetz.

---

[1] Siehe Smith, 1776.
[2] Eucken, 1952, S. 178.

2 Sicherung der Wettbewerbsfreiheit

Ein weiterer ergebnisoffener Ansatz knüpft an den Begriff des Wettbewerbsprozesses an. Hier wird Wettbewerb als ein dynamischer Prozess verstanden, dessen Ergebnisse nicht im Einzelnen vorher zu bestimmen sind. Diese Lehre findet in der von Friedrich August von Hayek geprägten Formel vom „Wettbewerb als Entdeckungsverfahren" ihren Ausdruck: Der Wettbewerbsprozess führt dezentral verteiltes Wissen zusammen und bewirkt die Entdeckung von Tatsachen, die ohne sein Bestehen entweder unbekannt blieben oder zumindest nicht genutzt würden.[3] So kann der Preis eines Gutes als Indikator seiner Knappheit dienen, welche für potenzielle weitere Erzeuger dieses Produkts eine wichtige Informationsquelle darstellen kann. Eine Mahnung hielt von Hayek für alle diejenigen bereit, die – etwa als Politikerinnen/Politiker oder Beamtinnen/Beamte – die Ergebnisse wirtschaftlicher Entwicklung vorherzusehen oder zu steuern versuchten: Hierin sah er eine verhängnisvolle Anmaßung von Wissen.[4]

2.1.2 Ergebnisorientierte Ansätze

Vertreterinnen und Vertreter ergebnisorientierter Wettbewerbskonzepte plädieren dafür, die Wettbewerbspolitik an der Erreichung bestimmter Zielfunktionen auszurichten. So sprechen die Vertreterinnen und Vertreter des Workable-Competition-Ansatzes sich dafür aus, mit Mitteln der Wettbewerbspolitik bestimmte für erwünscht erachtete wirtschaftspolitische Ziele zu verfolgen. In diesem Sinne ist beispielsweise die Auffassung vertreten worden, die Marktform des weiten Oligopols, das heißt eines Marktes mit einigen wenigen Anbietern, bringe besonders günstige Ergebnisse hervor und sei deshalb anderen Marktformen vorzuziehen.[5] Allerdings haben in den USA angestellte Untersuchungen keinen Nachweis für das Bestehen eines engen Zusammenhangs zwischen Marktstruktur und Wettbewerbsintensität erbringen können.

Eine Antwort auf die eher interventionistisch ausgerichteten Wettbewerbskonzepte versuchte von den 1970er-Jahren an die sogenannte Chicago School of Antitrust Analysis zu geben. Auch sie war aber eine an der Erreichung bestimmter Wettbewerbsergebnisse orientierte Lehre: Wettbewerbspolitik war ihr zufolge am Ziel der Förderung wirtschaftlicher Effizienz auszurichten. Zugleich sahen viele Vertreterinnen und Vertreter dieser Lehre – beispielsweise Robert Bork und Richard Posner – zahlreiche Erscheinungsformen des Wirtschaftslebens in einem anderen Licht als die zuvor herrschende Doktrin: Freiwillig zustande gekommene Verträge oder Unternehmenszusammenschlüsse schienen ihnen durch eine damit einhergehende Steigerung wirtschaftlicher Effizienz erklärlich zu sein; eine Verstärkung der Marktkonzentration ist auf der Grundlage dieser Gedankenführung in zahlreichen Fällen aufgrund der Fähigkeit zur Erzielung von Größenvorteilen

---

[3] Vgl. von Hayek, 1968.
[4] Vgl. von Hayek, 1996, S. 14.
[5] Vgl. hierzu etwa Kantzenbach, 1967.

erklärbar und muss daher aus wettbewerbspolitischem Blickwinkel nicht bedenklich erscheinen.[6]

2.1.3 Neuere Entwicklungen in der Wettbewerbspolitik

Die Entwicklung der Wettbewerbspolitik ist bei der soeben holzschnittartig wiedergegebenen Auseinandersetzung zwischen Vertrerinnen und Vertretern eines Workable-Competition-Ansatzes und solchen der Chicago School of Antitrust Analysis nicht stehen geblieben. Moderne Wettbewerbsökonominnen und -ökonomen setzen eine Vielzahl von Analysemitteln ein, um wirtschaftswissenschaftlich fundierte Aussagen beispielsweise über die Auswirkungen bestimmter Vertragsschlüsse oder Unternehmenszusammenschlüsse vorherzusagen.[7]

Allerdings fällt auf, dass diese Ansätze einer Ökonomisierung der Anwendung des Wettbewerbsrechts in der Regel an einer bestimmten Zielfunktion ausgerichtet sind: Das mitunter explizit ausgesprochene, oft aber auch implizit unterstellte Ziel der Rechtsanwendung soll die Steigerung der Verbraucherwohlfahrt sein. Das Wettbewerbsrecht wird bei diesem Vorgehen nicht ergebnisoffen, sondern ergebnisorientiert zur Anwendung gebracht: Nicht die Voraussetzungen eines ungehinderten Wettbewerbsprozesses sollen hiernach gewährleistet werden. Vielmehr werden günstige Marktwirkungen für Konsumierende angestrebt, und das heißt namentlich: niedrige Verbraucherpreise. Die Europäische Kommission hat im ersten Jahrzehnt des neuen Jahrtausends in zahlreichen Publikationen die Verfolgung einer derartigen Verbraucherorientierung propagiert und diesen neuen Ansatz mit dem Schlagwort eines „more economic approach" in der Anwendung des Wettbewerbsrechts in Verbindung gebracht.[8]

Die Konzentration der ökonomischen Analyse und der Wettbewerbsrechtsanwendung auf im Wesentlichen ein einziges Ziel – die Steigerung des Verbraucherwohls – hatte aus Sicht vieler Wirtschaftswissenschaftlerinnen und -wissenschaftler einen großen Vorzug: Die Verengung auf nur eine Zielfunktion ermöglichte es ihnen, zu – scheinbar – eindeutigen Bewertungen zu kommen: Führte ein Vertrag oder ein Zusammenschluss voraussichtlich zu einer Steigerung der Verbraucherpreise, so sprach dies für ihr Verbot, führten sie voraussichtlich nicht zu einer Verbraucherpreissteigerung, so sprach dies gegen ein Verbot. In jüngerer Zeit ist jedoch klar geworden, dass das alleinige Abstellen auf Verbraucherpreise nicht sinnvoll ist: Auf vielen digitalen Plattformen werden Verbrauchende zunächst kostenlos bedient. Problematische Wettbewerbswirkungen treten möglicherweise an anderer Stelle, zum Beispiel im Verhältnis zu anderen Nutzenden oder Kundinnen und Kunden der Plattformen ein. Gute Gründe sprachen daher dafür, den Fokus weiter

---

[6] Vgl. Bork, 1978; Posner, 1976.
[7] Allgemein hierzu Schwalbe & Zimmer, 2021.
[8] Siehe hierzu Albers, 2007, S. 1–26.

zu stellen und über niedrige Verbraucherpreise hinaus mit dem Wettbewerbsrecht andere Ziele in den Blick zu nehmen (hierzu im Folgenden unter Abschn. 2.2.2).

2.2 Pluralität der Zielfunktionen im Wettbewerbsrecht?

In jüngerer Zeit wird das Wettbewerbsrecht zunehmend mit Forderungen konfrontiert, Ziele zu berücksichtigen, die in der Diskussion der letzten Jahrzehnte nur eine untergeordnete Rolle gespielt haben, nämlich (1.) die Berücksichtigung von Nachhaltigkeitszielen, (2.) Vorschläge, das Kartellrecht gezielt gegen neue Formen des Monopolkapitalismus einzusetzen, und (3.) ein neues Verständnis von Fairness im Wettbewerbsrecht.

2.2.1 Berücksichtigung von Nachhaltigkeitszielen?

In letzter Zeit wird argumentiert, dass das Kartellrecht und seine Anwendung auch Nachhaltigkeits-, Umwelt- und Klimaschutzziele fördern oder zumindest berücksichtigen sollte.

So wiesen im Fusionsfall Bayer/Monsanto zahlreiche besorgte Bürgerinnen und Bürger sowie eine Reihe von Nichtregierungsorganisationen aus dem Bereich des Umwelt- und Gesundheitsschutzes darauf hin, dass die beteiligten Unternehmen Produkte herstellen, die Risiken für Natur, Umwelt, Gesundheit und Klima bergen. Die Europäische Kommission sah jedoch keine Möglichkeit, diese Bedenken in dem anhängigen Fusionskontrollverfahren zu berücksichtigen, und genehmigte den Zusammenschluss unter Bedingungen und Auflagen, die lediglich wettbewerbsrechtlichen Bedenken Rechnung trugen.[9]

Im Jahr 2013 hatte die niederländische Wettbewerbsbehörde (Behörde für Verbraucher und Märkte, ACM) eine Vereinbarung zu prüfen, die unter Beteiligung von mehr als 40 Parteien eine Reihe von energie- und klimapolitischen Zielen verfolgte. Die Vertragsparteien – darunter Energieerzeuger, Umweltschutzinitiativen sowie Behörden – wollten Energieeinsparungen, die Reduzierung von CO_2-Emissionen sowie beschäftigungspolitische Effekte erzielen. Sie einigten sich unter anderem darauf, fünf Kohlekraftwerke zu schließen.

Die ACM sah die Vereinbarung als wettbewerbsbeschränkend an, da die Schließung der Kohlekraftwerke zu Kapazitätsreduzierungen und Preissteigerungen führen würde. Eine Einzelfreistellung wurde geprüft, aber im Ergebnis abgelehnt: Die Wettbewerbsbehörde räumte ein, dass es grundsätzlich einen relevanten Vorteil darstellen könne, wenn durch eine jetzt abgeschlossene wettbewerbsbeschränkende Vereinbarung künftige Umwelt- und Klimaschäden und damit in der Zukunft anfallende Kosten vermieden würden. Der Vorteil erschien der Behörde im vorliegenden Fall jedoch nicht ausreichend, um die aktuellen Wettbewerbsnachteile der Vereinbarung auszugleichen. Die ACM wies darauf hin, dass der behauptete Klimaschutzeffekt nicht erreicht werde, weil nach den vereinbarten Kraft-

---

[9]Vgl. Europäische Kommission, 2018; vgl. Dreyer & Ahlenstiel, 2021, S. 76–77.

werksstilllegungen die vorhandenen CO_2-Emissionszertifikate voraussichtlich an andere Emittenten verkauft und zum Ausstoß von Treibhausgasen genutzt würden.[10] Inzwischen hat die ACM jedoch Entwürfe für neue Leitlinien zur Diskussion gestellt und eine neue Policy erlassen,[11] mit denen sie eine weitergehende Zulassung von Nachhaltigkeitsinitiativen ermöglichen möchte, indem sie das Verständnis des Verbrauchernutzens ändert: Nach einem traditionellen Verständnis von Art. 101 Abs. 3 AEUV kommt eine Freistellung nur dann in Betracht, wenn die Vorteile einer wettbewerbsbeschränkenden Vereinbarung den Verbrauchenden auf demselben Markt zugutekommen, der von den nachteiligen Auswirkungen der Wettbewerbsbeschränkung betroffen ist – zum Beispiel von steigenden Preisen.[12]

Bei Anlegung dieses Maßstabs würden Nachhaltigkeitsinitiativen häufig nicht von einer Freistellung profitieren, da ihr Nutzen nicht speziell den durch die wettbewerbsbeschränkende Vereinbarung benachteiligten Verbrauchenden zugutekommt.[13] Die ACM hat gleichwohl Argumente dafür angeführt, in Zukunft die Vorteile der Nachhaltigkeit großzügiger zu berücksichtigen: Geht es bei einer Vereinbarung um die Verringerung negativer externer Effekte und damit um eine effizientere Nutzung natürlicher Ressourcen, will die ACM Vorteile für andere als nur die Nutzenden berücksichtigen. Die Behörde argumentiert, dass es in solchen Situationen gerecht sein kann, die betroffenen Verbrauchenden nicht vollständig für den etwa durch Preiserhöhungen eintretenden Nachteil zu entschädigen, denn „ihre Nachfrage nach den fraglichen Produkten schafft im Wesentlichen das Problem, für das die Gesellschaft Lösungen finden muss". Anstatt einen Vorteil zu verlangen, der (genau) den beispielsweise von Preiserhöhungen betroffenen Nachfragenden zugutekommt, reicht es aus, wenn die betreffende Vereinbarung wirksam a) zur Einhaltung einer internationalen oder nationalen Norm (an die die Unternehmen nicht notwendigerweise gebunden sind) oder b) zu einem konkreten politischen Ziel beiträgt. Als Beispiel für ein konkretes politisches Ziel nennt die ACM die Politik der niederländischen Regierung zur Reduzierung der CO_2-Emissionen auf niederländischem Boden.[14] Auch in den Horizontalleitlinien der Europäischen Kommission wird in ähnlicher Weise ausgeführt, dass Koordinierungen, die dazu dienen, „die Einhaltung hinreichend präziser Anforderungen oder Verbote in rechtsverbindlichen internationalen Verträgen, Vereinbarungen oder Übereinkommen, zu gewährleisten", nicht in den Anwendungsbereich des

---

[10] Vgl. Veröffentlichungen der ACM: ACM, 2013a; ACM, 2013b; nachfolgend: ACM, 2022.
[11] Vgl. ACM, 2022.
Vgl. darüber hinaus zur aktuellen niederländischen Policy Rule, die an die Stelle der Leitlinienentwürfe getreten ist, ACM 04.10.2023.
[12] Vgl. zu den Leitlinienentwürfen der ACM Zimmer, in Immenga & Mestmäcker (Begr.) Bd. 1, 2024, Art. 101 Abs. 1 AEUV Rn. 28.
[13] Näher hierzu Zimmer, in Immenga & Mestmäcker (Begr.) Bd. 1, 2024, Art. 101 Abs. 1 AEUV Rn. 291 ff.
[14] Vgl. Zimmer & Schäfer, 2022, S. 874 f.; ACM, Draft Guidelines 2021, Fn. 44, Rn. 48 und arg. e Rn. 49.

Kartellverbots fallen sollen.[15] Diesbezüglich sind die Horizontalleitlinien jedoch weiter gefasst als die Leitlinienentwürfe der ACM, da sie sich auch auf nicht ökologisch ausgerichtete Nachhaltigkeitsziele erstrecken.[16]

Bei näherer Betrachtung enthält der Leitlinienentwurf der ACM eine wichtige Abweichung von dem traditionellen Ansatz des Verbraucherwohls, der die Anwendung des Wettbewerbsrechts seit Jahrzehnten dominiert: Die Wettbewerbspolitik ist nicht mehr allein an den Präferenzen der von einer Abrede betroffenen Verbrauchenden auszurichten. Hinter dieser neuen Betrachtungsweise steht eine realistischere Vorstellung von Verbrauchenden: Der Verbraucher kann, wenn er mit seinem Nachfrageverhalten eine umwelt- oder klimaschädliche Produktion in Gang setzt, als das eigentliche Problem erscheinen.[17] Diese Vorstellung vom Verbrauchenden spiegelt sich in den Horizontalleitlinien der Kommission wider, welche unter anderem „kollektive Vorteile" einfließen lassen, um eine angemessene Verbraucherbeteiligung als Einzelfreistellungsvoraussetzung zu begründen.[18] Die durch die Nachfrage der Verbrauchenden ausgelösten negativen Nachhaltigkeitsauswirkungen können somit bei einer Abwägung koordinierungsbedingter Vor- und Nachteile miteinbezogen werden.[19]

2.2.2 Vorschläge, das Kartellrecht gezielt gegen neue Formen des Monopolkapitalismus auf Plattformmärkten einzusetzen.

Eine zweite neue Denkrichtung im Wettbewerbsrecht geht dahin, Vorschriften des Kartellrechts gezielt gegen neue Formen des Monopolkapitalismus in der Digitalwirtschaft einzusetzen und sie zu diesem Zweck weiterzuentwickeln. Damit ist namentlich die Plattformwirtschaft angesprochen, die mit den Unternehmen Alphabet/Google, Amazon, Meta/Facebook, Apple und Microsoft assoziiert wird und durch eine zum Teil auf Netzwerkeffekten beruhende sehr starke Marktkonzentration geprägt ist. Hierzu ist bereits viel geschrieben worden.[20] Kennzeichnend für die in den USA geführte Diskussion war der Aufsatz *Amazon's Antitrust Paradox*, den die Kartellrechtlerin Lina Khan 2017 im Yale Law Journal veröffentlichte. Sie argumentierte gegen die einseitige Fixierung der herrschenden Kartellrechtsanwendung auf das Ziel niedriger Verbraucherpreise und wies darauf hin, dass das Unternehmen Amazon seit vielen Jahren Märkte gerade mit dem Instrument der niedrigen Verbraucherpreise monopolisiert habe und damit anderen Anbietern das Leben schwer mache. Lina Khan steht mit diesem Aufsatz für eine Denkschule im Kartellrecht,

---

[15] Vgl. Komm. Horizontal-Leitlinien, ABl. 2023 C 259, 1 Rn. 528.
[16] Vgl. Zimmer, in Immenga/Mestmäcker (Begr.) Bd. 1, 2024, Art. 101 Abs. 1 AEUV, Rn. 287.
[17] Vgl. Zimmer & Schäfer, 2022, S. 875.
[18] Vgl. Komm. Horizontal-Leitlinien, ABl. 2023 C 259, 1 Rn. 582.
[19] Siehe hierzu Zimmer, in Immenga/Mestmäcker (Begr.) Bd. 1, 2024, Art. 101 Abs. 1 AEUV, Rn. 293
[20] Vgl. Crémer et al., 2019; Furman et al., 2019; Schweitzer et al., 2018.

die nicht mehr die kurzfristige Verbraucherwohlfahrt, sondern die langfristigen Folgen für die Marktstruktur im Blick hat.

Wie ernst diese Strömung zu nehmen ist, zeigt nicht nur die Tatsache, dass sie von orthodoxen Wettbewerbsökonominnen und -ökonomen als populistisch – nämlich als Kartellrechtspopulismus (Antitrust Populism) – verunglimpft wird.[21] Der wachsende Einfluss der Kritisierenden der Plattformmonopolisten spiegelt sich auch in der Ernennung von Lina Khan durch Präsident Biden im Juni 2021 als neues Mitglied und Vorsitzende der Federal Trade Commission wider, die eine zentrale Rolle bei der Anwendung des US-Kartellrechts spielt.

Die US-Regierung ist inzwischen an vielen Fronten gegen Tech-Giganten aktiv geworden. Sie scheiterte zwar vor Gericht mit ihrem Versuch, die unter der vorherigen Regierung eingeleitete Übernahme von Instagram und WhatsApp durch Facebook rückgängig zu machen. Das US-Justizministerium bekämpfte Google mit dem Argument, dass das Unternehmen seine marktbeherrschende Stellung bei der Internetsuche und der damit verbundenen Werbung vor allem durch Verträge mit Hardwareherstellern und anderen Unternehmen unrechtmäßig schützt. Darüber hinaus gibt es eine Reihe von Gesetzesvorschlägen auf Bundes- und Staatenebene, die unter anderem darauf abzielen, die Abhängigkeit der App-Entwickelnden von den großen Ökosystembetreibern Google und Apple zu verringern.[22]

Auch in Europa gibt es auf zwei Ebenen Gesetzgebungsprojekte, um der Entwicklung eines neuen Monopolkapitalismus auf einigen Märkten des Digitalsektors entgegenzuwirken. Auf der Ebene der Europäischen Union erscheint der im Jahr 2022 beschlossene Digital Markets Act (DMA) als die wichtigste Neuerung. Auffällig ist, dass diese neue Verordnung sich weitgehend von herkömmlichen Kategorien des Wettbewerbsrechts löst: Ihre Regelungen knüpfen nicht an das Vorhandensein einer marktbeherrschenden Stellung an, sondern schaffen mit der Figur des Torwächters (Gatekeepers) eine neue Art von Normadressaten. Korrespondierend dazu ist keine Analyse der Wirkung des Verhaltens von Gatekeepern im Einzelfall auf den Wettbewerb erforderlich. Der DMA enthält vielmehr einen Katalog von Verhaltensweisen, die Gatekeepern, welche bestimmte Arten von „core platform services" erbringen, von vornherein verboten sind.

Parallel hierzu sind auf der Ebene der EU-Mitgliedstaaten Gesetzgebungsvorschläge zum Digitalsektor in Diskussion (z. B. Frankreich)[23] oder bereits in Kraft (Deutschland: § 19a des GWB in der Fassung des Gesetzes vom 18. Januar 2021 („GWB-Digitalisierungsgesetz")). Dieser kurze Beitrag ist nicht der Ort, um ausführlich auf diese Diskussion und die neuen Vorschläge einzugehen. Es mag hier genügen, darauf hinzuweisen: Der über lange Zeit von vielen befürwortete Weg der Anwendung des Wettbewerbsrechts – die einseitige Fixierung auf eine einzige Größe, das Verbraucherwohl – hat sich spätestens seit dem Aufkommen der großen marktbeherrschenden Plattformen als

---

[21] Vgl. Wright & Portuese, 2020.
[22] Vgl. Goulard, 2021.
[23] Autorité de la Concurrence, 2020.

nicht mehr tragfähig erwiesen: Bei vielen Diensten im digitalen Bereich – insbesondere bei kostenlosen Diensten wie Suchmaschinen und sozialen Netzwerken – erscheint es nicht sinnvoll, eine Anwendung des Kartellrechts auf bestimmte Verhaltensweisen von dem Nachweis abhängig zu machen, dass dieses Verhalten kurzfristig zu Nachteilen für Verbrauchende führt. Oft profitieren die Verbrauchenden auf den ersten Blick sogar von den Praktiken der etablierten Unternehmen. Die Nachteile kommen später durch die Hintertür: Andere Marktteilnehmer wie Produzenten oder Handelsunternehmen zahlen oft überhöhte Preise oder Werbeentgelte, die dann letztlich über höhere Produktpreise auf die Verbrauchenden abgewälzt werden können. Hinzu kommt, dass der Aufkauf kleiner vielversprechender Unternehmen in einer frühen Phase ihrer Entwicklung durch die großen Unternehmen der Plattformwirtschaft einen dynamischen Wettbewerb sowie die daraus resultierenden Vorteile für Innovation und Entwicklung im Keim ersticken kann. Im Bereich der Digitalwirtschaft hat die Wettbewerbspolitik, die der Konzentrationsentwicklung in diesem Sektor in der Vergangenheit weitgehend tatenlos zugesehen hat, eine wichtige Aufgabe.[24]

2.2.3 Ein neues Verständnis von Fairness im Wettbewerbsrecht?

Das Konzept der Fairness war dem Wettbewerbsrecht schon in der Vergangenheit nicht fremd: Das Missbrauchsverbot in Art. 102 AEUV spricht von der Verhinderung „unangemessener Einkaufs- oder Verkaufspreise" (in der englischen Fassung: „unfair purchase or selling prices"). Und die Freistellungsvorschrift des Art. 101 Abs. 3 AEUV verlangt, dass die Verbrauchenden an den entstehenden Effizienzgewinnen „angemessen beteiligt" werden sollen (in der englischen Fassung: „allowing consumers a fair share of the resulting benefit"). Vorstellungen von Fairness und Angemessenheit kommen also auch im traditionellen Kartellrecht vor. Die soeben erwähnten Passagen, in denen die englische Fassung der Wettbewerbsregeln des Art. 101 AEUV den Begriff „fair" oder „unfair" verwendet, scheinen sich auf die Verteilungsgerechtigkeit zu beziehen: unfaire Kauf- oder Verkaufspreise, eine faire Beteiligung an Effizienzgewinnen.

Es gibt jedoch noch einen zweiten Sinn, in dem „Fairness" verstanden werden könnte: Diese zweite Bedeutung steht nicht im Zusammenhang mit der Verteilung, sondern in Bezug auf das Verhalten: Menschen oder Unternehmen können sich in unfairer Weise verhalten, und das Gesetz könnte die Aufgabe haben, ein solches unfaires Verhalten zu verhindern.[25] Auch dieser Begriff der Fairness ist dem Recht vertraut – und sogar dem Wett-

---

[24] Viele sehen es im Rückblick beispielsweise als Fehler an, dass die Wettbewerbsbehörden gegen den Aufkauf des Messengerdienstes WhatsApp durch Facebook im Jahr 2014 nicht vorgegangen sind. Dabei war offensichtlich, dass WhatsApp als eigenständiger Wettbewerber großes Potenzial hatte: Facebook zahlte für das Unternehmen, das noch keine nennenswerten Umsätze erzielte, mehr als 19 Mrd. US-Dollar. Vgl. hierzu Monopolkommission, 2020, Rn. 951.
[25] Vgl. zum Folgenden Zimmer & Nittenwilm, 2022.

bewerbsrecht: Das Gesetz gegen den unlauteren Wettbewerb richtet sich gegen ein Verhalten, das vom Gesetzgeber als unlauter angesehen wird. Die Richtlinie über unlautere Handelspraktiken in der Agrar- und Lebensmittelversorgungskette (Richtlinie EU 2019/633, sog. UTP-Richtlinie) enthält eine Reihe von Bestimmungen, die gegen ein solches unlauteres Verhalten gerichtet sind: In diesem Sinne darf sich eine Käuferin oder ein Käufer nicht weigern, die Bedingungen eines Liefervertrags schriftlich zu bestätigen, wenn der Liefernde um eine schriftliche Bestätigung gebeten hat (Art. 3 (f) UTP-Richtlinie). Ebenso darf eine Abnehmerin oder ein Abnehmer keine Vergeltungsmaßnahmen gegen den Anbieter ergreifen, wenn dieser seine vertraglichen oder gesetzlichen Rechte wahrnimmt, einschließlich der Einreichung einer Beschwerde bei den Durchsetzungsbehörden oder der Zusammenarbeit mit den Durchsetzungsbehörden während einer Untersuchung (Art. 3 (h) UTP-Richtlinie).

Noch deutlicher wird der eigenständige Charakter von Verhaltensfairness-Anforderungen in der EU-Verordnung vom 20. Juni 2019 zur Förderung von Fairness und Transparenz für gewerbliche Nutzer von Online-Vermittlungsdiensten (Verordnung EU 2019/1150, sog. P2B-Verordnung; Regulation (EU) 2019/1150 on promoting fairness and transparency for business users of online intermediation services). Hiernach sind Anbieter von Online-Vermittlungsdiensten und namentlich von Online-Suchmaschinen unter anderem zur Offenlegung der Hauptparameter verpflichtet, die für die Festlegung eines Rankings am wichtigsten sind (Art. 5 (1) und (2) P2B-Verordnung). Anbieter von Online-Vermittlungsdiensten und von Online-Suchmaschinen sind auch zur Erläuterung jeglicher etwaigen differenzierten Behandlung von Waren und Dienstleistungen verschiedener gewerblicher Nutzer (business users) verpflichtet, die über ihre Einrichtungen angezeigt oder angeboten werden (Art. 7 (1) und (2) P2B-Verordnung).

2.3 Ein neuartiges Verständnis: Sicherung der Wettbewerbsfreiheit durch Ex-Ante-Regulierung für marktmächtige Plattformen

Auch der schon angesprochene DMA verfolgt – neben anderem – das Ziel der Gewährleistung von Fairness. In seinem ersten Artikel führt der DMA aus: „Zweck dieser Verordnung ist es, zum reibungslosen Funktionieren des Binnenmarkts beizutragen, indem harmonisierte Vorschriften festgelegt werden, die in der gesamten Union zum Nutzen von gewerblichen Nutzern und Endnutzern für alle Unternehmen bestreitbare und faire Märkte im digitalen Sektor, auf denen Torwächter tätig sind, gewährleisten (Art. 1 Abs. 1 DMA)."

Eines dieser Elemente – der DMA soll die Bestreitbarkeit der Märkte sicherstellen – scheint ganz im Einklang mit der traditionellen Wettbewerbspolitik zu stehen: Die traditionelle Missbrauchsaufsicht über marktbeherrschende Unternehmen richtet sich unter anderem auch dagegen, dass marktbeherrschende Teilnehmer Wettbewerbern den Eintritt in die von ihnen beherrschten Märkte erschweren, etwa durch missbräuchliche Vertragsklauseln, und so ihre eigene Machtposition sichern. Also: Auch wenn dies nicht in jedem

2 Sicherung der Wettbewerbsfreiheit

Einzelfall mit dem Begriff der Bestreitbarkeit begründet wird, scheint die Sicherung des freien Marktzugangs Teil der etablierten Wettbewerbspolitik zu sein.

Im Gegensatz dazu scheint das zweite Ziel des DMA – die Gewährleistung fairer Märkte – über die mit dem Kartellrecht in neuerer Zeit verfolgten Anliegen hinauszugehen. Viele der in den Art. 5 bis 7 DMA festgelegten Verbote dienen dem Schutz der gewerblichen Nutzer vor unlauterer Behandlung durch eine Plattform: Art. 5 Abs. 3 DMA läuft auf ein Verbot der Verwendung von Meistbegünstigungsklauseln und Bestpreisklauseln durch die Gatekeeper-Plattformen hinaus. Sie dürfen ihre gewerblichen Nutzer fortan nicht daran hindern, beim eigenen Vertrieb oder beim Vertrieb über fremde Plattformen andere Preise als beim Vertrieb über die Plattform des Gatekeepers festzusetzen. Auch dürfen Gatekeeper-Plattformen ihre gewerblichen Nutzer nicht an der Wahl anderer Vertriebswege für ihre Waren oder Dienstleistungen hindern. Weitere Bestimmungen des DMA hindern Gatekeeper daran, gewerblichen Nutzern die effektive Nutzung anderer Vertriebskanäle außerhalb der Plattform zu erschweren. Art. 6 Abs. 2 DMA verlangt von Gatekeepern, dass sie es unterlassen, im Wettbewerb mit gewerblichen Nutzern Daten zu verwenden, die durch Aktivitäten dieser gewerblichen Nutzer generiert wurden. Bei der Einstufung von Diensten und Produkten darf ein Gatekeeper die von ihm selbst angebotenen Dienste und Produkte gegenüber denen Dritter nicht bevorzugen (Art. 6 Abs. 5 DMA).

Alles in allem scheint der DMA hier mehr als ein kartellrechtliches Ziel zu verfolgen: Ihm geht es um eine bestimmte Art von einem fairen Verhalten, das von großen Unternehmen der Plattformwirtschaft zu fordern ist. Diese Fairnessanforderungen schützen nicht nur Verbrauchende, sondern vielfach darüber hinaus andere Unternehmen und insbesondere – wie der DMA formuliert- gewerbliche Nutzer, d. h. Angehörige der – im Verhältnis zur Seite der Verbrauchenden – anderen Seite eines zweiseitigen Marktes. Der Schutz der gewerblichen Nutzer von Plattformen kommt in zahlreichen Vorschriften des DMA zum Ausdruck. Die Wettbewerbsfreiheit anderer Unternehmen – eben der gewerblichen Nutzer von Gatekeeper-Plattformen – rückt in den Fokus der Wettbewerbspolitik.[26]

Nach dem Inkrafttreten des DMA können die Zwecke der Wettbewerbspolitik wie folgt zusammengefasst werden: Die Wettbewerbspolitik dient nicht nur dem Schutz von Verbrauchenden vor einer Ausnutzung von Marktmacht, sondern auch dem Schutz von Unternehmen wie beispielsweise App-Entwicklern und Online-Händlern vor einer unfairen Behandlung durch große Gatekeeper-Plattformen. Man könnte auch sagen: Auf Plattformmärkten sind beide Marktseiten in ähnlicher Weise schutzbedürftig gegen unfaire Behandlung durch die Plattform – denn beide sind auf die Nutzung des Plattformdienstes angewiesen. Es sind also nicht nur die Endnutzenden (Verbrauchende), sondern auch die gewerblichen Nutzer, die Schutz verdienen.

Auch mit einem solchen Verständnis kann – wie es schon im Zusammenhang der Berücksichtigung von Sustainability Goals gezeigt wurde – das herkömmliche einseitige Consumer-Welfare-Denken überwunden werden. Die zu Anfang dieses Beitrages gestellte

---

[26] Vgl. dazu auch Zimmer & Nittenwilm, 2022.

Frage kann daher in diesem Sinne beantwortet werden: Das moderne Wettbewerbsrecht schützt wieder die Wettbewerbsfreiheit – unter Einschluss derjenigen der gewerblichen Nutzer gegenüber marktmächtigen großen Plattformen.

Literatur

ACM. (2013a). ACM: deal over closing down coal power plants harms consumers. Murco Mijnlieff. https://www.acm.nl/en/publications/publication/12046/ACM-deal-over-closing-down-coal-power-plants-harms-consumers. Zugegriffen am 21.01.2025.

ACM. (2013b). Analysis by the Netherlands Authority for Consumers and Markets (ACM) of the planned agreement on closing down coal power plants from the 1980s as part of the Social and Economic Council of the Netherlands' SER Energieakkoord. Pagina. https://www.acm.nl/sites/default/files/old_publication/publicaties/12082_acm-analysis-of-closing-down-5-coal-power-plants-as-part-of-ser-energieakkoord.pdf. Zugegriffen am 21.01.2025.

ACM. (2022). Guidelines Sustainability Agreements, Opportunities within competition law, Draft, überarbeitete Version vom 26.01.2022, abrufbar unter: https://www.acm.nl/sites/default/files/documents/second-draft-version-guidelines-on-sustainability-agreements-oppurtunities-within-competition-law.pdf. Zugegriffen am 21.01.2025.

ACM 04.10.2023, ACM's oversight of sustainability agreements, Übersetzung abrufbar unter: https://www.acm.nl/en/publications/policy-rule-acms-oversight-sustainability-agreements. Zugegriffen am 21.01.2025.

Albers, M. (2007). Der „more economic approach" bei Verdrängungsmissbräuchen: Zum Stand der Überlegungen der Kommission. In B. Ahrens, P. Behrens, & P. von Dietze (Hrsg.), *Marktmacht und Missbrauch* (S. 1–26). Nomos.

Autorité de la Concurrence. (2020). Die Vorschläge der Autorité de la Concurrence, Contribution au débat sur la politique de concurrence et les enjeux numérique. https://www.autoritedelaconcurrence.fr/sites/default/files/2020-02/2020.02.28_contribution_adlc_enjeux_num.pdf. Zugegriffen am 21.01.2025.

Bork, R. H. (1978). *The antitrust paradox: A policy at war with itself*. Basic Books.

Crémer, J., De Motjoye, Y., & Schweitzer, H. (2019). Competition policy for the digital era – Final Report. European Commission, Publications Office.

Dreyer, J., & Ahlenstiel, E. (2021). Berücksichtigung von Umweltschutzaspekten bei der kartellrechtlichen Bewertung von Kooperation. *Wirtschaft und Wettbewerb*, 76–81.

Eucken, W. (1952). *Grundsätze der Wirtschaftspolitik* (7. Aufl.). Mohr Siebeck.

Europäische Kommission 21.03.2018, M.8084, C, 2018, 1709 final – Bayer/Monsanto. https://ec.europa.eu/competition/mergers/cases/additional_data/m8084_4718_7.pdf. Zugegriffen am 21.01.2025.

Furman, J., et al. (2019). Unlocking digital competition, Report of the Digital Competition Expert Panel.

Goulard, H. (2021). Les Echos. Régulation des Gafa : une série de projets de loi franchit une étape clé aux Etats-Unis. https://www.lesechos.fr/tech-medias/hightech/regulation-des-gafa-une-serie-de-projets-de-loi-franchit-une-etape-cle-aux-etats-unis-1327131. Zugegriffen am 21.01.2025.

von Hayek, F. A. (1968). *Der Wettbewerb als Entdeckungsverfahren*. Institut für Weltwirtschaft.

von Hayek, F. A. (1996). Die Anmaßung von Wissen, Dankrede anlässlich der Verleihung des Nobelpreises für Wirtschaftswissenschaften im Jahr 1974. In W. Kerber (Hrsg.), *Wirtschaftswissenschaftliche und wirtschaftsrechtliche Untersuchungen*. Mohr Siebeck.

Kantzenbach, E. (1967). *Die Funktionsfähigkeit des Wettbewerbs*. Vandenhoeck & Ruprecht.

Monopolkommission. (2020). *Hauptgutachten XXI: Wettbewerb 2016* (Hauptgutachten gemäß § 44 Abs. 1 Satz 1 GWB). Nomos Verlag.

Posner, R. A. (1976). *Antitrust law: An economic perspective*. University of Chicago Press.

Schwalbe, U., & Zimmer, D. (2021). *Kartellrecht und Ökonomie – Moderne ökonomische Ansätze in der europäischen und deutschen Zusammenschlusskontrolle* (3. Aufl.). Recht und Wirtschaft.

Schweitzer, H., Haucap, J., Kerber, W., & Welker, R. (2018). Modernisierung der Missbrauchsaufsicht für marktmächtige Unternehmen: Gutachten für das Bundesministerium für Wirtschaft und Energie.

Smith, A. (1776). *An inquiry into the nature and the causes of the wealth of nations*. University of Chicago Press.

Wright, J., & Portuese, A. (2020). Antitrust populism: Towards a taxonomy. *Stanford Journal of Law, Business & Finance, 21*(1), 131–181.

Zimmer, D. (2024). In Immenga/Mestmäcker (Begr.), Wettbewerbsrecht, Bd. 1, 7. Aufl. AEUV Art. 101 Abs. 1. Verlag C.H. Beck.

Zimmer, D., & Nittenwilm, N. (2022). For whose sake, and by which means? Fairness Concepts in European Law A reflection on the occasion of recent European legislation, especially the passage of the Digital Markets Act. *Zeitschrift für Europäisches Privatrecht*, 820–847.

Zimmer, D., & Schäfer, L. (2022). Nachhaltigkeitskooperation in kartellrechtlicher und rechtsökonomischer Betrachtung. *JuristenZeitung*, 870–877.

Prof. Dr. Daniel Zimmer ist seit 2009 Geschäftsführender Direktor des Center for Advanced Studies in Law and Economics (CASTLE) der Universität Bonn. Von 2008 bis 2016 war er Mitglied, von 2012 bis 2016 Vorsitzender der Monopolkommission. Er studierte Rechtswissenschaften in Mainz, Lausanne und Göttingen sowie ein Master-Studium (LL.M.) an der University of California at Los Angeles (UCLA). Die Promotion zum Dr. iur. und die Habilitation erfolgte an der Universität Göttingen.

Zentralisierung statt Freiheit? Bewegt sich die Europäische Union in die falsche Richtung?

Gunther Schnabl

Inhaltsverzeichnis

3.1	Die historischen Wurzeln des Wohlstands in Europa	32
3.2	Zwei Sichtweisen des europäischen Integrationsprozesses	33
3.3	Der Euro und Subventionen hemmen Produktivitätsgewinne	37
3.4	Die Ausgleichsmechanismen für Ungleichgewichte sind schwach	40
3.5	Ausblick: Europäischer Superstaat oder Binnenmarkt?	44
Literatur		47

Zusammenfassung

Wirtschaftliche Freiheit und Wettbewerb sind aus historischer Sicht die Ursprünge für den Wohlstand in Europa. Als Triebgröße des Wachstums in Westeuropa nach dem Zweiten Weltkrieg werden marktwirtschaftliche Reformen in Westdeutschland einschließlich einer harten Währung identifiziert, die sich auf europäischer Ebene in der Schaffung des Binnenmarktes widerspiegelten. Nach Einführung des Euros hat hingegen die wachsende Instabilität der gemeinsamen europäischen Währung zu geringem Wachstum politischer Instabilität beigetragen. Die Europäische Zentralbank und die Europäische Union können die wachsenden Gräben in Europa mit zentralbankfinanzierten Staatsausgaben nur zeitweise überbrücken. Nicht die Zentralisierung von

---

Der Beitrag ist zuvor in anderer Form in meinem Buch „Deutschlands fette Jahre sind vorbei" (Finanzbuch Verlag München) erschienen.

G. Schnabl (✉)
Flossbach von Storch Research Institute, Köln, Deutschland
e-mail: schnabl@wifa.uni-leipzig.de

Macht in gemeinsamen europäischen Institutionen, sondern Geldwertstabilität und der Binnenmarkt können den Wohlstand in Europa sichern.

3.1 Die historischen Wurzeln des Wohlstands in Europa

Europa ist vielfältig, geprägt durch unterschiedliche Sprachen und Kulturen. Lange Zeit haben konkurrierende Adelshäuser die Geschichte Europas gelenkt. Sie heirateten untereinander und führten Kriege. Die Entdeckung Amerikas durch Christoph Kolumbus im Jahr 1492 und die Besiedlung Australiens durch Großbritannien ab dem 18. Jahrhundert legten den Grundstein für europäisch geprägte Staaten weit weg vom alten Kontinent.

Die Gründe dafür, dass der Wohlstand in Westeuropa, Nordamerika und Ozeanien in den letzten zwei Jahrhunderten sehr viel stärker gewachsen ist als in anderen Weltregionen (Abb. 3.1), sind vielfältig. Nach Baron de Montesquieu (1689–1755) haben in Asien weite Ebenen große despotische Reiche wie China und Indien begünstigt.[1] Hingegen hätten in Europa große Flüsse und Gebirge mittelgroßen Staaten das Überleben gesichert. Riesige Staatengebilde hätten nie lange Zeit Bestand gehabt. Da die Grenzen zum nächsten Staatengebilde oft nah lagen, standen die Herrschenden zueinander im Wettbewerb. Wer

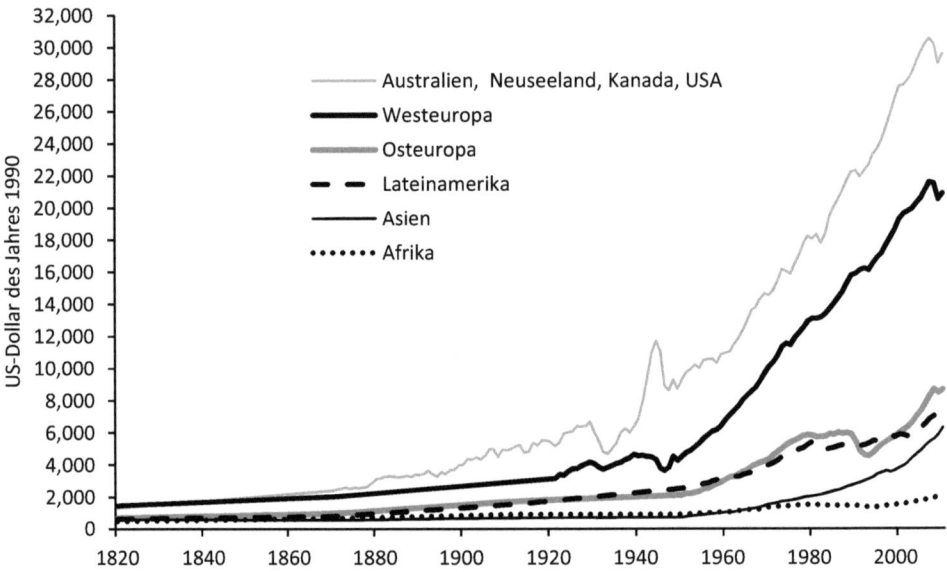

Abb. 3.1 Pro-Kopf-Einkommen in unterschiedlichen Teilen der Welt. (Datenquelle: Maddison Project, Universität Groningen. 2024)

---

[1] Vgl. Montesquieu, 1748/1989.

seine militärische Macht sichern wollte, der brauchte ausreichend Menschen in seinem Land. Um die Bewohnerschaft an sich zu binden, seien die europäischen Herrschenden geneigter gewesen, Freiheiten zu gewähren.

Der Franzose Alexis de Tocqueville (1805–1859) sah die mittelgroßen Nationen in Europa als Wiege der politischen Freiheit, weil eine kleine Bevölkerung die Macht des Herrschenden beschränkt.[2] Chinas Kaiser war viel mächtiger als die Herrschenden kleinerer europäischer Staatengebilde. Einzelne europäische Könige, Fürsten und Grafen konnten aber im Gegensatz zum chinesischen Kaiser nicht die Ressourcen von ganz Europa verschwenden.

Nach David Hume (1711–1776) bewirkt der Wettbewerb zwischen Staaten Fortschritt und Wohlstand. Im antiken Griechenland habe die Konkurrenz zwischen unabhängigen Stadtstaaten wie Athen und Sparta eine herausragende Blüte der Kultur hervorgebracht.[3] Auch militärisch behielten die Griechen gegenüber dem mächtigen Persien die Oberhand. Weede leitet aus dem Wettbewerb der Staaten in Europa die Entstehung von Eigentumsrechten ab.[4] Die Menschen hätten verglichen, welches Staatsoberhaupt die größten Freiheiten gewährt, sodass die Herrscher schließlich Eigentum ermöglicht hätten.

Privateigentum beschleunigt den technischen Fortschritt, wie Friedrich August von Hayek herausgearbeitet hat.[5] Denn ein Unternehmer ist stets auf der Suche nach einem höheren Gewinn, der mit neuen Produktionsverfahren oder Produkten wachsen kann. Einen enormen Innovationsschub brachte die industrielle Revolution in Europa, die die Produktivität und damit den Wohlstand immens erhöht hat. Da die Konkurrenz sowohl erfolgreiche neue Produktionsverfahren als auch erfolgreiche Produkte kopiert, gehen bei Wettbewerb gewinnbringende Vorteile eines Unternehmers früher oder später wieder verloren. Diese Diffusion des Wissens bewirkt, dass ein Unternehmer immer wieder nach neuen Innovationen streben muss.

Aus dieser Sicht waren Wettbewerb zwischen den Staaten und auf den Märkten die Grundlage für immense Wohlstandsgewinne in Europa. Diese lebten nach dem Zweiten Weltkrieg in Westeuropa wieder auf.

3.2 Zwei Sichtweisen des europäischen Integrationsprozesses

Vor dem Zweiten Weltkrieg hatten in der Weltwirtschaftskrise viele Länder hohe Importzölle aufgebaut, um Arbeitsplätze zu schützen. Sie hatten ihre Währungen abgewertet, um die heimischen Unternehmen auf Kosten der Handelspartner voranzubringen. Die daraus resultierende wirtschaftliche Instabilität unterhöhlte die politische Stabilität. Der Prozess mündete in den Zweiten Weltkrieg, der den alten Kontinent verwüstete. Nach dem Zweiten

---

[2] Vgl. Tocqueville, 1835/1945.
[3] Vgl. Hume, 1742/1985.
[4] Vgl. Weede, 2008.
[5] Vgl. von Hayek, 1944.

Weltkrieg schufen die USA als neue unumstrittene Führungsmacht der westlichen Welt eine neue liberale Weltordnung, in die sich der europäische Integrationsprozess einbettete. Frankreich und Deutschland verfolgten unterschiedliche Ziele.

Frankreich war besorgt, dass von dem wirtschaftlich erstarkenden Deutschland ein neuer Krieg ausgehen könnte. Deshalb wollte es Deutschland in Europa wirtschaftlich und politisch einbinden. Die Europäische Gemeinschaft für Kohle und Stahl (1952) sowie die Europäische Atomgemeinschaft Euroatom (1957) stellten die für die Kriegsführung wichtigen Wirtschaftssektoren unter eine gemeinsame Kontrolle. Deutschland wollte aus der politischen Isolation entkommen und für seine florierenden Unternehmen neue Märkte schaffen. Die Europäische Wirtschaftsgemeinschaft EWG (1957) sah einen gemeinsamen Markt vor, in dem sich Güter, Dienstleistungen, Arbeit und Kapital frei bewegen sollten. Alle drei Gemeinschaften erhielten mit den Europäischen Gemeinschaften ein gemeinsames Dach, unter dem sich zwei unterschiedliche Wachstumsmodelle gegenüberstanden.

In Deutschland war die Deutsche Bundesbank unabhängig und allein der Preisstabilität verpflichtet. Die niedrige Inflation begünstigte das Sparen der Haushalte, was die Finanzierung von Investitionen erleichterte. Hohe Investitionen erhöhten die Produktivität der deutschen Industrieunternehmen, die nach mehr Exporten strebten, um die Stückkosten zu senken. Weil die Deutsche Bundesbank unabhängig war, war der Spielraum für schuldenfinanzierte staatliche Konjunkturprogramme begrenzt. Stattdessen trieben die Investitionen das Wachstum in Deutschland. Einige wirtschaftlich eng mit Deutschland verflochtene Nachbarländer wie Österreich und die Niederlande banden ihre Wechselkurse eng an die Deutsche Mark und folgten so dem deutschen Zentralbank- und Wachstumsmodell.

Hingegen folgten Frankeich, Italien und das Vereinigte Königreich keynesianischen Wachstumsmodellen. Da die Steuereinnahmen für die ambitionierten staatlichen Ausgabenpläne nicht ausreichten, kauften die Zentralbanken, die der Weisung der Finanzministerien unterstanden, Staatsanleihen. Das führte zu hohen Inflationsraten, die die Investitionen bremsten. Nach dem Zusammenbruch des Bretton-Woods-Systems in den frühen 1970er-Jahren beförderten die südlichen Nachbarländer Deutschlands ihre Exporte, indem sie ihre Währungen gegenüber der Deutschen Mark abwerteten.

Der europäische Integrationsprozess vereinte beide Wachstumsmodelle. Das zentralisierte Frankreich brachte gemeinsame Institutionen wie die Europäische Kommission, das Europäische Parlament und später die Europäische Zentralbank voran. Dahinter stand der Gedanke, dass die Entscheidungen für das vereinte Europa gemeinsam in Brüssel, Straßburg und Frankfurt getroffen werden sollten, bestenfalls im Sinne Frankreichs. Die letzte Konsequenz wäre ein europäischer Superstaat nach dem Vorbild der USA, mit einer gemeinsamen Regierung, einer gemeinsamen Währung, einer gemeinsamen Finanz- und Sozialpolitik sowie einer gemeinsamen Armee. Die gemeinsame Agrar- und Regionalpolitik der Europäischen Gemeinschaft bildeten die ersten Grundbausteine für eine Umverteilung aus dem wirtschaftlich starken Norden in den wirtschaftlich schwächeren Süden.

3 Zentralisierung statt Freiheit? Bewegt sich die Europäische Union in die falsche…

Westdeutschland brachte das wirtschaftsliberale Gedankengut ein. Inspiriert von den marktwirtschaftlichen Reformen nach dem Zweiten Weltkrieg sowie den Grundsätzen des Allgemeinen Zoll- und Handelsabkommens GATT wollte Ludwig Erhard den Handel in Westeuropa liberalisieren, Diskriminierungen abbauen und Wettbewerbsverzerrungen reduzieren. Später forcierte Großbritannien unter Margret Thatcher die freie Bewegung von Gütern, Dienstleistungen, Arbeit und Kapital in Europa, den sogenannten Binnenmarkt. Im Vertrag über die Europäische Union verweist seit 1992 das Subsidiaritätsprinzip auf eine größtmögliche Selbstbestimmung und Eigenverantwortung im gemeinsamen Europa. Die Europäische Union sollte nur tätig werden, wenn die angestrebten Ziele nicht ebenso gut auf nationaler oder regionaler Ebene erreicht werden konnten.

Über die Zeit hinweg kamen beide Zielsetzungen voran. Es entstanden gemeinsame Institutionen einschließlich des Europäischen Parlamentes (1952), der Europäischen Zentralbank (1998) und sogar eine europäische Verfassung (2004), die jedoch nicht in Kraft getreten ist. Seit dem Vertrag von Maastricht (1992) gibt es die Europäische Union, deren Kompetenzen die Mitgliedstaaten in mehreren Reformverträgen, wie dem Vertrag von Lissabon, weiter ausbauen. Die Einheitliche Europäische Akte (1986) vollendete bis 1992 den Binnenmarkt, der auch die Grundlage für die Abschaffung der Grenzkontrollen legte.

Die Integration der Märkte im gemeinsamen Europa erhöhte den Wettbewerb zwischen den Unternehmen, die deshalb effizienter werden mussten. Das erzeugte Produktivitätsgewinne, erhöhte die Einkommen und senkte die Preise. Die preisbereinigten Pro-Kopf-Einkommen stiegen in Frankreich, Deutschland und Italien bis zum Ausbruch der europäischen Finanz- und Schuldenkrise im Jahr 2008 gemeinsam an (siehe Abb. 3.2). Mit den Wohlstandsgewinnen konnte man auch die neuen gemeinsamen Institutionen finanzieren. Die weit reichende wirtschaftliche Zufriedenheit ging mit einer breiten Akzeptanz für das gemeinsame Europa und die etablierten politischen Parteien einher.

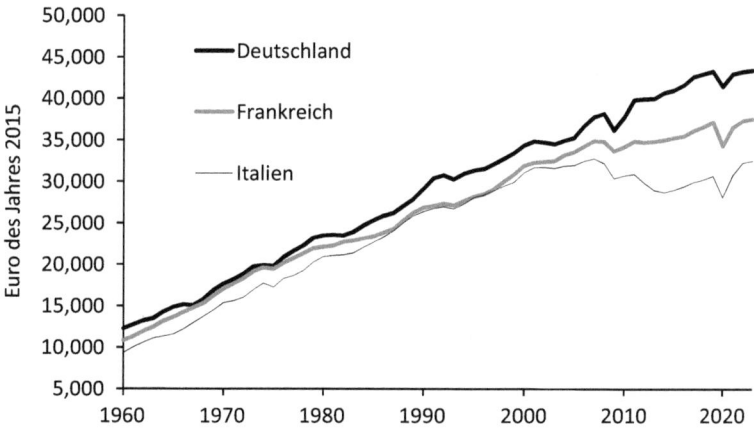

Abb. 3.2 Reale Pro-Kopf-Einkommen in Deutschland, Frankreich und Italien. (Datenquelle: Internationaler Währungsfonds. 2024)

Dass das gemeinsame Europa lange Zeit keine gemeinsame Währung hatte, bremste die Wachstumsdynamik nicht. Die südeuropäischen Länder werteten zwar insbesondere seit den 1970er-Jahren ihre Währungen immer wieder gegenüber der Deutschen Mark ab, wie Abb. 3.3 für den französischen Franc zeigt. Da die Deutsche Bundesbank der Preisstabilität verpflichtet war, bot sie hingegen den deutschen Exportunternehmen keine Unterstützung durch eine Abwertung der Deutschen Mark an. Das verhinderte die schädlichen Abwertungswettläufe, die vor dem Zweiten Weltkrieg die ganze Welt destabilisiert hatten.

Den deutschen Unternehmen blieb deshalb nichts anderes übrig, als ihre internationale Wettbewerbsfähigkeit dadurch aufrechtzuerhalten, dass sie die Produktion immer effizienter machten. Sie erhöhten die Qualität, damit ihnen wechselkursbedingte Preiserhöhungen im Ausland so schnell nichts anhaben konnten. So glänzten französische und italienische Waren mit dem Preis, deutsche mit der Qualität. Die harte Deutsche Mark hatte sich zur Produktivitätspeitsche gemausert, die die deutsche Wirtschaft zu immer neuen Höchstleistungen trieb. Deutschland wurde seit den 1950er-Jahren zum Wachstumsmotor von ganz Europa.

Die Deutsche Bundesbank hat also mit der stabilen Deutschen Mark maßgeblich zu den Wohlstandsgewinnen in Deutschland und Westeuropa beigetragen. Abb. 3.4 zeigt die hohen Produktivitätsgewinne in Deutschland in den 1980er- und 1990er-Jahren. Dass Deutschland einen Teil dieser Produktivitätsgewinne über die europäische Agrar- und Regionalpolitik in den Süden Europas abgab, schmerzte nicht. Es verblieb ausreichend finanzieller Spielraum, um im eigenen Land das Lohnniveau zu erhöhen und den Sozialstaat auszubauen. Die Transfers in den Süden erhöhten zudem die ausländische Nachfrage nach deutschen Gütern und Dienstleistungen. Es profitieren alle in Europa von dem Wettbewerb

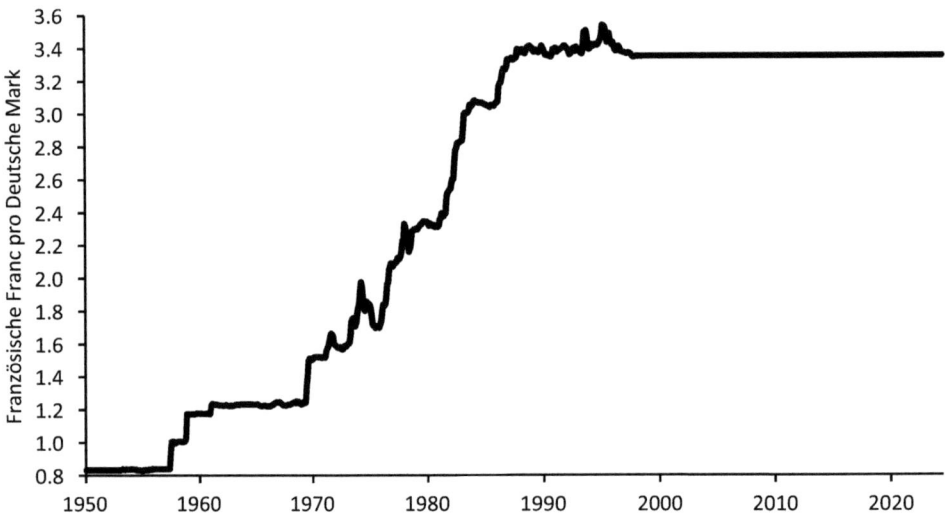

Abb. 3.3 Wechselkurs des Französischen Francs gegenüber der Deutschen Mark. (Datenquelle: Internationaler Währungsfonds. 2024)

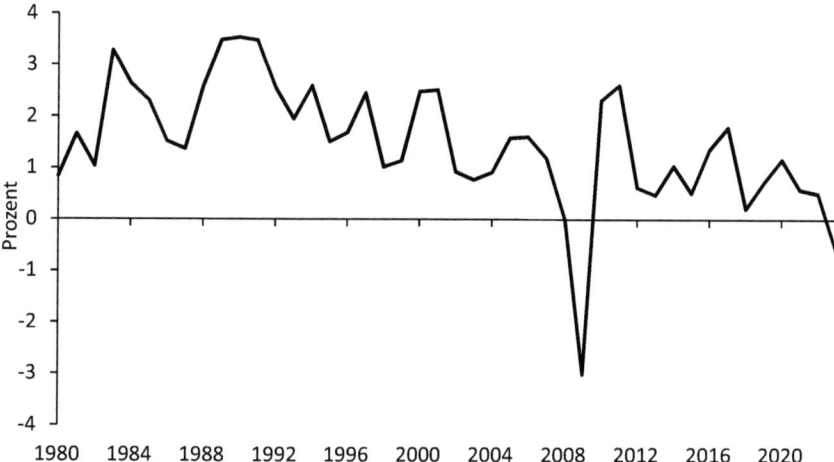

Abb. 3.4 Produktivitätsgewinne in Deutschland. (Datenquelle: OECD. 2024. Arbeitsproduktivität pro Arbeitsstunde; bis 1990 Westdeutschland, danach Gesamtdeutschland)

der Unternehmen und der Währungen. Doch zur Jahrtausendwende sackten die Produktivitätsgewinne ab, weil der Euro den Wettbewerb zwischen den europäischen Währungen ausschaltete.

3.3 Der Euro und Subventionen hemmen Produktivitätsgewinne

Der Euro erlöste die deutsche Industrie aus vier Gründen von der Produktivitätspeitsche.[6] Erstens wurden die Wechselkurse zwischen den Mitgliedsländern der Europäischen Union unwiderruflich fixiert. Die südeuropäischen Länder konnten die Wettbewerbsposition ihrer Unternehmen gegenüber den deutschen Unternehmen nicht mehr einfach dadurch erhöhen, dass sie ihre Währungen abwerteten. Im Jahr 1999 beseitigte die Euroeinführung mit einem Schlag für 44 % der deutschen Exporte den ständigen Aufwertungsdruck.

Zweitens verfolgte die Europäische Zentralbank spätestens seit dem Ausbruch der europäischen Finanz- und Schuldenkrise im Jahr 2008 eine lockere Geldpolitik, sodass der Euro gegenüber dem US-Dollar seither im Trend abgewertet hat (Abb. 3.5). Während der Euro zwischen 2002 und 2008 noch in der Tradition der Deutschen Mark aufgewertet hatte, ging es seit 2008 abwärts. Das hat Gewinne in die Kassen der deutschen Exportunternehmen gespült, die sich zunehmend in der traditionellen Rolle der südeuropäischen Unternehmen wiederfanden.

Drittens konnten die deutschen Exportunternehmen seit der europäischen Finanz- und Schuldenkrise immer mehr auf staatliche Hilfen hoffen. Die Europäische Zentralbank senkte ihre Finanzierungskosten, kaufte Anleihen der großen Unternehmen und vergab an

---

[6] Vgl. Schnabl, 2023a.

Abb. 3.5 Wechselkurs des Euro gegenüber dem US-Dollar. (Datenquelle: Europäische Zentralbank. 2024)

die Banken langfristige Kredite, die insbesondere in den südlichen Euroländern die Einkommen und damit die Nachfrage (auch nach deutschen Gütern) stabilisierten. Die Staatsanleihekäufe der Europäischen Zentralbank verschafften den deutschen Regierungen zusätzliche Ausgabenspielräume, die diese unter anderem für Hilfen für große Unternehmen nutzen konnten; beispielsweise für Kurzarbeitergeld in der Coronakrise und für Subventionen für klimafreundliche Investitionen.

Obwohl die europäischen Verträge staatliche Hilfen für Unternehmen verbieten, damit der Wettbewerb im Binnenmarkt nicht verzerrt wird, fanden sich immer neue Begründungen für Ausnahmen. Die Finanzkrise, die Coronakrise, die Klimakrise sowie der Hinweis auf einen wachsenden Wettbewerb mit den USA und China waren und sind willkommene Begründungen. Die deutsche Autoindustrie profitierte in der europäischen Finanz- und Schuldenkrise von der Abwrackprämie, in der Coronakrise von großzügigem Kurzarbeitergeld und in der Klimakrise unter anderem von hohen Kaufprämien für Elektroautos. Thyssen-Krupp hat Milliarden für die Produktion grünen Stahls erhalten. Dem Hersteller von Windkraftanlagen Siemens Energy hat die Bundesregierung eine großzügige Bürgschaft gewährt.

Mit der 2014 eingeführten *„Allgemeinen Gruppenfreistellungsverordnung"* hat die Europäische Union bestimmte Kategorien staatlicher Beihilfen von der Bewilligungspflicht durch die Europäische Kommission befreit.[7] Ob die Länder die Kriterien erfüllen, muss die Europäische Kommission prüfen. Auf das Drängen Deutschlands hat die Europäische Union ihre Beihilferegeln weiter gelockert, um den Mitgliedstaaten mehr Spielraum bei der Subventionierung ihrer Industrien zu lassen.

Das hat während der Coronakrise und der durch den Ukrainekrieg ausgelösten Energiekrise zu Kritik aus anderen Ländern geführt, die eine geringere Finanzkraft bzw. einen geringeren verbleibenden Verschuldungsspielraum als Deutschland haben. „Wenn es zu

---

[7] Vgl. European Union, 2014.

einer Spirale des ‚Wer gibt mehr' käme, würde die Tschechische Republik nicht gewinnen", warnte der tschechische Europaabgeordnete Luděk Niedermayer. Aufgeweichte Subventionsregeln könnten leicht zu Wettbewerbs- und Wachstumsverzerrungen oder zu einem schädlichen Subventionswettlauf führen, der wenigen nütze und vielen schade, merkte ein Sprecher des niederländischen Wirtschaftsministeriums an.[8]

Währenddessen macht Deutschland überdurchschnittlich oft von den Ausnahmen für Subventionen Gebrauch. Im Zuge der Russland-Sanktionen hat es die Europäische Kommission den Mitgliedstaaten erlaubt, die Unternehmen angesichts der steigenden Energiepreise zu stützen.[9] Seit einigen Jahren nehmen die Subventionen in Deutschland stark zu, wie das Institut für Weltwirtschaft aufgezeigt hat.[10]

Viertens ist der Euro als Fehlkonstruktion gestartet, weil der Euroraum keine gemeinsame Finanz- und Sozialpolitik hat. Als sich die ersten elf Mitgliedsländer der Europäischen Union 1999 zur Europäischen Währungsunion zusammenfanden, folgten diese bereits unterschiedlichen Konjunkturzyklen. In der Folge haben schon bald nach der Einführung des Euros unkoordinierte Finanzpolitiken die unterschiedlichen Konjunkturentwicklungen noch verstärkt.[11] Deutschland versuchte mit staatlichen Ausgabenbeschränkungen und einer Reform der Sozialsysteme die Maastricht-Schuldenkriterien einzuhalten. Dabei flossen wachsende deutsche Ersparnisse in den südlichen Euroraum ab, wo sie steigende Staatsausgaben und Spekulation begünstigten. Die unterschiedlich ausgerichteten Finanzpolitiken bildeten den Nährboden für wachsende Leistungsbilanzungleichgewichte und eine expandierende Außenverschuldung der südlichen Euroländer und Irlands, die schließlich in eine tiefgreifende Krise mündeten.

Im Verlauf der europäischen Finanz- und Schuldenkrise konnte der Euro schließlich nur mit einer Flut billigen Geldes der Europäischen Zentralbank gerettet werden, was auch viele zusätzliche Staatsausgaben ermöglicht hat. Dass darunter die Glaubwürdigkeit des Euros gelitten hat, lässt sich vor allem am inflationierten Bilanzvolumen des Eurosystems ablesen. Während die Bilanz zur Einführung des Euro einen Umfang von 900 Mrd. € hatte, schwoll diese infolge der Krise auf rund 9.000 Mrd. € an (Abb. 3.6). Mit dem Rückgang des Bilanzvolumens, das mit der geldpolitischen Straffung seit 2022 eingesetzt hat, ist noch lange nicht das Vorkrisenniveau erreicht. Vielmehr wird bereits wieder über eine erneute geldpolitische Lockerung nachgedacht.

---

[8] Vgl. Euractiv, 2023.
[9] Vgl. Europäische Kommission, 2023a.
[10] Vgl. Laaser et al., 2023.
[11] Vgl. Schnabl, 2023a.

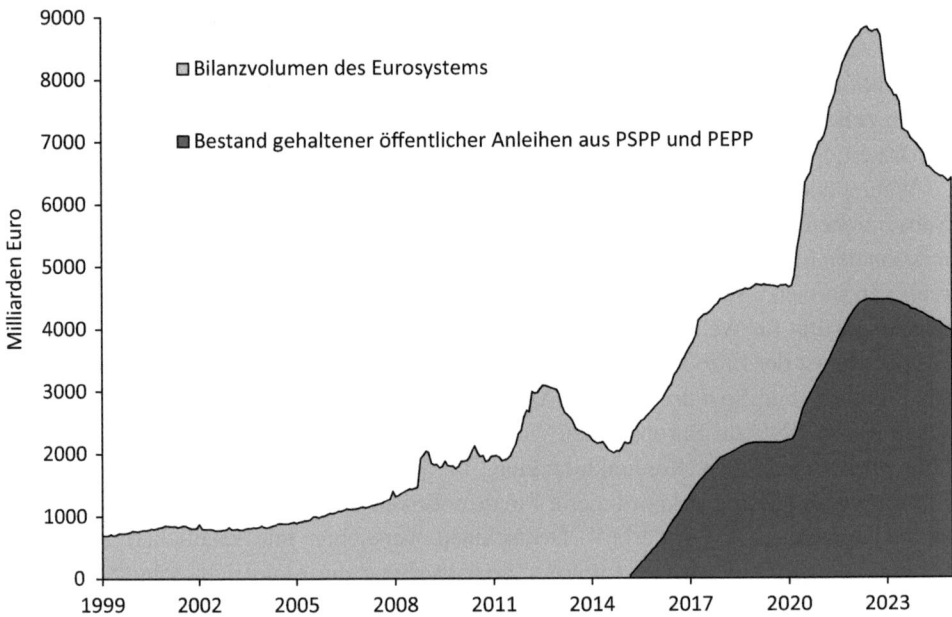

Abb. 3.6 Bilanzvolumen des Eurosystems. (Datenquelle: Europäische Zentralbank. 2025)

3.4 Die Ausgleichsmechanismen für Ungleichgewichte sind schwach

Die Krisentherapie der Europäischen Zentralbank hat zwar ein Auseinanderbrechen des Euroraums verhindert, konnte aber die Gründe für die unterschiedlichen Konjunkturentwicklungen nicht beseitigen. Die unterschiedlichen Sichtweisen auf die Geld-, Finanz- und Wirtschaftspolitik sind unverändert. In Frankreich und im Süden der Währungsunion ist man überzeugt, dass Mario Draghi und Christine Lagarde mit ihren immensen Ankäufen von Staatsanleihen ihr Bestes gegeben haben. Viele Südländer wollen die Schuldenregeln in der Europäischen Union am liebsten gleich ganz abschaffen. Hingegen trauern viele Deutsche immer noch der stabilen Deutschen Mark nach.

Da die starken Divergenzen innerhalb des Euroraums fortbestehen, ist unklar, ob dieser auf Dauer in der jetzigen Form fortbestehen kann. Die Währungsunion würde auf einem stabileren Fundament stehen, wenn die nationalen Finanz- und Sozialpolitiken auf die Ebene der Europäischen Union verlagert werden würden. So könnten unterschiedliche Konjunkturen automatisch ausgeglichen werden. Wäre Spanien im Boom, dann würde es mehr Steuern nach Brüssel zahlen und weniger Gelder aus der gemeinsamen europäischen Arbeitslosenversicherung in Anspruch nehmen. Wäre Deutschland gleichzeitig in der Krise, dann würde es weniger Steuern nach Brüssel bezahlen, aber mehr Gelder aus der gemeinsamen Arbeitslosenversicherung erhalten, was die Konjunktur stabilisieren würde. Einige Jahre später wäre die Situation vielleicht andersherum.

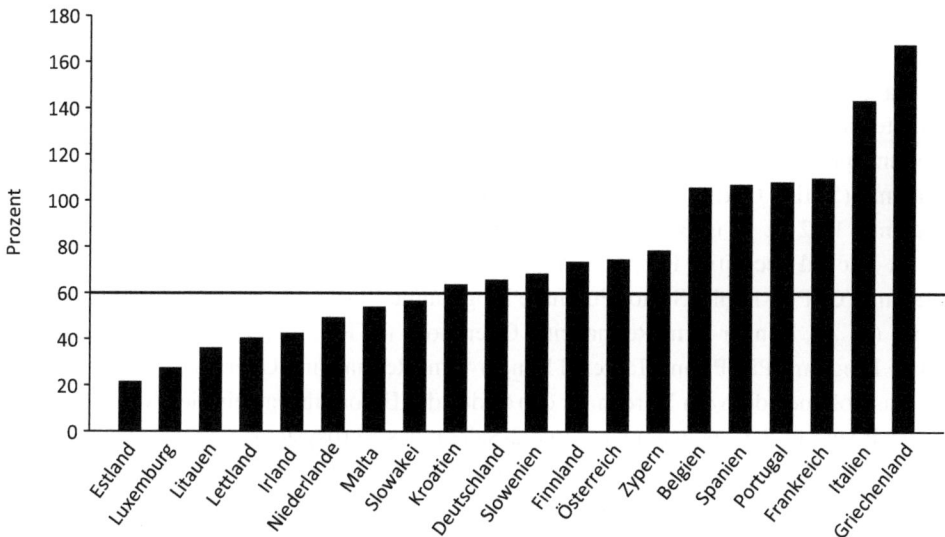

Abb. 3.7 Staatsschulden der Eurostaaten als Anteil am Bruttoinlandsprodukt (2023). (Datenquelle: Internationaler Währungsfonds. 2024)

Doch eine gemeinsame Finanz-, Sozial- und Wirtschaftspolitik ist in Europa nicht in Sicht. Möglicherweise schrecken im Norden die hohen Schulden und hohe Ausgabenlasten der südlichen Länder ab, die vergemeinschaftet würden. Der Vergleich der Schuldenstände in Abb. 3.7 zeigt eine besonders hohe Verschuldung im südlichen Euroraum. Die Europäische Union scheint deshalb einen Flickenteppich von Instrumenten entwickelt zu haben, die die wirtschaftlichen Unterschiede und Krisenrisiken ausgleichen sollen.

Seit langem besteht die europäische Regionalpolitik, die gemäß Vertrag über die Arbeitsweise der Europäischen Union den wirtschaftlichen, sozialen und räumlichen Zusammenhalt in der Europäischen Union stärken sowie Europa gleichzeitig schlauer, grüner, CO_2-emissionsärmer, krisenfester, sozialer und bürgernäher machen soll. Die Europäische Union hat in den letzten 30 Jahren 179 Mrd. Euro im Rahmen der Kohäsionspolitik ausgegeben. Für den Zeitraum von 2021 bis 2027 plant sie Ausgaben für die Kohäsion in Höhe von 378 Mrd. €, wodurch 1,3 Mio. Arbeitsplätze entstehen sollen.[12] Trotz der vielen Milliarden bleiben die wirtschaftlichen Unterschiede in der Europäischen Union hoch.

In der europäischen Finanz- und Schuldenkrise wurden innerhalb kürzester Zeit zahlreiche Rettungsmechanismen gestrickt, über die man schnell den Überblick verlieren konnte. 2010 sagten viele Euroländer und der Internationale Währungsfonds ein Rettungspaket für Griechenland in Höhe von 110 Mrd. € zu. Dann flossen über die Europäische Finanzstabilisierungsfazilität EFSF (440 Mrd. €) und den Europäischen Finanzstabilisierungsmechanismus EFSM (60 Mrd. €) große Summen in die Krisenländer. Der 2012 geschaffene Europäische Stabilitätsmechanismus ESM mit einem Umfang von

---

[12] Vgl. Europäische Kommission, 2023b.

500 Mrd. € zahlte Unterstützungsgelder an Griechenland, Zypern und spanische Banken aus.

Da das nicht ausreichte, um die Europäische Währungsunion zusammenzuhalten, musste die Europäische Zentralbank unter dem Motto „*What ever it takes*" mit zahlreichen Rettungsprogrammen zu Hilfe eilen, deren Vielfalt überrascht: Securities Markets Programme (SMP), Outright Monetary Transactions (OMT), Covered Bond Purchase Programme 1, 2 & 3 (CBPP1, 2 & 3), Agreement on Net Financial Assets (ANFA), Asset-Backed Securities Purchase Programme (ABSPP), Corporate Sector Purchase Programme (CSPP), Public Sector Purchase Programme (PSPP), Emergency Liquidity Assistance (ELA), Longer-term Refinancing Operations (LTROs), Pandemic Emergency Purchase Program (PEPP) und Targeted Longer-term Refinancing Operations (TLTROs).[13]

Das Volumen der vom Norden für den Süden des Euroraums geleisteten Rettungsgelder spiegelt sich in den sogenannten Target2-Salden des Eurosystems wider.[14] Die Frage, ob die Target2-Salden wie von Sinn angenommen ein Kreditmechanismus und damit ein Risiko für die Steuerzahler sind, ist zwar nicht abschließend geklärt. Unbestritten dürfte hingegen sein, dass die Target2-Salden einen Graben innerhalb der Währungsunion überbrücken. Das Volumen der Target2-Forderungen in Höhe von immer noch über 1.600 Mrd. € Mitte 2024 kann man als großes Stützungsprogramm für die südlichen Euroländer sehen, wobei die Deutsche Bundesbank mit Target-Forderungen von über 1.000 Mrd. € der wichtigste Gläubiger ist.

In der Coronakrise hat das Pandemie-Notfallkaufprogramm der Europäischen Zentralbank im Umfang von rund 1.700 Mrd. € die sehr umfangreichen Konjunktur-, Hilfs- und Rettungsprogramme der einzelnen Euroländer erst möglich gemacht.[15] Andernfalls wäre die Wahrscheinlichkeit einer neuen Schuldenkrise in der Europäischen Währungsunion wohl hoch gewesen. Da schon vor der Coronakrise ein Abschwung im Euroraum zu erwarten war, ist im Nachhinein nicht mehr zu klären, welcher Anteil davon ein Stützungsprogramm für die Europäische Währungsunion war.

Die Europäische Zentralbank hat zwar mit dem Anstieg der Verbraucherpreisinflation seit Mitte 2021 die Leitzinsen erhöht und auch die Kreditvergabe an die Banken im Euroraum deutlich reduziert, um die Inflation zu dämpfen. Doch die höheren Zinsen haben das Risiko einer neuen Schuldenkrise in Europa wieder erhöht, sodass die Europäische Zentralbank beim Abbau der Staatsanleihen in ihrer Bilanz zögerlich ist. Die Zinsen auf die Staatsanleihen der hoch verschuldeten Staaten im südlichen Euroraum könnten stark steigen, wenn die Europäische Zentralbank die Anleihen dieser Länder nicht mehr hält. Jüngst ist sogar die Sorge über eine Staatsschuldenkrise in Frankreich aufgeflammt.

Unterschiedliche Schuldenrisiken im Euroraum dürften der Grund dafür sein, dass die Europäische Zentralbank in ihrem beträchtlichen Bestand an Staatsanleihen langsam umschichtet. Wenn im Bestand des Pandemie-Notfallankaufprogramms beispielsweise deut-

---

[13] Vgl. auch European Central Bank, 2023.
[14] Vgl. Sinn, 2012.
[15] Vgl. Schnabl, 2023a.

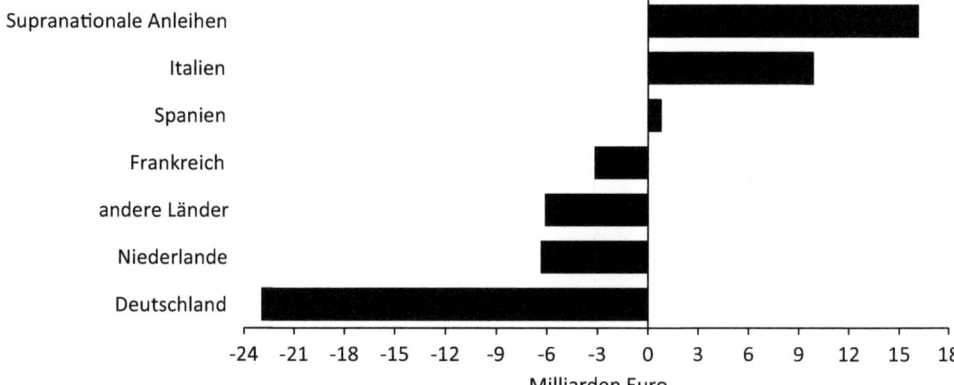

Abb. 3.8 Veränderung des Bestands an Staatsanleihen im Pandemie-Notfallankaufprogramm der Europäischen Zentralbank. (Datenquelle: Europäische Zentralbank. 2024; von Juni/Juli 2022 bis Juni/Juli 2024)

sche oder französische Staatsanleihen auslaufen, dann werden diese nicht zwingend nachgekauft. Stattdessen stockt die Europäische Zentralbank vor allem die Bestände an italienischen Staatsanleihen auf, wie Abb. 3.8 zeigt. Schließlich hat die Europäische Zentralbank, wohl für den Fall einer plötzlich drohenden neuen Schuldenkrise, das sogenannte Transmissionsschutzinstrument geschaffen.[16] Unter bestimmten Umständen und weich formulierten Bedingungen kann sie ausschließlich Anleihen überschuldeter Eurostaaten kaufen.

Das zeigt, dass die wirtschaftlichen Unterschiede innerhalb der Eurozone groß sind. Wohl damit sich die Frage einer neuen Eurokrise erst gar nicht mehr stellt, bemüht sich die Europäische Union, einen stärkeren Ausgleichsmechanismus für die wirtschaftlichen Unterschiede innerhalb der Europäischen (Währungs-)Union zu schaffen. Sie hat nicht nur in der Coronakrise wirtschaftlich fragilen Ländern wie Italien und Spanien finanziell unter die Arme gegriffen. Der damals beschlossene sogenannte Aufbauplan NextGenerationEU wirkt vor allem in die Zukunft. Er hat einen Umfang von 807 Mrd. € und stellt über die Jahre 2022 bis 2026 umfangreiche Finanzhilfen zur Verfügung.[17]

Die Hilfen werden sowohl als direkte finanzielle Zuwendungen als auch als Kredite ausgezahlt, wobei vor allem die hoch verschuldeten südlichen Euroländer großzügig bedacht werden. Nach Abb. 3.9 sind für Italien über 190 Mrd. € vorgesehen und für Spanien über 160 Mrd. Dann folgen Polen und Frankreich. Der Aufbauplan wird als Ausnahme mit eigenen Schulden der Europäischen Union finanziert, obwohl das nach den europäischen Verträgen eigentlich verboten ist. Ob sich die dafür ausgegebenen Anleihen der Europäischen Union früher oder später in der Bilanz der Europäischen Zentralbank wiederfinden werden, ist unklar. Auf der Internetseite der Europäischen Zentralbank nennt diese die

---

[16] Vgl. Deutsche Bundesbank, o.J.
[17] Vgl. Europäische Union, o.J.

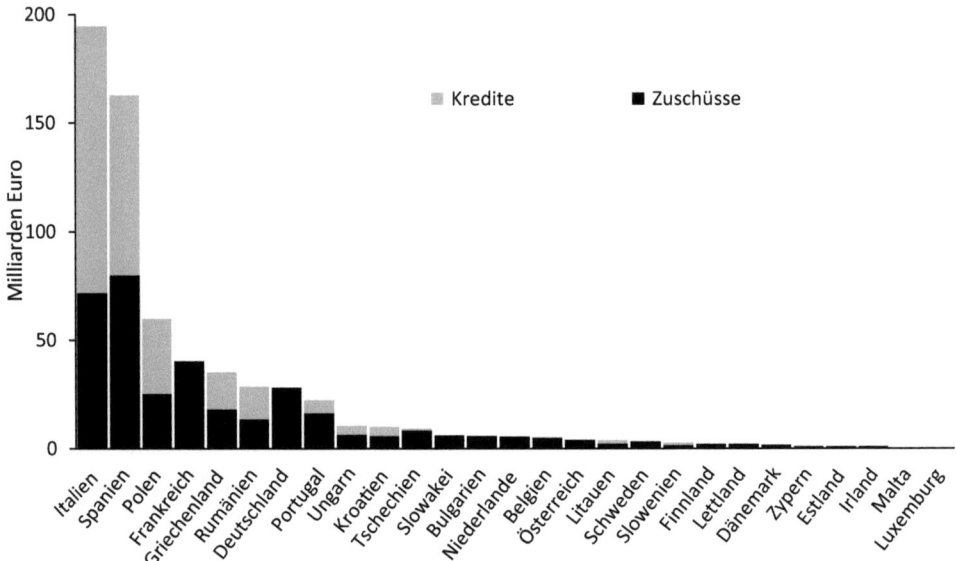

Abb. 3.9 Ausgabenstruktur des Corona-Aufbauplans „NextGenerationEU". (Datenquelle: Europäische Kommission. 2024)

EU-Anleihen als ankauffähig.[18] Sie könnten sich in Abb. 3.8 unter der Position „supranationale Institutionen" verstecken.[19]

3.5 Ausblick: Europäischer Superstaat oder Binnenmarkt?

So könte das EU-Aufbauprogramm eine Art Blaupause für einen ständigen Finanzausgleich innerhalb der Europäischen Union sein, der nach dem Modell des deutschen Länderfinanzausgleichs auf Dauer große Summen aus dem wirtschaftlich noch vergleichsweise starken Norden in den schwächelnden Süden umverteilen wird. Die fortschreitende Zentralisierung von politischer und wirtschaftlicher Macht könnte zwar die Europäische Währungsunion und damit die Europäische Union kurzfristig stabilisieren. Doch es stellt sich die Frage nach der Finanzierung und deren Wachstumseffekte.

Aufgrund des weitgehenden Einstimmigkeitsprinzips in der Europäischen Union in wichtigen Fragen ist es unwahrscheinlich, dass die EU bald eine eigene Finanzpolitik haben wird und nennenswerte eigene Steuern erheben kann. Da die Staatskassen in allen Ländern wenig Spielraum haben, sind auch deutlich höhere Beitragszahlungen der Nationalstaaten für die EU unwahrscheinlich. Da der Euro die Produktivitätsgewinne in Deutschland ausgebremst hat und die Klimapolitik kostspielig ist, ist auch in Deutschland der Spielraum für höhere Zahlungen an die EU begrenzt.

---

[18] Vgl. European Central Bank, o.J.
[19] Vgl. Bugdalle & Schnabl, 2024.

Deshalb ist der Aufbauplan NextGenerationEU flankiert durch die Europäische Zentralbank das wahrscheinlichste Finanzierungsmodell.[20] Die EU gibt Anleihen aus, die früher oder später ihren Weg in die Bilanz der Europäischen Zentralbank finden. Da die Verschuldung der EU nicht auf die Schuldengrenzen der Nationalstaaten angerechnet wird, würde eine Fortsetzung des Aufbauplans auch die Ausgabenspielräume für die hoch verschuldeten Nationalstaaten erweitern.

Zwar geht das Bilanzvolumen des Eurosystems derzeit zurück (Abb. 3.6). Doch könnte es in der nächsten Krise wieder nach oben schnellen. In der Vergangenheit wurden Krisen dazu genutzt, die europäischen Verträge umzuinterpretieren, Schuldengrenzen außer Kraft zu setzen und die Kompetenzen der Europäischen Zentralbank und der Europäischen Union in Richtung einer Zentralisierung auszuweiten. Mit mehr Umverteilung von Nord nach Süd wäre die inhärente Instabilität der Europäischen Währungsunion jedoch nur kurz- bis mittelfristig beseitigt. Denn eine dauerhaft lockere Geldpolitik hat negative Wachstums- und Verteilungseffekte, die schon seit Längerem eine politische Polarisierung in Europa begünstigen.[21]

Es wurden große Opfer gebracht, ohne dass das Problem einer sehr heterogenen Währungsunion langfristig gelöst wurde. Die Europäische Union und die Europäische Zentralbank mussten immer neue Ressourcen mobilisieren, um den Euro zusammenzuhalten. Da für die Mittelschicht die Lasten in Form real negativ verzinster Ersparnisse und Druck auf die Reallöhne gewachsen sind, fühlen sich immer mehr Menschen als Verlierer. Am linken und am rechten Rand des politischen Spektrums sind neue Parteien entstanden, die die gegebene politische und wirtschaftliche Ordnung in der Europäischen Union infrage stellen.

Die europäischen Institutionen wie die Europäische Kommission und die Europäische Zentralbank haben an Glaubwürdigkeit eingebüßt, weil trotz hoher Kosten das Ziel der Angleichung der Lebensverhältnisse in Europa in weite Ferne gerückt ist. Es stellt sich die Frage, ob sie wichtige Prinzipien der europäischen Verträge wie das Verbot der Staatsfinanzierung durch die Europäische Zentralbank, die Nicht-Beistands-Klausel für überschuldete Staaten, die Schuldengrenzen für die Nationalstaaten, das Verschuldungsverbot der Europäischen Union und das Beihilfeverbot nicht ernst genug genommen haben.

Die gemeinsamen Institutionen setzen sich zunehmend über das Subsidiaritätsprinzip hinweg, indem sie – auch durch immer mehr Regulierung – mehr Kompetenzen an sich ziehen. Der Versuch, über das Ausrufen sozial-, umwelt- und klimapolitischer Ziele den Rückhalt in der Bevölkerung zu sichern, scheint an Schlagkraft zu verlieren, weil der Wohlstand schwindet. Bei einer sinkenden Kaufkraft bringt die Bevölkerung Forderungen nach immer größeren Budgets für Europa Misstrauen entgegen.

Mit dem Brexit hat das schon immer europaskeptische Großbritannien ein Ausrufezeichen gesetzt. Die britische Premierministerin Margret Thatcher hatte einst gesagt, dass sie den staatlichen Handlungsspielraum in Großbritannien nicht erfolgreich eingedämmt

---

[20] Vgl. Europäische Union o.J.
[21] Vgl. Müller & Schnabl, 2019.

habe, nur um diesen auf europäischer Ebene mit einem europäischen Superstaat wieder einzuführen. Auch wenn die Gründe für den Brexit vielfältig sind, dürfte sich darin das britische Misstrauen hinsichtlich einer Zentralisierung von Macht in Brüssel und Frankfurt widerspiegeln, die die wirtschaftlichen und persönlichen Freiheiten einschränkt.

Durch den Austritt aus der Europäischen Union hat sich das Vereinigte Königreich neben vielen Nachteilen politische Handlungsspielräume verschafft, die für das Land passende Lösungen möglich machen. Deutschlands wirtschaftspolitischer Handlungsspielraum ist hingegen begrenzt, weil über die Finanz-, Geld- und Regulierungspolitik auf der Ebene der Europäischen Union entschieden werden muss. Die im März 2025 beschlossene deutliche Ausweitung der Verschuldung in Deutschland schafft der neuen deutschen Regierung zwar zusätzliche Finanzierungsspielräume, sie könnte aber auch die Heterogenität des gemeinsamen Währungsraums nochmals erhöhen.

Mit dem umfangreichen Ankauf von Staatsanleihen im Zuge der Euro- und der Coronakrise sowie der Schuldenfinanzierung der Europäischen Union haben die Europäische Zentralbank und die Europäische Kommission die Grundlagen für die Finanzierung eines europäischen Superstaats gelegt. Mit der Taxonomie, die die Kreditvergabe in der Europäischen Union auf der Grundlage von Klima- und Umweltkriterien zentral steuern will, könnte die Europäische Kommission bald die wirtschaftliche Entwicklung in der Europäischen Union nach ihren Zielen lenken, ohne dass sie dafür kostspielige finanzielle Anreize setzen muss.[22]

Das bedeutet auch, dass die gemeinsamen europäischen Institutionen immer mehr Kompetenzen und Finanzmittel für sich und ihre Pläne beanspruchen werden. Ein zentral gelenkter europäischer Superstaat widerspricht jedoch der Idee des Wettbewerbs zwischen den europäischen Ländern, der die Grundlage des Wohlstands auf dem alten Kontinent ist. Der österreichische Nobelpreisträger Friedrich August von Hayek hat einst betont, dass große, zentralisierte Staatengebilde nicht in der Lage seien, den unterschiedlichen Gebräuchen und Bedürfnissen der verschiedenen Regionen gerecht zu werden. Er forderte, den Einfluss von Staaten zu begrenzen, um dem Missbrauch von Macht vorzubeugen. Aus dieser Sicht führt die Zentralisierung in die falsche Richtung.[23]

Nach Margret Thatcher ist es ein Problem des Sozialismus, dass den staatlichen Lenkern am Ende das Geld der anderen ausgehe. Das spricht gegen einen europäischen Superstaat, der immer mehr Ressourcen braucht, um zum Teil selbst verschuldete Probleme zu lösen. Nachhaltig ist hingegen der Binnenmarkt der Europäischen Union, der ohne große Kosten Wohlstand geschaffen hat, indem er durch wirtschaftliche Freiheit die Macht von Unternehmen und der Politik begrenzt hat. Deshalb braucht es, um den Wohlstand zu sichern, eine Rückbesinnung auf das Subsidiaritätsprinzip, das mehr finanzielle Mittel und Verantwortung bei Europas Regionen belässt.

---

[22] Vgl. Schnabl, 2023b.
[23] Vgl. Hayek, 1944.

Literatur

Bugdalle, T., & Schnabl, G. (2024). Die EU auf dem Weg zum zentralbankfinanzierten Superstaat? Flossbach von Storch Research Institute 21.5.2024. https://www.flossbachvonstorch-researchinstitute.com/de/kommentare/detail/die-eu-auf-dem-weg-zu-einem-zentralbankfinanzierten-superstaat. Zugegriffen am 20.10.2024.

Deutsche Bundesbank. (o.J.). Transmission Protection Instrument (TPI). https://www.bundesbank.de/de/aufgaben/geldpolitik/geldpolitische-wertpapierankaeufe/transmission-protection-instrument-tpi%2D%2D896050. Zugegriffen am 25.7.2024.

Euractiv. (2023). Deutschland wegen Subventionsplänen in der Kritik, 16.01.2023. https://www.euractiv.de/section/binnenmarkt-und-wettbewerb/news/deutschland-wegen-subventionsplaenen-in-der-kritik/. Zugegriffen am 26.06.2024.

Europäische Kommission. (2023a). Staatliche Beihilfen: Kommission nimmt befristeten Krisenrahmen zur Stützung der Wirtschaft infolge der Invasion der Ukraine durch Russland an, 23.03.2022. https://ec.europa.eu/commission/presscorner/detail/de/ statement_22_1949. Zugegriffen am 25.04.2024.

Europäische Kommission. (2023b). EU-Kohäsionspolitik: 2021–2027 dürften 1,3 Millionen neue Arbeitsplätze entstehen, 02.05.2023. https://ec.europa.eu/regional_policy/whats-new/newsroom/05-02-2023-eu-cohesion-policy-2021-2027-programmes-expected-to-create-1-3-million-jobs-in-the-eu_de. Zugegriffen am 25.04.2024.

Europäische Union. (o.J.). NextGenerationEU. https://next-generation-eu.europa.eu/index_de. Zugegriffen am 18.4.2024.

European Central Bank. (2023). Implementation aspects of the Public Sector Purchase Program (PSPP). https://www.ecb.europa.eu/mopo/implement/app/html/pspp.en.html. Zugegriffen am 2.05.2024.

European Central Bank. (o.J.). Query eligible assets. https://www.ecb.europa.eu/paym/html/midEA.en.html. Zugegriffen am 24.06.2024.

European Union. (2014). Allgemeine Gruppenfreistellungsverordnung. https://eur-lex.europa.eu/DE/legal-content/summary/general-block-exemption-regulation.html. Zugegriffen am 2.04.2024.

von Hayek, F. A. (1944). *The road to serfdom*. University of Chicago Press.

Hume, D. (1742/1985). Of the rise and progress of the arts and sciences. In E. Miller (Hrsg.), *David Hume: Essays, moral, political and literary*. Liberty Fund.

Laaser, C.-F., Rosenschon, A., & Schrader, K. (2023). *Kieler Subventionsbericht 2023. Subventionen des Bundes in Zeiten von Ukrainekrieg und Energiekrise*. Institut für Weltwirtschaft.

Montesquieu, C. (1748/1989). *The spirit of the laws*. Cambridge University Press.

Müller, S., & Schnabl, G. (2019). The Brexit as a forerunner: Monetary policy, economic order and divergence forces in the European Union. *The Economists' Voice, 16*(1).

Schnabl, G. (2023a). Seventy-five years West German currency reform: Crisis as catalyst for the erosion of the market order. *Kyklos, 77*(1), 77–96.

Schnabl, G. (2023b). EU taxonomy and ECB monetary policy: Moving towards centrally-directed green capital allocation? *The Economists' Voice (Online)*, 12.01.2023.

Sinn, H.-W. (2012). *Die Target2-Falle – Gefahren für unser Geld und unsere Kinder*. Hanser Verlag.

de Tocqueville, A. (1835/1945). *Democracy in America*. Alfred A. Knopf.

Weede, E. (2008). Asia's Giants in the World Economy: China and India. *Institutional Competition*: In: Andreas Bergh / Rolf Höijer (ed.), Institutional Competition, chapter 10, Edward Elgar Publishing, Cheltenham, 230–261.

Prof. Dr. Gunther Schnabl ist Direktor des Flossbach von Storch Research Institute und Professor an der Universität Leipzig. Er hat an den Universitäten Tübingen, Stanford, Tokio und Paris 1 Panthéon-Sorbonne sowie bei Zentralbanken wie der Deutschen Bundesbank, der Bank von Japan und der Federal Reserve Bank of New York geforscht. Er war Advisor bei der Europäischen Zentralbank. Seine Forschungsschwerpunkte sind die Geld- und Währungspolitik sowie Japans Volkswirtschaft.

Anforderungen an eine umweltverträgliche, belastbare und bezahlbare Energieversorgung

4

Fritz Vahrenholt

Inhaltsverzeichnis

4.1	Politik der deutschen Energiewende	50
4.2	Strommarktkonzept der Bundesregierung	51
4.3	Zeitenwende in der Energiepolitik	55
4.4	Zukunftstechnologie Fusionsenergie	56
4.5	Auswirkungen der deutschen Energiewende	57
Literatur		58

Zusammenfassung

Was sind die Anforderungen an eine umweltverträgliche, belastbare und bezahlbare Energieversorgung? Die Auswirkungen der deutschen Energiepolitik, vor allem die Effekte und Verwerfungen der deutschen Energiewende, werden analysiert. Strom, Gas und Öl sind durch klimapolitische Maßnahmen erheblich verteuert worden. Zudem ist auch die Versorgungssicherheit zunehmend fraglich. Der geplante Import großer Mengen an Wasserstoff verteuert den Strompreis zusätzlich und gefährdet damit die industrielle Basis. Ein preiswerter Strommix aus neuen Offshore-Windkraftwerken, günstiger Kernenergie und Braunkohlestrom mit CO_2-Abscheidung würde sowohl eine sichere, günstige als auch umweltverträglichere Lösung bieten.

F. Vahrenholt (✉)
Institut für Technische und Makromolekulare Chemie, Universität Hamburg, Hamburg, Deutschland
e-mail: fritz.vahrenholt@kaltesonne.de

Das energiepolitische Zieldreieck moderner Volkswirtschaften wird durch die Ziele Umweltverträglichkeit, Wirtschaftlichkeit und Versorgungssicherheit beschrieben.[1] So steht es auch im Energiewirtschaftsgesetz.

4.1 Politik der deutschen Energiewende

Verfolgt man die Politik der deutschen Energiewende der letzten 15 Jahre, so muss man feststellen, dass die Ziele der Versorgungssicherheit und Wirtschaftlichkeit dem Ziel der CO_2-Minderung untergeordnet worden sind.

Zum ersten sind im Ergebnis Strom, Gas und Öl durch klimapolitische Maßnahmen erheblich verteuert worden. Deutschland hat den zweithöchsten Strompreis aller G20-Staaten.[2] Das hat Folgen für die im weltweiten Wettbewerb stehenden Industriearbeitsplätze.

Auch die Versorgungssicherheit steht durch eine Zunahme des schwankenden Stromangebots durch Wind- und Solarenergie vor immer größer werdenden Problemen. Die Netzeingriffe der Übertragungsnetzbetreiber haben in den letzten Jahren massiv zugenommen. Durch Abschalten von Windkraftwerken oder von Stromverbrauchern, aber auch Zuschalten von Netzreservekraftwerken entstanden im Jahr 2023 Kosten von drei Milliarden Euro.[3]

Nicht zuletzt aber hat die Umweltverträglichkeit durch den Zubau an Windkraftwerken gelitten. So fallen in Deutschland jedes Jahr rund 250.000 Fledermäuse und Tausende Greifvögel den Windenergieanlagen zum Opfer. Die Tendenz ist aufgrund des Ausbaus mit immer größer werdenden Rotordurchmessern steigend.

Seit 2013 hat die CO_2-orientierte Energiepolitik bis 2023 einen Rückgang der CO_2-Emissionen in Deutschland um 27,7 % von 815 Mio. t CO_2 auf 589 Mio. t CO_2 bewirkt. Im gleichen Zeitraum hat China seine Emissionen um 21 % von 10.444 auf 12.603 Mio. t erhöht und Deutschland auch bei der CO_2-Emission pro Kopf überholt.[4]

Kein Land der Welt folgt Deutschland auf dem Wege, die Energieversorgung allein durch die beiden Energieerzeugungen Windkraft und Solar zu bewerkstelligen. In Anbetracht der erkennbaren Belastung der Energiewende für Wohlstand und industrielle Arbeitsplätze stellt sich die Frage, wie eine Energieversorgung Deutschlands gestaltet werden könnte, die Wachstum, Wohlstand und Beschäftigung unterstützt und gleichermaßen die Anforderungen der Welt an eine Begrenzung des Ausstoßes an CO_2 Rechnung trägt.

---

[1] Vgl. Pittel, 2012.
[2] Vgl. Verivox, 2024.
[3] Vgl. Bundesnetzagentur, 2024a.
[4] Vgl. Klimanachrichten, 2024; vgl. Energy Institute, 2024.

4.2 Strommarktkonzept der Bundesregierung

Die zentrale Säule des Energiekonzeptes der Bundesregierung ist es, Wind- und Sonnenenergie so auszubauen, dass 2045 fünfmal so viel Wind- und Solarstrom produziert wird wie heute, um auch die zukünftigen Bedarfe für E-Autos und Wärmepumpen abzudecken.[5] Strom soll 2045 die heutigen Primärenergiebedarfe des Strom-, Wärme-, und Mobilitätssektors sowie den Bedarf der Industrie abdecken. Selbst mit der Verfünffachung der Wind- und Sonnenenergie von heute rund 250 TWh, einschließlich Wasserkraft und Biomasse, die nicht beliebig steigerbar sind, werden die heutigen Bedarfe von 3.000 TWh Primärenergie nicht zu ersetzen sein, selbst wenn man davon ausgeht, dass E-Mobilität und Wärmepumpentechnologie nur einen Bruchteil der Primärenergie benötigen.[6]

Der entscheidende Kritikpunkt ist, dass der weitere Zubau von Solar- und Windenergie immer höhere Subventionen erfordert.[7] Die Strompreise werden steigen, weil die Transformation volatilen Stroms in bedarfsgerechten Strom die Kosten stark ansteigen lässt. Dies kann auch der Bericht des Bundeswirtschaftsministers „Strommarktdesign der Zukunft" nicht in Abrede stellen. Dort heißt es, dass „Wind- und Solarstrom oft gleichzeitig mit hohen Volumina im Markt sind, sodass die Strompreise günstig sind, gleichzeitig aber die Erneuerbaren keine Marktwerterlöse haben".[8] Deswegen müssen sie auch an solchen Tagen aus dem Haushalt mit 20 Mrd. € pro Jahr im Jahr 2024 subventioniert werden. Dafür sorgt die gleitende Marktprämie, eine wunderbare Wortschöpfung für eine Milliardensubvention. Die gleitende Marktprämie bedeutet: Sinkt der Börsenpreis unter die EEG-Vergütung, zahlt der Bundeshaushalt die Differenz; liegt der Börsenpreis über dem Basiswert der EEG-Vergütung (Wind 7,35 Cent/kWh), kassiert der Betreiber den Zusatzprofit.[9]

Diesen Zusatzerlös will die EU ab 2026 abschaffen.[10] Dazu heißt es im Konzeptpapier des Wirtschaftsministers: „Perspektivisch werden EE [erneuerbare Energien; Anm. d. Verf.] keine Förderung mehr erhalten, sobald der Strommarkt ausreichend flexibel ist und ausreichend Speicher zur Verfügung stehen."[11] Entscheidend ist aber: Wie teuer sind die Flexibilisierung und die Speicher?

Betrachten wir zunächst die Kosten der Speicher, die die fluktuierende Stromversorgung aus Wind- und Solarenergie verstetigen soll.

Hier setzt die Bundesregierung auf Wasserstoff, der bei Überschusssituationen an Solar- und Windenergie durch Elektrolyse gewonnen werden soll und in schwachen Er-

---

[5] Vgl. BMWK, 2024. Vgl. Vahrenholt, 2024a.
[6] Vgl. Bundesnetzagentur, 2024b.
[7] Vgl. Vahrenholt, 2024a.
[8] Vgl. BMWK, 2024, S. 5.
[9] Vgl. Vahrenholt, 2024a.
[10] Vgl. Bundesverband Erneuerbare Energien e.V., 2023.
[11] BMWK, 2024, S. 6.

zeugungszeiten in wasserstofffähigen Gaskraftwerken zur Stromerzeugung verbrannt werden soll.

Da auf absehbare Zeit die deutschen regenerativen Erzeugungskapazitäten nicht ausreichen werden, muss ein großer Teil des Wasserstoffs importiert werden. Die Bundesagentur H2Global hat ihre erste Ausschreibungsrunde für grüne Wasserstoffderivate abgeschlossen. Sie importiert nun ab 2027 rund 259.000 t grünes Ammoniak aus Ägypten. Der Lieferant Fertiglobe, ein Unternehmen mit Hauptsitz in den Arabischen Emiraten, sagte einen Produktionspreis von 811 € pro Tonne Ammoniak zu.[12]

Demnach wird Ammoniak für 210 Mio. € eingekauft, dessen Wasserstoffgehalt bei direktem Einsatz als Erdgasersatz neunmal so teuer wie Erdgas ist (s. Abb. 4.1). Wenn man 210 Mio. € für einen Energieträger mit einem Marktwert von 23 Mio. € ausgibt, wird weder ein Industriebetrieb noch ein Kraftwerk mehr als diesen Marktwert bezahlen. Also müssen 187 Mio. € durch die Bundesregierung subventioniert werden. Das ist aber nur der Anfangstest. Will man, wie für 2045 geplant, 265 TWh Wasserstoff einsetzen – also etwa das 200-Fache des Anfangstests –, wie es der Energiewendeplan von AGORA, dem Thinktank der Bundesregierung vorsieht, so steigen die Kosten auf einen mittleren zweistelligen Milliardenbetrag pro Jahr.[13]

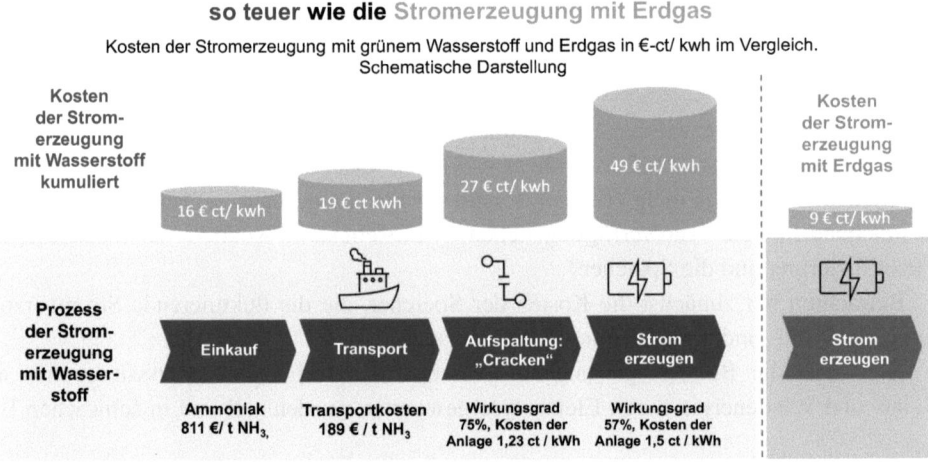

Abb. 4.1 Kostenvergleich des Imports von Wasserstoff über Ammoniak mit Erdgas. (Datenquelle: Wetzel, 2024)

---

[12] Vgl. Wetzel, 2024. Vgl. Vahrenholt, 2024a.
[13] Vgl. AGORA, 2021. Vgl. Vahrenholt, 2024a.

4 Anforderungen an eine umweltverträgliche, belastbare und bezahlbare… 53

Warum ist diese hohe Subvention erforderlich? Eingekauft wird das Ammoniak für 811 € pro Tonne. Das sind umgerechnet 16 Cent pro kWh Energieinhalt. Das Wirtschaftsministerium unterschlägt dabei die Kosten für den Transport, die Aufspaltung in Wasserstoff (Cracken), die Kosten des Crackers sowie die Verluste bei der Stromerzeugung. Und diese Kosten sind gewaltig: 189 € pro Tonne für den Transport des Ammoniaks, 1,23 Cent pro kWh für die Kosten des Crackers und 25 % Verluste bei der Wiederaufspaltung des Ammoniaks verteuern den Wasserstoff auf 27 Cent pro kWh.[14]

Will man daraus Strom machen, so ist der auf diesem Weg erzeugte Strom mit 49 Cent pro kWh fünfmal teurer als der heutige deutsche Börsenstrompreis von 9 Cent pro kWh (siehe Abb. 4.2). Zum Vergleich: Der US-Strompreis liegt bei 3,5 Cent pro kWh. Damit wären die Stromerzeugungskosten des Wasserstoffstroms in Deutschland mehr als 14-mal so hoch wie der US-Strompreis.[15]

Dabei ist zu berücksichtigen, dass in den Stromkosten auf Erdgasbasis zurzeit eine CO_2-Abgabe von 80 € pro Tonne CO_2 enthalten ist. Ohne CO_2-Abgabe würde der Gasstrom etwa 6 Cent pro kWh kosten. Das zeigt schon die Alternative (s. Abschn. 4.3) auf: Sollte es mithilfe der CCS-Technik (Carbon Capture and Sequestration) gelingen, das CO_2-Abgas des Erdgaskraftwerks für diesen Betrag von 80 bis 100 € pro Tonne abzu-

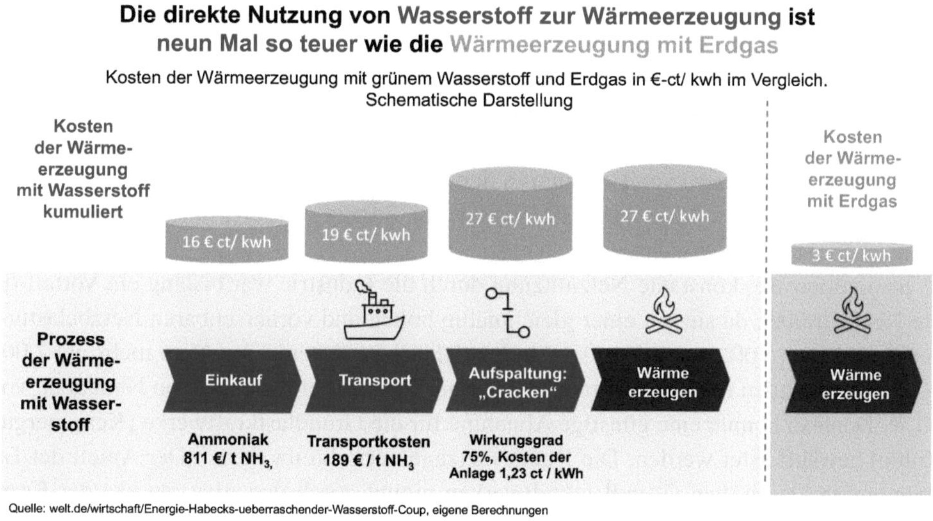

Abb. 4.2 Stromerzeugungskosten auf Basis Wasserstoff und Erdgas (einschl. CO_2-Zertifikate). (Datenquelle: Wetzel, 2024)

---

[14] Vgl. Vahrenholt, 2024a.
[15] Vgl. Vahrenholt, 2024a.

trennen und ein CO_2-neutrales Erdgaskraftwerk zu betreiben, wäre dieser Pfad fünfmal günstiger als der Wasserstoffpfad.

Zwar sind die wasserstofffähigen Kraftwerke eine zentrale Säule des Stromkonzeptes von Robert Habeck, aber in der Realität sind sie weit davon entfernt, gebaut werden zu können. Bislang gibt es nur einige wenige Pilotanlagen wie die RWE-Kawasaki Wasserstoffturbine mit 1,8 MW in Lingen.[16]

Wasserstoffkraftwerke als Ersatz für den wegfallenden Backup von Kohle-, Kern- oder Gaskraftwerken befinden sich noch in der Entwicklung.[17]

Häufig ist der Einwand zu hören, dass Wasserstoffkraftwerke nur wenige Stunden im Jahr laufen, sodass die Kosten eine untergeordnete Rolle spielen. Davon kann aber keine Rede sein. An 132 Tagen (vier Monate) produzieren Windkraftwerke in Deutschland weniger als fünf Prozent ihrer Leistung.[18]

In den Wintermonaten November bis Januar fällt die monatliche Produktion einer Solaranlage auf zwei Prozent ihrer Jahresleistung zurück.[19] An 4.380 von 8.760 Stunden eines Jahres scheint in Berlin keine Sonne, weil es Nacht ist.

Ein Stromsystem, dass zu 100 % auf Sonne und Wind basiert, bedarf nach den Vorstellungen des Bundeswirtschaftsministeriums einer Veränderung der Stromnachfrage: „Das Stromsystem geht von inflexibler Nachfrage und ihr nachfolgender Erzeugung über in ein System flexibler Nachfrage, die variabler Erzeugung folgt."[20] Dieser schwer verständliche Satz bedeutet: Bislang wurde jeder Strombedarf durch das Herauf- und Herunterfahren von Kraftwerken gedeckt. Wenn aber nur noch schwankende erneuerbare Energien vorhanden sind, muss sich der Strombedarf der Kunden flexibel an die Erzeugung von Wind- und Sonnenstrom anpassen. Als Instrument der Umgestaltung sehen Bundeswirtschaftsministerium und Bundesnetzagentur die Netznutzungsgebühr. „Unflexibles Abnahmeverhalten ist gesamtökonomisch zunehmend nachteilhaft und kann die Integration der Erneuerbaren Energien in den Strommarkt hemmen", so die Bundesnetzagentur bei der Vorstellung ihrer „Eckpunkte zur Fortentwicklung der Industrienetzentgelte im Elektrizitätsbereich".[21]

Stromintensive, konstante Netznutzung durch die Industrie war bislang ein Vorteil für die Netzbetreiber, da sie mit einer gleichmäßig hohen und vorhersehbaren Netzbelastung verbunden war. 400 energieintensive Industriebetriebe lasteten das Netz mehr als 7.000 von 8.760 Stunden im Jahr konstant aus. Sie bekamen daher bislang einen Netzrabatt von 80 %. Denn so konnte eine günstige Abnahme für die Grundlastkraftwerke (Kernenergie, Kohle) gewährleistet werden. Die Bundesnetzagentur schreibt dazu: „Der Anteil der Erzeugung an klassischen Grundlastkraftwerken nimmt durch den Ausstieg aus der Kern-

---

[16] Vgl. Schwarz, 2024. Vgl. Vahrenholt, 2024b.
[17] Vgl. Vahrenholt, 2024b.
[18] Vgl. Ahlborn, 2013. Vgl. Vahrenholt, 2024b.
[19] Vgl. Grünes Haus, o.J. Vgl. Vahrenholt, 2024b.
[20] BMWK, 2024, S. 13.
[21] Vgl. Bundesnetzagentur, 2024c.

energie und aus der Kohleverstromung stetig ab ... durch den Zubau dezentraler Einspeisung aus Anlagen zur Erzeugung von EE-Strom wird die Einspeisung volatiler, was auch das Erfordernis flexibler Lasten wachsen lässt."[22]

Belohnt werden sollen demnach zukünftig diejenigen Kunden, die dann ihre Güter produzieren, wenn die Sonne scheint und der Wind weht. Dass dies für die energieintensiven Betriebe der Aluminium-, Kupfer-, Stahlindustrie, der Chemieindustrie, der Papier- und Glasindustrie, aber auch der verarbeitenden Industrie, also aller Betriebe, die 24 Stunden an sieben Tagen in Mehrschichten produzieren, nicht möglich ist, passt nicht mehr zum volatilen Stromangebot. Wären sie „systemdienlich", so die Bundesnetzagentur, so müsste man die Solar- und Windkraftanlagen bei Überschussproduktion nicht abregeln.[23]

Der Ersatz regelbarer Stromversorgung (Kernenergie und Kohle) als Rückgrat der Industrie durch schwankende erneuerbare Energien hat zur Folge, dass die Industriebetriebe jetzt gezwungen werden sollen, ihre Produktion dem schwankenden Stromangebot anzupassen oder höhere Netzkosten zu bezahlen. Was hier geplant ist, geht an die Grundfesten der industriellen Produktion, die es in Deutschland wegen zu hoher Strompreise aufgrund der Energiewende ohnehin schwer genug hat.[24]

Für die 400 energieintensiven Betriebe kann die Veränderung der Netzentgeltverordnung eine zusätzliche Belastung von 3,5 Cent pro kWh an Netzkosten ausmachen (80 % von 4 Cent pro kWh heutiger Netzkosten). Da die Netzkosten ohnehin wegen des teuren Netzausbaus auf bis zu 10 Cent pro kWh ansteigen werden, führt das für die energieintensiven Betriebe zu Netzkosten von 8 Cent pro kWh zuzüglich 9 Cent pro kWh für den heutigen Börsenstrompreis. Ein Strompreis von 17 Cent pro kWh ist das Ende dieser Arbeitsplätze in Deutschland. Und dabei sind die zusätzlichen Kosten für den Wasserstoffstrom noch nicht eingerechnet (s. Abb. 4.1 und 4.2).[25]

4.3 Zeitenwende in der Energiepolitik

Zu Beginn der Ukrainekrise hätte es nicht viel politischen Mutes bedurft, eine Zeitenwende der Energiepolitik einzuläuten. Frankreich hatte schon seit Jahren einen anderen Weg beschritten. Dort ist den Industrieunternehmen der direkte Zugang zum preiswerten Kernenergiestrom erlaubt. Für rund 4,5 Cent pro kWh können Industrieunternehmen insgesamt 120 Terawattstunden, 25 % der französischen Erzeugung beziehen, vornehmlich aus Kernkraftwerken. Die EU-Kommission hatte eine solche Vorgehensweise schon 2010 abgesegnet.

Eine Zeitenwende in Deutschland hätte bedeutet, dass man die Industrie aus preiswertem Strom von neuen Offshore-Windkraftwerken (8,5 Cent pro kWh) sowie preis-

---

[22] Bundesnetzagentur, 2024c, S. 6.
[23] Vgl. Bundesnetzagentur, 2024c, S. 6.
[24] Vgl. Vahrenholt, 2024b.
[25] Vgl. Vahrenholt, 2024b.

werter Kernenergie- (3,5 Cent pro kWh) und Braunkohlestrom mit CO_2-Abscheidung (6 Cent pro kWh) versorgt hätte. In der Mischung käme ein Strompreis von 6 Cent pro kWh zustande. Gaskraftwerke mit CO_2-Abscheidung aus dem Schiefergas der norddeutschen Tiefebene und der Bestand an erneuerbaren Energien würden das Stromangebot komplettieren. Eine CO_2-Absenkung wäre schneller erreicht, und zwar ohne den teuren Ausbau auf eine 100 %ige Versorgung mit erneuerbarer Energie.

Die Offshore-Windenergieanlagen bieten sich wegen ihrer höheren Verfügbarkeit von 3.500 bis 4.500 Jahresstunden als einzige Ausbauoption der Erneuerbaren in Deutschland an. Nichts ist einzuwenden gegen eine Selbstversorgung von Häusern mit Dach-Solarstrom, aber für die Versorgung von Industrie, Gewerbe und Bahn ist dieser Strom denkbar ungeeignet. Die Kernkraftwerke würden benötigt, um die Regelenergie bereitzustellen, wenn der Wind ausfällt. Kernkraftwerke sind der ideale Partner für Erneuerbare Energien, da die Kernkraftwerke in Minutenschnelle große Leistung an- und abfahren können.

Strom ist jedoch nur ein Teil unserer Energieversorgung. Wärme und Mobilität erfordern nach wie vor große Mengen fossiler Energien in Form von Erdgas und Erdöl. Wärmepumpen und Elektromobilität werden einen begrenzten Beitrag zur Energieversorgung leisten können. Bei der Wärmepumpe ist die Anwendung in Städten räumlich begrenzt, E-Autos werden vorerst eine Nischentechnologie bleiben. Und beide sind auf gesicherte Stromleistung und vor allen Dingen auf eine massive Ausweitung der Stromerzeugung angewiesen.

Ich bin fest davon überzeugt, dass wir auch noch im Jahre 2045 den größten Teil unserer Energieversorgung durch Erdgas und Erdölprodukte abdecken werden. Das gilt allemal, wenn im Stromsektor, der für die Arbeitsplätze und Wertschöpfung entscheidend ist, weiter die Weichen falsch gestellt werden. Ein Land, das ökonomisch hart zurückfällt, wird sich viele Blütenträume, wie etwa von teurer Wasserstoffwirtschaft, nicht mehr leisten können.

Die ganze Welt forscht an neuen technischen Errungenschaften, viele Länder außerhalb der EU versuchen, die fossilen Energiequellen mit den Anforderungen der CO_2-Vermeidung durch Einsatz der CCS-Technologie zu verbinden. Daher ist das fossile Zeitalter noch lange nicht zu Ende.

4.4 Zukunftstechnologie Fusionsenergie

Es gibt eine einzige Zukunftstechnologie, bei der Deutschland noch mitmacht: die Fusionstechnologie.

Es war ein genialer Schachzug von Bundeskanzler Gerhard Schröder, der die Fusionsforschung zum großen Teil nach Greifswald im Osten Deutschlands verlagern ließ. So schützte er das zarte Pflänzchen vor dem grünen politischen Furor, der alles, was nicht mit Sonnen- und Windenergie zusammenhängt, und dann noch das Präfix Kern in Kernfusion mit Denkverboten versieht. Eines der wenigen herausragenden Zentren der Forschung von internationaler Bedeutung im sonst spärlich besetzten Osten Deutschlands konnte sich so entwickeln.

Noch 2020 erklärte die Grüne und Vorsitzende des Bundestags-Umweltausschusses, Sylvia Kotting-Uhl: „Nach erfolglosen Jahrzehnten weitere fünf Mrd. Euro in ein aussichtsloses Projekt zu pumpen, zeugt von mangelndem Zukunftsverständnis." Anstatt auf ein Wunder in ferner Zukunft zu hoffen, müssten Deutschland und die EU in bereits ausgereifte Klimaschutztechnologien investieren, sagte Kotting-Uhl.[26] Nach Wind und Sonne gibt es keine Energieforschung mehr in andere Technologien, wenn es nach den Grünen geht.

Anders als bei den Grünen steht im Abschlussbericht des beratenden Ausschusses zur Fusionsenergie der US-Regierung in 2020: „Jetzt ist es an der Zeit, den Einsatz der Fusionsenergie energisch voranzutreiben, die die moderne Gesellschaft maßgeblich mit Energie versorgen und gleichzeitig den Klimawandel eindämmen könnte."[27]

Aber würde eine deutsche Regierung um den Standort der ersten Fusionsreaktoren kämpfen? Aus heutiger Sicht erscheint das abwegig. Eine Gesellschaft, die nie Energieknappheiten kannte, muss erst die bittere Erfahrung machen, dass die Energiewende gescheitert ist. Erst dann ist sie bereit, neue Risiken und Chancen zu ergreifen.

4.5 Auswirkungen der deutschen Energiewende

Mit der Energiewende platzen andere politisch korrekte Mantras. Das E-Auto hat in einer Welt von 30 Cent pro KWh Erzeugungskosten keine Zukunft. Es geht schnell, Technologien, Unternehmen und Arbeitsplätze zu zerstören. Es wird lange dauern, bis in Deutschland wieder Verbrennungsmotoren entwickelt werden, um die uns die Welt beneidet. Es werden Jahre vergehen, bis für diese Entwicklung CO_2-armer synthetischer Kraftstoff politische Mehrheiten findet.

Statt uns mit innovativen Zukunftsenergien zu befassen, müssen wir uns auf Blackouts oder vorsorgliche Abschaltungen von Strom in wechselnden Stadtteilen nach dem Modell Kapstadt einstellen. Natürlich helfen uns Zukunftsenergien, an denen noch geforscht werden muss, wie Fusionskraftwerke oder Kernkraftwerke der vierten Generation, nicht dabei, die Energiekrise der 2020er-Jahre zu lösen.

Zu viele schwerwiegende politische Fehler sind von den Bundesregierungen der letzten 19 Jahren gemacht worden. Diese Bundesregierungen haben mit dem Kernenergieausstieg, dem Kohleausstieg, dem Stopp der eigenen Erdgasförderung, der Zerstörung der eigenen Automobilindustrie durch den Ausstieg aus dem Verbrennungsmotor, der bewusst herbeigeführten Abhängigkeit von russischem Erdgas, dessen Beendigung nun zu einem Zusammensturz der industriellen Produktion führt, großen Schaden über das deutsche Volk gebracht, der nicht in wenigen Jahren wieder gut zu machen ist.

Die Industrien, die jetzt schließen müssen oder abwandern, die hochwertigen Arbeitsplätze und das immense Steueraufkommen, die jetzt verloren gehen, kommen so schnell

---

[26] Vgl. Kreutzfeldt, 2020.
[27] Vgl. FESAC Report, 2020.

nicht wieder. Es wird zehn bis 20 Jahre dauern, bis wir uns aus den Trümmern dieser Politik hervorgearbeitet haben. Aber weltweit neue Wege in Forschung und Entwicklung würden zumindest der nächsten Generation helfen, eine Zehn-Milliarden-Menschheit mit zuverlässigen und preiswerten Energien zu versorgen und nicht wie die jetzige Generation in die selbstgestellte Falle einer langen Energiekrise zu stolpern.

Aber um sich von all den Fallstricken zu befreien, braucht es eine Zeitenwende der Energiepolitik, eine Abkehr vom Green Deal, der uns in diese missliche Lage gebracht hat. Der Krieg gegen den Kohlenstoff muss beendet werden. So, wie es sogar der Weltklimarat gefordert hat: Ja zur Kernenergie, Ja zu fossilen Quellen mit CO_2-Abscheidung und Ja zu erneuerbaren Energien.[28]

Denn nur wenn preiswerte, umweltfreundliche, versorgungssichere Energie zur Verfügung steht, werden wir die große Energiekrise hinter uns lassen können.

Literatur

AGORA. (2021). Klimaneutrales Deutschland 2045. https://www.agora-energiewende.de/fileadmin/Projekte/2021/2021_04_KNDE45/A-EW_209_KNDE2045_Zusammenfassung_DE_WEB.pdf. Zugegriffen am 21.01.2025.

Ahlborn, D. (2013). Statistik und Verfügbarkeit von Wind- und Solarenergie in Deutschland. Vernunftkraft. https://www.vernunftkraft.de/statistik/. Zugegriffen am 21.01.2025.

Bundesverband Erneuerbare Energien e.V. (2023). https://www.bee-ev.de/service/publikationen-medien/beitrag/kurzpapier-zu-contracts-for-difference. Zugegriffen am 21.01.2025.

BMWK. (2024). https://www.bmwk.de/Redaktion/DE/Publikationen/Energie/20240801-strommarkt-design-der-zukunft.pdf?__blob=publicationFile&v=10. Zugegriffen am 21.01.2025.

Bundesnetzagentur. (2024a). https://www.smard.de/page/home/topic-article/444/213590. Zugegriffen am 17.05.2024.

Bundesnetzagentur. (2024b). https://www.bundesnetzagentur.de/SharedDocs/Pressemitteilungen/DE/2024/20240103_SMARD.html. Zugegriffen am 17.05.2024.

Bundesnetzagentur. (2024c). https://www.bundesnetzagentur.de/SharedDocs/Pressemitteilungen/DE/2024/20240724_IndustrieNE.html. Zugegriffen am 17.05.2024.

Energy Institute. https://www.energyinst.org/statistical-review. Zugegriffen am 17.05.2024.

FESAC. (2020). FESAC Report 2020, Powering the Future: Fusion & Plasmas. https://science.osti.gov/-/media/fes/fesac/pdf/2020/202012/FESAC_Report_2020_Powering_the_Future.pdf, S. 2. Zugegriffen am 17.05.2024.

Grünes Haus. (o.J.). https://gruenes.haus/wie-viel-strom-erzeugt-eine-solaranlage/. Zugegriffen am 21.01.2025.

IPCC, 5. Sachstandsbericht. (2014). Working Group 3, Kap.7, S. 563. https://www.ipcc.ch/site/assets/uploads/2018/02/ipcc_wg3_ar5_chapter7.pdf. Zugegriffen am 21.01.2025.

Klimanachrichten. (2024). https://klimanachrichten.de/2024/07/14/fritz-vahrenholt-die-neueste-co2-bilanz/#more-5278. Zugegriffen am 17.05.2024.

Kreutzfeldt, Malte, (22.8.2020), Die TAZ. https://taz.de/Energie-durch-Kernfusion/!5707537&SuchRahmen=Print/. Zugegriffen am 21.01.2025.

[28] Vgl. IPCC, 2014, S. 563.

Pittel, Karen, ifo-Institut, München. (2012). Das energiepolitische Zieldreieck und die Energiewende. https://www.ifo.de/publikationen/2012/aufsatz-zeitschrift/das-energiepolitische-zieldreieck-und-die-energiewende. Zugegriffen am 10.01.2025.

Schwarz, M. (2024). https://h2-news.de/produkte/wasserstoff-gasturbine-gewinnt-preis-fuer-h2-technologie-des-jahres/. Zugegriffen am 10.01.2025.

Vahrenholt, F. (2024a). Das Deindustrialisierungskonzept des Robert H., Klimanachrichten vom 06.08.2024. https://klimanachrichten.de/2024/08/06/fritz-vahrenholt-das-deindustrialisierungs-konzept-des-robert-h/#:~:text=Die%20Folge%20ist,%20dass%20die%20Industriebetriebe. Zugegriffen am 31.10.2024.

Vahrenholt, F. (2024b). Die Energiewende ist gescheitert! Vortrag am 21.12.2024 in Radolfzell am Bodensee. https://eike-klima-energie.eu/page/1/?s=vahrenholt&print=pdf-search#:~:text=Das%20Ziel%20von%20Null%20CO2-Emissionen%20in%20Deutschland%20f%C3%BChrt%20zur%20Deindustrialisierung. Zugegriffen am 31.12.2024.

Verivox Q1. (2024). https://www.verivox.de/strom/verbraucheratlas/strompreise-weltweit/. Zugegriffen am 31.12.2024.

Wetzel, D. (2024). https://www.welt.de/wirtschaft/plus252476624/Energie-Habecks-ueberraschender-Wasserstoff-Coup-das-bedeutet-der-guenstige-Lieferpreis.html. Zugegriffen am 31.12.2024.

Prof. Dr. Fritz Vahrenholt, promovierter Chemiker, ist seit 1999 Honorarprofessor im Fachbereich Chemie der Universität Hamburg. Er ist des Weiteren Mitglied der Deutschen Akademie der Technikwissenschaften Acatech. Von 1991 bis 1997 war er Hamburger Umweltsenator. Anschließend ging er als Vorstand für Erneuerbare Energien zur Deutschen Shell AG. 2001 wurde er Vorstandsvorsitzender des Windenergie-Anlagenbauer REpower Systems. Danach leitete Fritz Vahrenholt die neu gegründete Konzern-Gesellschaft für Erneuerbare Energien der RWE AG, die Innogy GmbH bis 2012. Sein Bestseller „Seveso ist überall" (1978) war eine der wirkmächtigsten Buchveröffentlichungen in den Anfangsjahren der Umweltbewegung. 2020 erschien sein Bestseller „Unerwünschte Wahrheiten" (zusammen mit Sebastian Lüning). Im Februar 2022 erschien sein Buch „Die große Energiekrise – und wie wir sie bewältigen können". Fritz Vahrenholt ist Aufsichtsratsvorsitzender der Aurubis AG, des größten europäischen Kupferherstellers, sowie Aufsichtsrat der Encavis AG, eines der größten Investoren in Erneuerbare Energien.

Teil III

Materielle Freiheit: Das Sozialstaatspostulat der Sozialen Marktwirtschaft

Ludwig Erhards Wohlstand für alle und die Sozialpolitik heute

Guido Pöllmann

> *Soziale Sicherheit ist gewiss gut und in hohem Maße wünschenswert, aber* soziale Sicherheit *muss zuerst aus eigener Kraft, aus eigener Leistung und aus eigenem Streben erwachsen*
>
> —Erhard, 1964/2024, S. 262

Inhaltsverzeichnis

- 5.1 Problemstellung 64
- 5.2 Soziale Marktwirtschaft als wirtschafts- und sozialpolitisches Leitbild 65
- 5.3 Sozialpolitische Erwägungen im „Wohlstand für alle" 67
  - 5.3.1 Handlungsautonomie 68
  - 5.3.2 Wirtschafts- und Sozialpolitik als Einheit 70
  - 5.3.3 Geldwertstabilität 73
- 5.4 Ethische und paradigmatische Fundamente 74
- 5.5 Fazit 77
- Literatur 77

Zusammenfassung

Das „Soziale" im Wirtschaftssystem der Sozialen Marktwirtschaft hat seit der Fundierung des Konzeptes am Ende des Zweiten Weltkrieges bzw. zu Beginn der Bundesrepu-

---

G. Pöllmann (✉)
FOM München, München, Deutschland
e-mail: guido.poellmann@fom.de

blik Deutschland manche Modifikation erfahren. Gegenstand dieses Beitrages ist das Begriffsverständnis von Sozialpolitik und sozialer Sicherheit, wie es Ludwig Erhard in seiner Programmschrift „Wohlstand für alle" im Jahr 1957 dargelegt hat. Ludwig Erhard verfolgte damit vor allem zwei Anliegen: Er wollte, wie er schrieb, Rechenschaft ablegen für seine politische Arbeit als Wirtschaftsminister und gleichzeitig seine Vorstellungen einer sozialen Marktwirtschaft in die Zukunft projizieren. In Auseinandersetzung mit der im Jahr 1957 durchgeführten Rentenreform, die er als Weg in einen allumfassenden Versorgungsstaat sah, entwickelte er die Vorstellung einer in die Wirtschaftspolitik integrierten Sozialpolitik. Diese sollte auf dem Dreiklang einer den Wettbewerb sichernden Wirtschaftspolitik zum Schutz der individuellen Handlungsautonomie als Voraussetzung für die Schaffung von Wohlstand beruhen. Der so geschaffene Wohlstand selbst ist durch eine die Kaufkraft erhaltende Geldpolitik abzusichern. So verstanden ist die Schaffung von Wohlstand aktive Sozialpolitik. Dieses so rekonstruierte sozialpolitische Verständnis wird zu gegenwärtigen wirtschafts- und sozialpolitischen Entwicklungen kontrastiert, um Verständnisänderungen aufzuzeigen. Dabei werden die Vorstellungen Ludwig Erhards eingebunden in seine wirtschaftstheoretischen wie auch ethischen Fundamente.

5.1   Problemstellung

Ludwig Erhard, der als Schöpfer des deutschen Wirtschaftswunders gilt, hat 1957 seine Programmschrift „Wohlstand für Alle" vorgelegt.[1, 2] Dieses Werk war für ein breites Lesepublikum gedacht, wie es das Zitat zum Ausdruck bringt, das ganz am Anfang seiner Monografie steht:

> „Das Jahr 1957 wird für das deutsche Schicksal großes Gewicht haben. Dieses Buch, dem ich den Titel ‚Wohlstand für Alle' gab, soll Rechenschaft ablegen über unsere Arbeit in den letzten Jahren und Wege weisen für eine glückliche Zukunft. In diesem Sinne hoffe ich, dass es ein gutes Rüstzeug ist in den Auseinandersetzungen unserer Zeit."[3]

Der Hinweis auf das Jahr 1957 bezog sich auf die am 15. September stattfindende Wahl zum dritten Deutschen Bundestag, welche die CDU/CSU einmalig mit einer absoluten Stimmenmehrheit von 50,2 % gewinnen konnte.

---

[1] Vgl. Erhard, 1964/2024.
[2] Die Originalausgabe erschien im Februar 1957. Für den vorliegenden Beitrag fand die 2024 erschienene 4. Auflage mit einem Vorwort von Lars P. Feld Verwendung, die ihrerseits auf der Textgrundlage der achten Auflage aus dem Jahr 1964 beruhte, die letztmalig von Ludwig Erhard autorisiert wurde.
[3] Erhard, 1964/2024.

In ordnungspolitischer Hinsicht war die Soziale Marktwirtschaft mit der Verabschiedung des Gesetzes gegen Wettbewerbsbeschränkungen (GWB), das noch vor der Bundestagswahl im Juli 1957 verabschiedet wurde, weitgehend konsolidiert.[4]

In sozialpolitischer Hinsicht zeigten sich jedoch schon in dieser frühen Entwicklungsphase der Bundesrepublik Auffassungsunterschiede im Hinblick auf die Ausgestaltung des „Sozialen" in der Sozialen Marktwirtschaft. Diese wurden am deutlichsten im Zusammenhang mit der Durchführung der Rentenreform im Januar 1957. In diesem Kontext traten die sozialpolitischen Auffassungsunterschiede zwischen dem damaligen Bundeskanzler Konrad Adenauer und Ludwig Erhard offen zutage.[5] Dieser Dissens war auch ein wesentlicher Anlass für die Publikation des „Wohlstands für Alle".

Vor diesem zeitgeschichtlichen Hintergrund wird einem ersten Schritt die sozialpolitische Begriffsdimension der „Sozialen Marktwirtschaft" herausgearbeitet (Abschn. 5.2.). In einem zweiten Schritt wird das im „Wohlstand für Alle" dargelegte Begriffsverständnis von Ludwig Erhard rekonstruiert und zu aktuellen wirtschafts- und sozialpolitischen Entwicklungen kontrastiert (Abschn. 5.3). Abschließend werden die Ausführungen im Kontext der paradigmatischen und ethischen Prägung Ludwig Erhards reflektiert (Abschn. 5.4), um schlussfolgernd die Frage beantworten zu können, worin der Unterschied zwischen dem soziopolitischen Verständnis von Ludwig Erhard und heutiger Sozialpolitik bestehen (Abschn. 5.5).

5.2 Soziale Marktwirtschaft als wirtschafts- und sozialpolitisches Leitbild

Der Begriff „Soziale Marktwirtschaft" wird im Allgemeinen Alfred Müller-Armack zugeschrieben.[6] Müller-Armack veröffentlichte 1947 die Schrift „Wirtschaftslenkung und Marktwirtschaft".[7] In dieser Publikation setzte er sich mit dem System der deutschen Kriegswirtschaft auseinander und kam zu dem Ergebnis, dass dieses Wirtschaftssystem auf Unfreiheit und Zwang fußte, was wiederum zu einem Verlust an Wohlstand führte. Dieser Kriegswirtschaft setzte er die Vorstellung eines Wirtschaftssystems entgegen, wel-

---

[4] Vgl. bspw. Sturm, 1995, S. 197.
[5] Vgl. Werhahn, 2019, S. 14 f.
[6] Die Urheberschafts der Begriffsbildung „Soziale Marktwirtschaft" durch Müller-Armack ist immer wieder diskutiert worden. So führt etwa Wünsche darauf hin, dass auch Weiss und Harold Nasch für sich in Anspruch nehmen, den Begriff soziale Marktwirtschaft erstmalig verwand zu haben. Röpke dagegen weist die Begriffsurheberschaft eindeutig Müller-Armack zu (vgl. Pöllmann, 2025). Müller-Armack selbst war vor seiner politischen Laufbahn Professor an der Westfälischen Wilhelms-Universität Münster (1940–1950) und wechselte 1950 als ordentlicher Professor für „Wirtschaftliche Staatswissenschaften" an die Universität Köln. 1952 trat er in das Bundeswirtschaftsministerium ein und war ab 1958 Staatssekretär für europäische Angelegenheiten im Wirtschaftsministerium, das von Ludwig Erhard geleitet wurde.
[7] Vgl. Müller-Armack, 1947/1999.

ches auf marktwirtschaftlicher Steuerung beruht. Dieses Steuerungsprinzip sah er nicht exklusiv an den Ideenkreis des klassischen Liberalismus gekoppelt,[8] sondern machte das marktwirtschaftliche Steuerungsprinzip schon als weit in die Wirtschaftsgeschichte zurückreichendes Koordinationsprinzip aus.[9] Das so verstandene marktwirtschaftliche Koordinationsprinzip verband er mit dem Adjektiv „sozial" und kreierte damit den Begriff „Soziale Marktwirtschaft". Dieser Begriff sollte eine Wirtschaftsordnung beschreiben, die „bewusst gesteuerte, und zwar sozial gesteuerte Marktwirtschaft"[10] sein sollte. Auf diese Weise hat Müller-Armack eine spezifische Begriffssynthese von Wirtschafts- und Sozialpolitik erzeugt. Die heutige Begriffsverwendung erscheint dann in einer späteren Publikation und kommt in folgendem Zitat zum Ausdruck:

„Sinn der Sozialen Marktwirtschaft ist es, das Prinzip der Freiheit auf dem Markt mit dem des sozialen Ausgleichs zu verbinden."[11]

Die Formulierung blieb dabei in einem gewissen Maße unscharf und ließ bewusst Interpretationsspielräume offen. Dies erklärt sich daraus, dass in der Formierungsphase der Bundesrepublik und insbesondere im Verfassungsdiskurs zum Grundgesetz 1949 keine Festlegung auf ein Wirtschaftssystem bzw. auf eine Wirtschaftsordnung erfolgte. Abgesehen davon, dass das Grundgesetz selbst keinen Abschnitt zum Wirtschaftssystem enthält, lässt Artikel 15 GG die Möglichkeit der „Vergesellschaftung" von Grund und Boden, Naturschätzen und Produktionsmitteln zur Überführung in Gemeineigentum oder in andere Formen der Gemeinwirtschaft zu. Dieser Grundgesetzartikel eröffnet damit die theoretische Möglichkeit des Systemwechsels von einer auf dem Privateigentum beruhenden Marktwirtschaft hin zu einer auf einer sozialistischen Eigentumsordnung fußenden Zentralverwaltungswirtschaft.[12, 13] Dies ist vor allem deshalb von Bedeutung, wenn man bedenkt, dass noch vor den Beratungen zum Grundgesetz, die 1948 in Herrenchiemsee begannen, mit der Einführung der Währungsreform und Freigabe der Preise im selben Jahr eigentlich die Entscheidung für ein marktwirtschaftliches System gefallen war.[14]

Jedoch selbst innerhalb der späteren Regierungspartei CDU, der sowohl Ludwig Erhard wie auch Müller-Armack angehörten, war die Entscheidung für ein Postulat zugunsten der Marktwirtschaft nicht unumstritten. So hieß es noch im Ahlener Programm der CDU von 1947: „Das kapitalistische Wirtschaftssystem ist den staatlichen und sozialen Lebensinteressen des deutschen Volkes nicht gerecht geworden."[15] Diese kritische

---

[8] Vgl. Müller, 1992, S. 23 ff.
[9] Vgl. bspw. Woods, 2012, S. 155.
[10] Müller-Armack, 1947/1999, S. 144.
[11] Müller-Armack, 1956, S. 243.
[12] Vgl. Mises, 1932/2016, S. 38 ff.
[13] Vgl. Eucken, 1952/2004, S. 61 ff.
[14] Vgl. Erker, 2001, S. 242 ff. und S. 247 ff.
[15] Vgl. Konrad-Adenauer-Stiftung, 1997, S. 1.

Position wurde erst in den sogenannten Düsseldorfer Leitsätzen, dem Wahlprogramm zur ersten Bundestagswahl, hinsichtlich der Sozialen Marktwirtschaft revidiert.[16] Die SPD als zweite große Volkspartei formulierte erst in ihrem Bad Godesberger Programm von 1959 ein positives Votum für eine marktwirtschaftliche Ordnung auf Grundlage der Sozialen Marktwirtschaft.[17] Einzig die 1948 gegründete FDP trat für eine Marktwirtschaft ein.[18]

So betrachtet stellte der Begriff der Sozialen Marktwirtschaft eine friedensstiftende oder, wie es Müller-Armack nannte, eine „irenische Formel" dar, die das marktwirtschaftliche System durch den Imperativ des sozialen Ausgleiches politisch konsensfähig machte.

War „Soziale Marktwirtschaft" bei Müller-Armack 1947 noch als ein auszufüllendes Begriffskonstrukt anzusehen, so kann sie in einem heutigen Sinn als ein Leitbild bzw. als eine Konzeption bezeichnet werden. Dabei sind die Begriffe „Konzeption" und „Leitbild" aufeinander zu beziehen, sodass eine wirtschaftspolitische Konzeption ein für die Gesamtheit aller wirtschaftspolitischen Handlungen geltendes Leitbild darstellt, welches Handlungsgrundsätze, Ziele und Instrumente umfasst und welches langfristig angelegt ist.[19]

5.3 Sozialpolitische Erwägungen im „Wohlstand für alle"

Wie aus dem bereits eingangs erwähnten Zitat hervorgeht, verfolgte Ludwig Erhard mit seiner Monografie zwei Zielvorstellungen: Zum einen wollte er „Rechenschaft ablegen über unsere Arbeit in den letzten Jahren" und zum anderen möchte er einen Weg weisen in eine glückliche Zukunft,[20] anders formuliert geht es ihm um die konzeptionelle Ausgestaltung des Leitbildes der Sozialen Marktwirtschaft in wirtschafts- und sozialpolitischer Hinsicht.

Dieses Anliegen bringt auch die Gliederung seines Buches zum Ausdruck. Es ist in eine Einleitung sowie in 15 Kapitel gegliedert. In der letzten von Ludwig Erhard autorisierten Fassung aus dem Jahr 1964 wurde noch in einem 16. Kapitel die Regierungserklärung vom 18. Oktober 1963 mitaufgenommen, in jenem Jahr, in dem er vom Deutschen Bundestag als Nachfolger von Konrad Adenauer zum zweiten deutschen Bundeskanzler gewählt wurde.[21]

Wenn von eingangs formulierter Zielsetzung ausgegangen wird, dann lässt Erhard in den Kapiteln eins bis acht sein politisches Wirken als Direktor „für Verwaltung des Vereinigten Wirtschaftsgebietes" und als Bundesminister für Wirtschaft Revue passieren. Es handelt sich um jene wirtschaftshistorische Phase, in welcher mit der Freigabe der Preise und der Einführung der Deutsche Mark (D-Mark) die wesentlichen Grundsatzent-

---

[16] Vgl. Zehender, 2024.
[17] Vgl. Jesse, 2001, S. 66.
[18] Vgl. Jesse, 2001, S. 67.
[19] Vgl. Altmiks & Christiaans, 2024, S. 223.
[20] Vgl. Erhard, 1964/2024.
[21] Vgl. Erhard, 1964/2024, S. 389.

scheidungen für die Etablierung der marktwirtschaftlichen Ordnung in der Bundesrepublik getroffen wurden.

Ab dem Kapitel neun wechselte er dann die Perspektive des Buches und verfolgte in den weiteren Kapiteln das Ziel, seine Vorstellungen für eine marktwirtschaftlich ausgerichtete Politik in die Zukunft zu projizieren.

Wenn man von den schon erwähnten Auffassungsunterschieden zwischen Adenauer und Erhard im Hinblick auf die Rentenreform ausgeht, wird dessen Charakter als wirtschaftspolitische Programmschrift nochmals unterstrichen. Vor diesem zeitgeschichtlichen Hintergrund ist für das hier zu behandelnde Thema der Sozialpolitik das zwölfte Hauptkapitel „Versorgungsstaat – der moderne Wahn" von Interesse.[22] Ludwig Erhard entwickelte darin die Vorstellung einer in die Wirtschaftspolitik integrierten Sozialpolitik als Voraussetzung für die Erhaltung individueller Handlungsautonomie. Diese individuelle Handlungsautonomie ist für Erhard die Voraussetzung für die Schaffung eines „Wohlstandes für Alle". Die Sicherung dieses Wohlstandes wiederum sah er in der Wahrung der Geldwertstabilität. Diese drei Aspekte sollen im Folgenden ausgearbeitet werden.

5.3.1 Handlungsautonomie

Ludwig Erhard sah die Aufgabe der Wirtschaftspolitik darin, dass „Gedeihen" der Sozialen Marktwirtschaft zu schützen. Die Voraussetzung für dieses Gedeihen sah er wiederum in der „Bereitschaft für das eigene Schicksal" einzustehen durch die „Teilnahme am freien Wettbewerb". Diese Voraussetzungen machte er jedoch als gefährdet aus:

„durch vermeintliche soziale Maßnahmen auf benachbarten Gebieten."[23]

Während Ludwig Erhard die Verwirklichung des „Sozialen" im Wettbewerb sah, wird heute das „Soziale" mit Transferleistungen und Subventionen aller Art in Verbindung gebracht, die Teil des angrenzenden Gebietes der Sozialpolitik sind. Martin Rhonheimer folgend, könnte man daher von einer Sozialdemokratisierung des Konzepts der Sozialen Marktwirtschaft sprechen, welches im Grunde schon auf das Begriffsverständnis von Müller-Armack zurückgeht.[24] Müller-Armack vertrat die Vorstellung einer Wirtschaftsordnung, die Elemente des klassischen Liberalismus mit sozialen Gedanken des Sozialismus kombinierte.[25] In diesem Sinne kann dann das „Soziale" als Korrektiv und Ergänzung zu einer ihrem Wesen nach nicht als sozial und gerecht empfundenen Marktwirtschaft verstanden werden.[26]

---

[22] Vgl. Erhard, 1964/2024, S. 245 ff.

[23] Erhard, 1964/2024, S. 245.

[24] Vgl. Rhonheimer, 2020, S. 6.

[25] Vgl. Pelikan, 2019, S. 50.

[26] Vgl. Rhonheimer, 2020, S. 2.

Ludwig Erhard begriff dagegen die Freiheit und damit die Autonomie für das eigene Handeln als Voraussetzung für die Verwirklichung des Sozialen im Wettbewerb. Diese Position zur Handlungsautonomie lässt sich vom Freiheitsideal Ludwig Erhards ableiten. Nach Friedrich Wünsche bestand dieses darin:

> „Jeder soll nach eigenem Befinden handeln können. Im Wirtschaftsleben wird jedoch verlangt, dass sich jeder mit den gegebenenfalls engen Beschränkungen seiner Freiheit arrangiert, die ihm nicht nur die Rücksicht auf andere, sondern auch die Notwendigkeit auferlegt, seine eigene Existenz zu sichern."[27]

In diesem Sinne versuchte er individuelle Handlungsmöglichkeiten zu erweitern, um den Einzelnen die eigenverantwortliche Existenzsicherung zu ermöglichen.

Im historischen Kontext kam dies insbesondere im Hinblick auf Entscheidungen bezüglich der eigenen Vorsorge[28] zum Ausdruck. Dies bezog sich auf das sozialpolitische Kernprojekt Konrad Adenauers, welches in der Reform des Rentensystems bestand. Wie schon ausgeführt, wurde noch im Jahr der Bundestagswahl 1957 das System der Rentenversicherung vom Kapitaldeckungsverfahren auf das Umlageverfahren umgestellt und die Rentenentwicklung prinzipiell an die Lohnentwicklung angepasst.[29]

In die Gegenwart angewendet gewinnt die Betonung der individuellen Handlungsautonomie in Hinblick auf die verhaltensökonomische Fundierung sozialpolitischer Maßnahmen an Bedeutung. Die Operationalisierung verhaltensökonomischer Konzepte, wie beispielsweise des „Nudgings", finden zunehmend in der Politik Verwendung.[30] „Nudging", was übersetzt so viel wie „stupsen" heißt, meint die Herbeiführung von Verhaltensänderungen ohne Zwang mit dem Anspruch, Fehlentscheidungen von Wirtschaftssubjekten zu vermeiden, die mittel- und langfristig soziale Kosten auslösen könnten.[31] Dieses Konzept findet seinen Ausdruck im sogenannten „Liberalen Paternalismus", dessen Kernidee darin besteht, die Erkenntnisse der Verhaltensökonomik zur staatlichen Verhaltenslenkung der Bürger einzusetzen.[32] So wird aus verhaltensökonomischer Sicht eine mangelnde Rationalität angenommen:

> „Viele Annahmen über das Sparverhalten der Bürger, die auf klassischen ökonomischen Prinzipien beruhen, treffen nicht zu. Dementsprechend sind politische Maßnahmen, die rationale Entscheidungen voraussetzen, nicht immer wirkungsvoll."[33]

---

[27] Wünsche, 2015, S. 374.
[28] Vgl. Wünsche, 2015, S. 28.
[29] Vgl. Wünsche, 2015, S. 384 f.
[30] Vgl. Plickert, 2016, S. 79.
[31] Vgl. Holtfort & Wilke, 2024, S. 214.
[32] Vgl. Beck, 2014, S. 372 ff.
[33] Enste & Eyerund, 2014, S. 1.

Ausgehend davon, dass Wirtschaftssubjekte nicht gemäß in einem gewünscht normativen Sinne rational handeln würden, werden im Verständnis des liberalen Paternalismus verhaltenslenkende Maßnahmen offensichtlich legitimiert. „Die Unterstellung irrationalen Verhaltens fungiert hier als Türöffner für einen stärkeren Staat, der sich das Recht nimmt, in die Freiheiten der Bürger einzugreifen, stets mit dem Argument versehen, dass der Bürger ja irrational handele."[34] Diese Vorstellung eines liberalen Paternalismus verträgt sich kaum mit dem skizzierten, die individuelle Handlungsautonomie sichernden Politikansatz von Ludwig Erhard.

5.3.2 Wirtschafts- und Sozialpolitik als Einheit

Wie auch schon Müller-Armack geht Erhard von einer Funktionssynthese der beiden Bereiche Wirtschafts- und Sozialpolitik aus. Er meinte jedoch nicht eine institutionelle Integration auf ministerieller Ebene, sondern er plädierte für eine gemeinsame geistige Grundhaltung in diesen beiden Politikbereichen.[35] Diese geistige Grundhaltung basiert auf einer freiheitlichen Wirtschaftsordnung, der eine „gleichermaßen freiheitliche Sozialpolitik an die Seite zu stellen ist".[36] Hierin zeigte im Anschluss zu den Ausführungen über die Handlungsautonomie, dass gemäß Erhard dieser für beide Bereiche eine zentrale Bedeutung zukommt. Er betrachtet es sogar als eine zentrale Aufgabe durch eine integrierte Sichtweise von Wirtschafts- und Sozialpolitik, diese Handlungsautonomie zu schützen.

Demnach ist die freie Teilnahme, also die wirtschaftliche Handlungsautonomie, am Wettbewerb, die Voraussetzung für die Schaffung von Wohlstand. Er meint damit, dass auch in der Sozialpolitik eine durch Wirtschaftsordnung gesicherte Handlungsautonomie des Einzelnen im zuvor genannten Sinne gelten müsse. Darin sah er einen Schutzmechanismus gegenüber der Entwicklung hin zu einem „Wohlfahrtsstaat", den Erhard als „Versorgungsstaat" bezeichnete, da aus seiner Sicht ein überbordender Wohlfahrtsstaat zum einen die eigene Handlungsautonomie begrenzt und zum anderen Anreize zum eigenverantwortlichen Handeln begrenzen würde:

> „Wenn dagegen die Bemühungen der Sozialpolitik darauf abzielen, den Menschen schon von der Stunde seiner Geburt an volle Sicherheit gegen alle Widrigkeiten des Lebens zu gewährleisten, d. h. ihn in einer absoluten Weise gegen die Wechselfälle des Lebens abschirmen zu wollen, dann kann man von solchen Menschen einfach nicht mehr verlangen, dass sie das Maß an Kraft, Leistung, Initiative und anderen besten menschlichen Werten entfalten, das für das Leben und die Zukunft der Nation schicksalhaft ist und darüber hinaus die Voraussetzung einer auf Initiative der Persönlichkeit begründeten ‚Sozialen Marktwirtschaft' bietet. Auch muss auf die unlösbare Verbindung zwischen Wirtschafts- und Sozialpolitik aufmerksam ge-

---

[34] Beck, 2014, S. 403.
[35] Vgl. Erhard, 1964/2024, S. 245.
[36] Vgl. Erhard, 1964/2024, S. 247.

macht werden: Tatsächlich sind umso weniger sozialpolitische Eingriffe und Hilfsmaßnahmen notwendig, je erfolgreicher die Wirtschaftspolitik gestaltet wird."[37]

Hierin wird deutlich, wie sich Handlungsautonomie und Eigenverantwortlichkeit ergänzen. Zum einen geht es darum, Handlungsspielräume zu erhalten. Diese Handlungsspielräume sind deshalb notwendig, da das Wachstum der Wirtschaft ganz wesentlich davon abhängig ist, wie es den Wirtschaftssubjekten ermöglicht wird, eigenverantwortlich Eigeninitiative zu ergreifen. Das Schaffen von wirtschaftlichem Wachstum wiederum sei die Voraussetzung von „Wohlstand für Alle" und somit im Sinne Ludwig Erhards verwirklichte Sozialpolitik; zumal die Höhe des Wirtschaftswachstums ausschlaggebend sei für den Umfang sozialpolitischer Maßnahmen. Das heißt, dass der Spielraum der Sozialpolitik an die Leistungsfähigkeit der Volkswirtschaft selbst zurückgebunden sei.[38]

Um Missverständnisse zu vermeiden, plädierte Erhard nicht für eine neutrale Sozialpolitik. Er sah es als eine „selbstverständliche Pflicht der Gemeinschaft" an, dass denjenigen geholfen werden müsse, die nicht aus eigener Schuld in Notlagen gekommen wären. Zeitlich bedingt nannte er Flüchtlinge und Kriegsversehrte, aber auch diejenigen, die im Zuge von Inflation und Währungsreform Geldvermögen verloren hätten.[39] Gleichzeitig wandte er sich gegen die Tendenz zur Kollektivversicherung im Sinne eines allumfassenden Wohlfahrts- bzw. Versorgungsstaates:

„Meine Kritik an dem unheilvollen Drang zum Versorgungsstaat darf gewiss nicht dahin missverstanden werden, als beabsichtige ich, die Sozialversicherung, wie sie historisch gewachsen ist, anzutasten. Nach meinem Geschmack ist sogar ein weiterer Ausbau der Sozialversicherung durchaus möglich. Was ich jedoch für völlig abwegig halte, ist, dass Menschen, die aus Beruf und Berufung wie auch aus ihrer Stellung im volkswirtschaftlichen Prozess Anspruch auf, aber auch die Verpflichtung zur Freiheit haben, nunmehr in ein Kollektiv hinstreben oder besser gesagt hingestoßen werden."[40]

Wendet man diese zeitbezogenen Aussagen in die Gegenwart, gerät die Reform der Arbeitslosenversicherung im Januar 2003 in den Fokus.[41]

Im Kontext der sogenannten Agenda 2010 wurden im Jahr 2003 Arbeitslosenhilfe und Sozialhilfe zum „Arbeitslosengeld II (ALG II)" zusammengelegt.[42] Basierend auf den Gedanken des aktivierenden Staates, der im sogenannten Schröder-Blair-Papier zum Ausdruck kam,[43] wurden durch die Möglichkeit von Aufstockungsleistungen Anreize für Langzeitarbeitslose gesetzt, auch gering vergütete Arbeitsverhältnisse einzugehen, um

---

[37] Erhard, 1964/2024, S. 246.
[38] Vgl. Erhard, 1964/2024, S. 246.
[39] Vgl. Erhard, 1964/2024, S. 254 f.
[40] Erhard, 1964/2024, S. 253.
[41] Vgl. Bundesregierung, 2024.
[42] Vgl. Deutscher Bundestag, 2023.
[43] Vgl. SPD, 1999.

sich so aus eigener Initiative wieder in den Erwerbsprozess einzugliedern, da die bis dahin gültige Arbeitslosenhilfe wie ein impliziter Mindestlohn wirkte. Diese erwies sich, in Kombination mit anderen Entwicklungen wie der Zurückhaltung bei Lohnforderungen durch die Gewerkschaften und den steigenden Wachstumszahlen, als durchaus wirkungsvoll im Hinblick auf die Reduktion der Langzeitarbeitslosigkeit in den 2010er-Jahren. Dieser Ursache-Wirkungskomplex wäre durchaus im Sinne Ludwig Erhards. Dagegen dürfte die Substitution des ALG II durch das sogenannte „Bürgergeld" im Sinne Erhards ein Schritt zurück in den Versorgungsstaat sein, der individuelles Leistungsstreben mindert. Dies wird evident, wenn eine aktuelle Studie darauf hinweist, dass 5,7 % weniger Erwerbsfähige, die Grundsicherung gemäß des Bürgergeldes erhalten, eine neue Erwerbstätigkeit aufgenommen haben und Arbeitsaufnahmen um 20 % zurückgegangen sind.[44]

Das Diktum, wonach der Obersatz gelten sollte, dass jede wirksame soziale Hilfe nur auf Grundlage eines ausreichenden und wachsenden Sozialproduktes beruhen sollte, spielte schon in der Ablehnung der Rentenreform von 1957 eine Rolle. Im sogenannten Rentenkrieg, in welchem Ludwig Erhard und der damalige Finanzminister Fritz Schäffer als die wichtigsten Kontrahenten von Konrad Adenauer auftraten, vertrat Erhard die Meinung, dass diese nicht zu finanzieren sei.[45, 46] Tatsächlich ist das umlagefinanzierte Rentensystem ohne Leistungen aus dem Bundeshaushalt an die Rentenversicherung nicht finanzierbar. Diese Leistungen lagen 2019 bei 97,9 Mrd. € und liegen 2024 bei 116 Mrd. €.[47] Dies macht deutlich, dass sich das aktuelle Rentensystem aus den Versichertenbeiträgen selbst nicht finanzieren kann. Hier zeigte sich die Vermutung von Ludwig Erhard im Jahr 1957 providenziell. Hinzu kommt, dass die Leistungen weiter ansteigen, trotz gegenwärtigen rezessiven Tendenzen der deutschen Volkswirtschaft.[48] Auch dies wäre nicht im Sinne Erhards.

---

[44] Vgl. Weber, 2024, S. 7–8.

[45] Vgl. Deutscher Bundestag, 2017.

[46] Bei der Abstimmung zur Rentenreform am 21. Januar 1957 hat Ludwig Erhard trotz seiner Kritik an der Einführung der dynamischen Rente nicht dagegen gestimmt, sondern sich wohl aus Loyalitätsgründen der Stimme enthalten. Der Impuls für das Programm zur Rentenreform ging auf Wilfried Schreiber, Geschäftsführer des Bundes Katholischer Unternehmer (BKU), zurück, die er in seiner Denkschrift „Existenzsicherheit in der industriellen Gesellschaft" dargelegt hatte.

Adenauer setzte die „Schreiber-Plan" genannte Reform gegen den Widerstand von Bundesfinanzminister Fritz Schäffer (CSU) und Ludwig Erhard durch (vgl. Deutscher Bundestag, 2017).

[47] Vgl. Bundesministerium der Finanzen, 2024.

[48] Vgl. Ifo Institut, 2024.

5.3.3 Geldwertstabilität

Ausführungen im Zusammenhang von Sozial- und Geldpolitik mögen auf den ersten Blick überraschen. Gewöhnlich wird die Geldpolitik der Wirtschaftspolitik zugeordnet. Erhard sprach in diesem Punkt auch von „speziellen Zusammenhängen".[49]

Die einschlägigen Ausführungen sind der Überschrift „Gute Sozialpolitik erfordert Währungsstabilität"[50] zu entnehmen. Im Grunde setzt Erhard hier beim „Primat der Währungspolitik" an, den Walter Eucken als ein wesentliches konstitutives Prinzip der Wirtschaftspolitik in seinen „Grundsätzen der Wirtschaftspolitik" dargelegt hat.[51] Eucken maß der Währungspolitik, gemeint ist das, was heute gängigerweise als Geldpolitik bezeichnet wird, einen besonderen Rang zu. Er sah in einer Inflation wie auch Deflation vermeidenden Politik die Gewähr darin, dass der marktwirtschaftliche Wettbewerb seine Allokationsfunktion effizient erfüllen könne.[52] In diesem Punkt ist eine wesentliche sozialpolitische Voraussetzung im Sinne Erhards erfüllt, als die Wirtschaftssubjekte im Sinne der Verwirklichung der eigenen Handlungsautonomie, wie ausgeführt, am marktwirtschaftlichen Wettbewerb teilnehmen sollen.[53]

Über diesen allgemeinen Aspekt hinaus legte Erhard im Zeitkontext den Zusammenhang von Rentenreform und Inflationsproblematik dar. Währungsstabilität meint für Erhard primär Inflationsvermeidung und die Begegnung von Inflationsgefahren. In der umlagefinanzierten und an die Preisentwicklung gebundenen Rente sah er jedoch ein wesentliches Inflationsmoment. Ausgehend von einer möglichen Lohn-Preis-Spirale, infolge von überhöhten gewerkschaftlichen Lohnforderungen, würde sich ein Spill-Over-Effekt auf die Renten ergeben.[54] Die sich so erhöhenden Renten hätten dann eine erhöhte Nachfrage zur Folge, die dann bei Annahme eines konstanten Angebots zu höheren Preisen führen würden.[55]

---

[49] Vgl. Erhard, 1964/2024, S. 247.
[50] Vgl. Erhard, 1964/2024, S. 258.
[51] Vgl. Eucken, 1952/2004, S. 255.
[52] Vgl. Eucken, 1952/2004, S. 257.
[53] Zum Einfluss des Denkens Walter Euckens auf Ludwig Erhard vgl. Lenel: „Er [Walter Eucken] wirkte auf die Politik unmittelbar und über den wissenschaftlichen Beirat bei der Verwaltung für Wirtschaft, später Bundeswirtschaftsministerium, in dem er nach dem Urteil anderer Mitglieder eine sehr bedeutsame Rolle spielte." (Lenel, 2012, S. 311).
[54] Vgl. Erhard, 1964/2024, S. 258 f.
[55] Implizit ging Erhard makroökonomisch gesehen von einem sogenannten klassischen Fall aus, der bei Auslastung aller volkswirtschaftlichen Kapazitäten angenommen wird. Das gesamtwirtschaftliche Angebot wäre dann konstant. Höhere Löhne und im Verbund mit höheren Renten würden zu einer erhöhten Nachfrage führen, etwa in Form eines positiven Nachfrageschocks, was wiederum zu höherem Preis und damit zu einem Verlust an Kaufkraft führen würde. Ein plausibles Szenario, wenn man bedenkt, dass sich in jenen Jahren die deutsche Volkswirtschaft auf die Vollbeschäftigung zu bewegte. Zu diesem makroökonomischen Zusammenhang vgl. Christiaans & Wohlmann, 2024, S. 553–557.

Erhard verkannte nicht den Gedanken, dass eine Kopplung der Renten an die Löhne eigentlich den Sinn hat, die Kaufkraft von Rentnerinnen und Rentnern zu schützen und nimmt in diesem Zusammenhang ausdrücklich Bezug auf die dramatische Erfahrung der letzten Inflation. Mutmaßlich bezieht sich Erhard auf die inflationäre Entwicklung nach der Währungsreform und des darauf eingetretenen positiven Nachfrageschocks nach den Kriegsjahren.[56] Die 1957 eingeleitete Entwicklung sah er als den falschen Weg an, „wenn ein Volk oder ein Staat glaubt, eine inflationistische Politik einleiten und betreiben, sich aber gleichzeitig gegen deren Folgen absichern zu können".[57]

Konstruktiverweise bot er ein modifiziertes Modell einer dynamischen Anpassung an den laufenden Produktivitätszuwachs der Volkswirtschaft an.[58] Dieses Modell böte seiner Vorstellung nach vor allem den Vorteil, dass durch eine so vermiedene oder zumindest verminderte Inflationstendenz Sparanreize entstünden. Das so vermehrte Sparpotenzial stünde dann wiederum für Investitionen zur Verfügung, die ihrerseits wiederum den Produktivitätszuwachs steigern würden.[59]

Die allgemeine Erkenntnis, dass eine Inflation wohlstandsmindernde Folgen hat, insbesondere wenn die jährlichen Inflationsraten über den Sparzinsen liegen und damit zu negativen realen Zinsen führen, bekam seine Aktualisierung mit dem Übergang der Europäischen Zentralbank zu einer expansiven Geldpolitik im Zuge der sogenannten Eurorettung. Dies führte zu niedrigen Zinsen, die bisweilen in den negativen Bereich drehten, und es privaten Anlegern erschwerten, ihr Geld noch so anzulegen, dass es keinem realen Wertverzehr unterlag oder diese in riskantere Anlageformen trieb.[60] Auch in diesem Punkt zeigt sich die besondere Aktualität Ludwig Erhards – auch wenn man bedenkt, dass private Anlageformen eine Ergänzung zur staatlichen Rentenversicherung sein sollen, deren gewünschte sozialpolitische Wirkung durch fallende Sparzinsen wiederum konterkariert würden.

5.4 Ethische und paradigmatische Fundamente

Im Hinblick auf den Dreiklang aus Sicherung der Handlungsautonomie, sozialpolitischer Integration in die Wirtschaftspolitik und Wahrung der Geldwertstabilität stellt sich die Frage hinsichtlich der Einordung seiner wirtschaftstheoretischen wie auch ethischen Prägung.

Mit Blick auf die eigene wirtschaftstheoretische Verortung blieb Ludwig Erhard vage:

---

[56] Vgl. Erker, 2001 S. 234–244.
[57] Erhard, 1964/2024, S. 259.
[58] Vgl. Erhard, 1964/2024, S. 261.
[59] Vgl. Erhard, 1964/2024, S. 262.
[60] Vgl. bspw. Hinze & Leschus, 2012, S. 12.

5 Ludwig Erhards Wohlstand für alle und die Sozialpolitik heute

„Man reiht mich gemeiniglich ein in die Kategorie der ‚Neoliberalen'. Es mag so geschehen; ich wehre mich gar nicht dagegen, denn Gelehrte, von Walter Eucken angefangen über Wilhelm Röpke, Alexander Rüstow zu Hayek und Franz Böhm, um nur einige zu nennen, haben im tiefsten Grunde Oppenheimersches Gedankengut in sich aufgenommen und in unsere Gegenwart übersetzt, indem sie einen leidenschaftlichen Kampf gegen die Beschränkungen des Wettbewerbs und vor allen Dingen gegen Monopole führten. Sie zerstörten wie Oppenheimer den Optimismus sowohl der klassischen Lehre als auch des üblichen Liberalismus, dass die prästabilierte Harmonie ein Eigengewächs der wirtschaftlichen Entwicklung wäre. Nein, wenn und wo nicht ein vollständiger Wettbewerb besteht, wo immer Konkurrenz durch faktische oder rechtliche Maßnahmen unterbunden, unterdrückt oder geschmälert wird, gibt es keine Freiheit – dort gibt es auch keine Gerechtigkeit. Ich habe es mir angewöhnt, das Wort Gerechtigkeit fast immer nur in Anführungszeichen auszusprechen, weil ich erfahren habe, dass mit keinem Wort mehr Missbrauch getrieben wird als gerade mit diesem höchsten Wert."[61]

Zwar lassen sich an Wünsche anschließend verschiedene wirtschaftstheoretische bzw. paradigmatische Prägekräfte ausmachen wie die „Jüngere Historische Schule", sein Mentor Franz Oppenheimer, die „Freiburger Schule" und die „Wiener bzw. Österreichische Schule".[62, 63] Vor dem hier zu behandelnde Kontext ist insbesondere zu fragen, welche Positionen das sozialpolitische Verständnis Ludwig Erhard geprägt haben.

Wie aus obigem Zitat hervorgeht, distanziert sich Erhard selbst von der klassischen Lehre der Nationalökonomie wie auch vom „Laissez-Faire-Prinzip" des Liberalismus, woraus sich die Notwendigkeit von ordnungspolitischen Institutionen ergibt, die den Marktmechanismus schützen.[64] Geprägt durch Oppenheimer wird in diesem Zusammenhang eine sozialpolitische Dimension offensichtlich. Noch einmal aus obigem Text von Erhard dazu:

„Oppenheimer nannte seine Lehre einen ‚liberalen Sozialismus' …Nun: Ich habe das Adjektiv und das Substantiv verlagert und sagte mir, dass ein ‚sozialer Liberalismus' die Akzente gewiss etwas verlagert, aber dem Prinzip, um das es geht dennoch treu bleibt."[65]

Franz Oppenheimer verband in seinen Schriften Elemente des Liberalismus sowie des Sozialismus und strebt eine Gesellschaft an, in der wirtschaftliche Freiheit und soziale Gerechtigkeit miteinander harmonieren. In diesem Sinne hatte bereits Oppenheimer Grundgedanken vorgeprägt, die sich auch bei Müller-Armack, Ludwig Erhard oder bei Wilhelm Röpke finden lassen. Im Unterschied zu den Genannten favorisierte Oppenheimer eine auf einem genossenschaftlichen und weniger auf einem marktwirtschaftlichen Prinzip ausgerichtete Wirtschaftsordnung.[66]

---

[61] Erhard, 1964/1988, S. 862.
[62] Vgl. Wünsche, 2015, S. 275 ff.
[63] Vgl. Pöllmann, 2019, S. 25 ff.
[64] Vgl. Pöllmann, 2019, S. 25.
[65] Vgl. Erhard, 1964/2024, S. 861.
[66] Vgl. bspw. Oppenheimer, 1929/1990, S. 131 ff.

Wenn Erhard sich in ökonomischer Hinsicht auf Oppenheimer beruft, bleibt im Hinblick auf sein sozialpolitisches Selbstverständnis die Frage nach seiner ethischen Fundierung zu klären, auch um, wie es Wünsche anmerkt, Fehldeutungen zu vermeiden.[67]

Elmar Nass hat daher auf die Notwendigkeit einer konsistenten Rekonstruktion der Ethik Ludwig Erhards verwiesen und auf entsprechende Forschungsdesiderate aufmerksam gemacht.[68] Diese Notwendigkeit ergibt sich daraus, dass Erhard vielfach aus einer zeitgeschichtlichen Perspektive auf die Rolle eines Umsetzers politischer Ideen beschränkt wird und daher die Perspektive als eigenständiger Denker in den Hintergrund gedrängt wird.[69] Ausgehend von einem kohärenten wirtschaftsethischen Ansatz lassen sich anhand ordnungsethischer Prüfkriterien Schlussfolgerungen hinsichtlich der ethischen Grundprägung Erhards ziehen.[70] Diese Prüfkriterien umfassen das Menschbild, die Idee des Zusammenlebens, Verantwortung, weltanschauliche bzw. paradigmatische Einflüsse sowie dessen Grundverständnis von Wirtschaft. Aus der Anwendung dieser Prüfkriterien lassen sich Schlussfolgerungen im Hinblick auf die Einordnung des sozialpolitischen Grundverständnis von Ludwig Erhard ziehen[71]:

„Jede Form des Kollektivismus wird von Erhard als Bedrohung für die Autonomie abgelehnt. Systematische Umverteilungen von Einkommen sollten möglichst vermieden werden, was natürlich eine Diskussion der progressiven Einkommensteuer nach sich ziehen müsste. Fürsorgepflichten bestehen wohl selbstverständlich gegenüber den wegen Krankheit oder anderer Benachteiligungen nicht zur eigenverantwortlichen Versorgung und Vorsorge Fähigen. Für die Bedürftigen tritt ja die öffentliche Fürsorge ein, wobei eine schlüssige Begründung für diesen Transfer aus den anthropologischen Aussagen Erhards nicht eindeutig nachvollziehbar ist. Autonomie im Sinne der Befähigung wird durch solche Fürsorge nicht erzielt. Also wie ist solche Sozialhilfe ethisch begründet? Christlich etwa lässt sie sich leicht aus dem Begriff der gleichen Würde jedes (auch des kranken) Menschen als Gottes Ebenbild oder kantisch aus dem kategorischen Imperativ zur Menschenwürde ableiten. Friedrich A. v. Hayek konnte diese Begründung im Rahmen seiner liberalen Theorie auch nicht schlüssig herleiten, hat sie aber dann einfach postuliert, weil sie dem gesunden Menschenverstand entspricht. Irgendwo dazwischen muss auch Erhards Begründung für diese intuitiv ja gebotene öffentliche Fürsorgepflicht liegen, und hier liegt die Vermutung einer christlich geprägten Intuition nahe. Der bloße Verweis auf Menschenwürde als Autonomie bzw. Befähigungsfreiheit jedenfalls reicht nicht aus."[72]

Die angesprochene vermutete christlich geprägte Intuition erscheint dabei sehr plausibel, wenn man bedenkt, dass Erhard in einem vom evangelischen Protestantismus ge-

---

[67] Vgl. Wünsche, 2015, S. 59 ff.
[68] Vgl. Nass, 2024, S. 657.
[69] Vgl. Nass, 2024, S. 658.
[70] Vgl. Nass, 2024, S. 660.
[71] Vgl. Nass, 2024, S. 664.
[72] Vgl. Nass, 2024, S. 677.

prägten Umfeld aufwuchs und sich selbst als gläubiger evangelischer Christ verstand.[73] Von daher dürften für ihn die Grundsätze der evangelischen Sozialethik im Hinblick auf Freiheit, Eigenverantwortung und Gerechtigkeit handlungsprägend gewesen sein.[74]

5.5 Fazit

Bezug nehmend auf die eingangs gestellte Frage, worin der Unterschied zwischen dem sozialpolitischen Verständnis von Ludwig Erhard und heutiger Sozialpolitik besteht, lässt sich diese wie folgt beantworten:

In sozialpolitscher Hinsicht arbeitete er sich an der 1957 durchgeführten Rentenreform ab. Diese Rentenreform, die Erhard nicht nur in finanzieller Hinsicht als problematisch ansah, war für ihn noch aus einer viel grundsätzlicheren Perspektive problematisch, da diese seiner Ansicht nach den Weg in einen Versorgungsstaat aufzeigte, der ökonomische Eigenverantwortung und Eigeninitiative verhindere. In seiner Monografie setzte er dem gegenüber auf ein Verständnis von Sozialer Marktwirtschaft, das wesentlich auf der Teilnahme des Einzelnen am freien Wettbewerb fußte, als Voraussetzung für die Schaffung von Wohlstand. Das Schaffen von Wohlstand wiederum ist nach Ludwig Erhard verwirklichte Sozialpolitik.

Der diesem Gedanken zugrunde liegende Freiheitsbegriff fußte dabei nicht auf dem „Laissez-Faire-Prinzip" des Liberalismus, sondern auf dem Gedanken eines sozialen Liberalismus, in dem zum einen seine wirtschaftstheoretische Prägung von Franz Oppenheimer und zum anderen sein christliches Menschenbild zum Vorschein kommt.

Bezogen auf die gegenwärtige Sozialpolitik lassen sich jedoch Tendenzen ausmachen, die, wie gezeigt werden konnte, den Vorstellungen Ludwig Erhards sicherlich widersprechen; wenn an verhaltenslenkende Politikmaßnahmen, expansive Geldpolitik oder die staatliche Bezuschussung der Rentenversicherung gedacht wird.

Vor diesem Hintergrund und der Tatsache, dass der Sozialstaat heutiger Prägung zunehmend an seine finanziellen und personellen Grenzen kommt, erscheint es lohnenswert, sich auf die Gedanken Ludwig Erhards zu besinnen.

Literatur

Altmiks, P., & Christiaans, T. (2024). Ordnungs- und Prozesspolitik. In P. an de Meulen, T. Christiaans, C. B. Wilke, & M. Wohlmann (Hrsg.), *Volkswirtschaftslehre. Mikroökonomik – Wirtschaftspolitik – Makroökonomik* (S. 233–245). Springer Gabler.
Beck, H. (2014). *Behavioral Economics. Eine Einführung*. Springer-Gabler. Bundesregierung (Hrsg.) 2024. Mehr Chancen und mehr Respekt. Bürgergeld und Einmalzahlung. Berlin. https://

---

[73] Vgl. Stemler, 2024.
[74] Vgl. Pelikan, 2019, S. 52.

www.bundesregierung.de/breg-de/schwerpunkte/entlastung-fuer-deutschland/buerger-geld-2125010. Zugegriffen am 17.07.2024.

Bundesministerium der Finanzen. (Hrsg.). (2024). Leistungen an die Rentenversicherung. Berlin. https://www.bundeshaushalt.de/DE/Home/home.html. Zugegriffen am 17.07.2024.

Bundesregierung. (Hrsg.). (2024). Mehr Chancen und mehr Respekt. Bürgergeld und Einmalzahlung. Berlin. https://www.bundesregierung.de/breg-de/schwerpunkte/entlastung-fuer-deutschland/buergergeld-2125010. Zugegriffen am 17.07.2024.

Christiaans, T., & Wohlmann, M. (2024). Wirtschaft in der mittleren Frist. In P. an de Meulen, T. Christiaans, C. B. Wilke, & M. Wohlmann (Hrsg.), *Volkswirtschaftslehre. Mikroökonomik – Wirtschaftspolitik – Makroökonomik*. Wiesbaden (S. 535–569). Springer Gabler.

Deutscher Bundestag. (Hrsg.). (2017). Vor 60 Jahren: Bundestag beschließt die Rentenreform. Berlin. https://www.bundestag.de/dokumente/textarchiv/2017/kw03-kalenderblatt-rentenreform-488538. Zugegriffen am 17.07.2024.

Deutscher Bundestag. (Hrsg.). (2023). Vor 20 Jahren: Gerhard Schröders Agenda gegen den Reformstau. Berlin. https://www.bundestag.de/dokumente/textarchiv/2023/kw11-kalenderblatt-agenda2010-211202. Zugegriffen am 17.07.2024.

Enste, D., & Eyerund, T. (2014). Verhaltensökonomik und Sozialpolitik. *Sozialer Fortschritt – 2014 März, 63*(Heft 3), 1–5.

Erhard, L. (1964/1988). Franz Oppenheimer, dem Lehrer und Freund – Rede zu Oppenheimers 100. Geburtstag, gehalten in der Freien Universität Berlin. In K. Hohmann (Hrsg.), *Gedanken aus fünf Jahrzehnten, Reden und Schriften*. Econ.

Erhard, L. (1964/2024). *Wohlstand für alle* (4. Aufl.). Econ-Verlag.

Erker, P. (2001). *Dampflock, Daimler, Dax. Die deutsche Wirtschaft im 19. und 20 Jahrhundert*. Deutsche Verlagsanstalt (DVA).

Eucken, W. (1952/2004). *Grundsätze der Wirtschaftspolitik* (7. Aufl.). Mohr Siebeck.

Hinze, J., & Leschus, L. (2012). Expansive Geldpolitik der EZB zur Eurorettung – mit ungewissem Ende. In: ifo Schnelldienst 16/2012: 12–15.

Holtfort, T., & Wilke, B. (2024). Verhaltensökonomik. In P. an de Meulen, T. Christianas, C. B. Wilke, & M. Wohlmann (Hrsg.), *Volkswirtschaftslehre. Mikroökonomik – Wirtschaftspolitik – Makroökonomik*. Wiesbaden (S. 203–219). Springer Gabler.

ifo Institut. (Hrsg.). (2024). ifo Konjunkturprognose Frühjahr 2024: Deutsche Wirtschaft wie gelähmt. München. https://www.ifo.de/fakten/2024-03-06/ifo-konjunkturprognose-fruehjahr-2024-deutsche-wirtschaft-wie-gelaehmt. Zugegriffen am 17.07.2024.

Jesse, E. (2001). Die Parteien im westlichen Deutschland von 1945 bis zur deutschen Einheit 1990. In O. W. Gabriel, O. Niedermayer, & R. Stöss (Hrsg.), *Parteiendemokratie in Deutschland* (S. 59–83). Bundeszentrale für politische Bildung.

Konrad-Adenauer-Stiftung. (Hrsg.). (1997). Das Ahlener Programm der CDU der britischen Zone vom 3. Februar 1947, Bonn. https://www.kas.de/de/einzeltitel/-/content/das-ahlener-programm-der-cdu-der-britischen-zone-vom-3.-februar-1947. Zugegriffen am 13.07.2024.

Lenel, H. O. (2012). Walter Eucken (1891–1950). In J. Starbatty (Hrsg.), *Klassiker des ökonomischen Denkens* (S. 292–311). Nikol Verlagsgesellschaft.

von Mises, L. (1932/2016). *Die Gemeinwirtschaft. Untersuchung über den Sozialismus*. Unveränderter Nachdruck der 2., umgearbeiteten Auflage. Walter de Gruyter.

Müller, J. B. (1992). *Die politischen Ideenkreise der Gegenwart*. Duncker & Humblot.

Müller-Armack, A. (1947/1999). *Wirtschaftslenkung und Marktwirtschaft*. Verlag Wirtschaft und Finanzen.

Müller-Armack, A. (1956). Soziale Marktwirtschaft. In *Handwörterbuch der Sozialwissenschaften*. Vadenhoeck und Ruprecht.

Nass, E. (2024). Ludwig Erhards Ethik Sozialer Marktwirtschaft. Rekonstruktion einer noch vernachlässigten Perspektive. *Zeitschrift für bayerische Landesgeschichte 2022, 85* (Heft 3), 657–683.

Oppenheimer, F. (1929/1990). Der Staat. (3. überarb. Aufl.). Libertad Verlag.

Pelikan, R. (2019). Die Soziale Marktwirtschaft aus Sicht der evangelischen Sozialethik. In G. Mann (Hrsg.), *60 Jahre „Wohlstand für alle" Ludwig Erhard und die Soziale Marktwirtschaft*. (S. 39–58). MA-Akademieverlag.

Plickert, P. (2016). *Die VWL auf Sinnsuche. Ein Buch für zweifelnde Studenten und Professoren*. Frankfurter Allgemeine Buch.

Pöllmann, G. (2019). Theoretische Grundlagen der Soziale Marktwirtschaft. In G. Mann (Hrsg.), *60 Jahre „Wohlstand für alle" Ludwig Erhard und die Soziale Marktwirtschaft* (S. 19–38). MA-Akademieverlag.

Pöllmann, G. (2025). Das Konzept der sozial-ökologischen Marktwirtschaft. In G. Pöllmann, H. Bergbauer, & G. Mann (Hrsg.), *Klimapolitik und Wirtschaftswachstum*. Springer-Gabler. https://doi.org/10.1007/978-3-658-45715-0

Rhonheimer, M. (2020). Politik für den Menschen braucht weder „christlich" noch „sozial" zu sein. *Austrian Institute Paper 29*, 1–5.

Sozialdemokratische Partei Deutschlands. (Hrsg.). (1999). Der Weg nach vorne für Europas Sozialdemokraten. Ein Vorschlag von Gerhard Schröder und Tony Blair (London, 8. Juni 1999). Berlin.

Stemler, G. (2024). Altbundeskanzler Ludwig Erhard und sein christliches Selbstbild. In: Sonntagsblatt vom 8. Februar 2024. https://www.sonntagsblatt.de/artikel/glaube/altbundeskanzler-ludwig-erhard-und-sein-christliches-selbstbild. Zugegriffen am 19.07.2024.

Sturm, R. (1995). *Politische Wirtschaftslehre*. Leske und Budrich.

Weber, E. (2024). The Dovish Turnaround: Germany's social benefit reform and job findings. IAB-discussion paper 7/2024.

Werhahn, S. (2019). Konrad Adenauer und Ludwig Erhard: Von einer kongenialen Partnerschaft zu einem schwierigen Verhältnis. In G. Mann (Hrsg.), *60 Jahre „Wohlstand für alle" Ludwig Erhard und die Soziale Marktwirtschaft* (S. 9–18). MA-Akademieverlag.

Woods, T. E. (2012). *How the Catholic Church built Western civilization*. Regnery History.

Wünsche, H. F. (2015). *Ludwig Erhards Soziale Marktwirtschaft. Wissenschaftliche Grundlage und politische Fehldeutungen*. Lau Verlag.

Zehender, K. (2024). *Düsseldorfer Leitsätze über Wirtschaftspolitik, Landwirtschaftspolitik, Sozialpolitik, Wohnungsbau*. In: Konrad-Adenauer-Stiftung (Hrsg.) Dokumente zur Geschichte der CDU. Bonn. https://www.kas.de/de/web/geschichte-der-cdu/dokumente-zur-geschichte-der-cdu/-/content/1949-duesseldorfer-leitsaetze-cdu. Zugegriffen am 13.07.2024.

Prof. Dr. Guido Pöllmann ist seit 2012 hauptberuflich Lehrender an der FOM Hochschule in München. 2013 wurde er zum Professor berufen. Er studierte Politikwissenschaft, Volkswirtschaftslehre und Soziologie an der Ludwig-Maximilians-Universität München und promovierte an der Universität der Bundeswehr München. Nach seiner Promotion war er unter anderem regionaler Studienleiter in China am IIS-Standort der FOM Hochschule in Tai' an (Provinz Shandong) und hauptberuflich Lehrender am Hochschulzentrum München der Hessischen Berufsakademie (BA). Parallel zu seiner Tätigkeit als Professor war er von 2013 bis 2019 Studienleiter der FOM Open Business School in München und von 2019 bis 2021 Studienleiter für das Qualitätsmanagement am Hochschulzentrum München der FOM Hochschule.

Gleichheit und Gerechtigkeit in der Sozialen Marktwirtschaft

Ein Abgleich von subjektiven Einschätzungen und statistischen Verteilungskennziffern

Judith Niehues

Inhaltsverzeichnis

6.1	Subjektive Einschätzungen: Mehrheitlich kritischer Blick auf Gerechtigkeit und Verteilung	82
6.2	Einkommensverteilung: Weitestgehend stabile Entwicklung ab 2005	83
6.3	Armutsentwicklung: Einflussfaktoren und Wahl des Maßes entscheidend	88
6.4	Vermögensverteilung in Deutschland: Einfluss sozialstaatlicher Absicherung berücksichtigen	91
6.5	Pessimistische Wahrnehmungen als politische Herausforderung: Plädoyer für mehr Differenzierung	94
Literatur		97

Zusammenfassung

Umfragen zeigen, dass viele Menschen in Deutschland die Verteilung von Einkommen und Vermögen als zunehmend ungerecht empfinden. Entsprechende statistische Kennziffern ergeben ein weniger negatives Bild: Die Einkommensungleichheit bewegt sich seit 2005 auf einem weitestgehend stabilen Niveau, die gestiegene Armutsgefährdungsquote lässt sich vor dem Hintergrund einer veränderten Bevölkerungsstruktur einordnen. Die Ungleichheit der Vermögen weist seit der Finanzkrise eine leicht rückläufige Entwicklung auf, die beobachtete Höhe hängt auch mit dem Ausmaß sozialstaatlicher Absicherung zusammen. Hohe Erwartungshaltungen, teilweise widersprüchliche Umverteilungspräferenzen und Finanzierungsrestriktionen können Enttäuschungs-

J. Niehues (✉)
Institut der deutschen Wirtschaft, Köln, Deutschland
e-mail: niehues@iwkoeln.de

© Der/die Autor(en), exklusiv lizenziert an Springer Fachmedien Wiesbaden GmbH, ein Teil von Springer Nature 2025
P. Altmiks (Hrsg.), *Soziale Marktwirtschaft und Freiheit*, FOM-Edition, https://doi.org/10.1007/978-3-658-47372-3_6

potenziale begünstigen. Mehr Differenzierung bei der Einordnung von Verteilungsmaßen kann dazu beitragen, extrem negativen Gerechtigkeits- und Verteilungswahrnehmungen entgegenzuwirken, die der Entwicklung der entsprechenden Kennziffern nicht gerecht werden.

6.1 Subjektive Einschätzungen: Mehrheitlich kritischer Blick auf Gerechtigkeit und Verteilung

Das Modell der Sozialen Marktwirtschaft kennzeichnet sich dadurch, dass dem Staat nicht nur die Aufgabe zukommt, die Rahmenbedingungen für funktionsfähigen Wettbewerb zu schaffen, sondern ebenso, sozial unerwünschte Auswirkungen marktwirtschaftlicher Prozesse zu korrigieren. Neben gesamtwirtschaftlichen Zielen wie Wachstum, Preisstabilität und Beschäftigung zählt somit auch das Ausmaß sozialer Gerechtigkeit zu den Zielgrößen der Sozialen Marktwirtschaft. Eine als gerecht empfundene Einkommens- und Vermögensverteilung stellt dabei ein wesentliches Merkmal sozialer Gerechtigkeit dar. Ein hohes Gerechtigkeitsempfinden vermindert nicht nur soziale Spannungen und wirkt gesellschaftlich stabilisierend, sondern erhöht auch die Akzeptanz des Modells der Sozialen Marktwirtschaft.

Wenn zunächst geschaut wird, wie die Menschen subjektiv auf die Verwirklichung der sozialen Gerechtigkeit in Deutschland blicken, fällt das Urteil sehr kritisch aus. In der Allgemeinen Bevölkerungsumfrage der Sozialwissenschaften (ALLBUS) stimmte im Jahr 2021 eine deutliche Mehrheit von knapp 71 % „eher nicht" oder „überhaupt nicht" zu, dass die sozialen Unterschiede in Deutschland gerecht seien. Eine Umfrage zu den Gerechtigkeitsvorstellungen der Menschen in Deutschland des Instituts für Demoskopie Allensbach[1] kommt darüber hinaus zu dem Ergebnis, dass immer weniger Bürgerinnen und Bürger die soziale Gerechtigkeit verwirklicht sehen. Während 62 % der Befragten die Einschätzung teilen, dass „die soziale Gerechtigkeit bei uns in den letzten zehn Jahren […] abgenommen" habe, sehen nur zwölf Prozent einen positiven Trend, weitere 16 % gehen davon aus, dass sich an der Verwirklichung der sozialen Gerechtigkeit in den letzten Jahren wenig verändert hat. Die kritische Einschätzung wird über alle sozialen Schichten weitestgehend ähnlich geteilt, wobei sie bei Befragten mit hohem sozioökonomischen Status überdurchschnittlich kritisch ausfällt: Hier sind 65 % der Befragten überzeugt, dass es Rückschritte bei der Verwirklichung der sozialen Gerechtigkeit gab. Eine ähnlich kritische Einschätzung zeigt sich, wenn konkret nach der empfundenen Gerechtigkeit bezüglich der Einkommens- und Vermögensverteilung gefragt wird. In einer Umfrage im Auftrag des SPIEGEL gaben im Frühjahr 2020 drei von vier der rund 5.000 Befragten an, dass sie die Verteilung der Einkommen (und Vermögen) in Deutschland „eher nicht" oder „auf

---

[1] Vgl. IfD, 2021.

keinen Fall" für gerecht halten.[2] In einer Erhebung von infratest dimap für den ARD-DeutschlandTrend urteilten im August 2023 sogar 83 % der 1.310 zufällig ausgewählten Wahlberechtigten, der Wohlstand in Deutschland sei nicht gerecht verteilt.[3]

Die kritische Einschätzung bezüglich der sozialen Gerechtigkeit geht gleichsam mit dem Urteil einer, dass die hiesige Ungleichheit als zu hoch empfunden wird. Im International Social Survey Programme (ISSP) zur sozialen Ungleichheit stimmten in Deutschland im Jahr 2020 über 90 % der Befragten „voll und ganz" (50,5 %) oder „eher" (41,0 %) zu, dass die Einkommensunterschiede in Deutschland zu groß seien. Ähnlich wie bei der sozialen Gerechtigkeit sehen die meisten Menschen auch bei der Ungleichheit eine eher negative Entwicklung. In der bereits zitierten Spiegel-Umfrage gaben im Frühjahr 2020 etwas mehr als 72 % der Befragten an, die Ungleichheit der Einkommen in Deutschland habe in den letzten fünf Jahren „eindeutig" oder „eher" zugenommen.[4]

Auch wenn sich die Fragen bezüglich der Einschätzungen zur sozialen Gerechtigkeit oder Ungleichheit teilweise in Nuancen unterscheiden, ergibt sich zusammengefasst ein sehr eindeutiges Bild: Die meisten Menschen in Deutschland haben eine sehr kritische Empfindung bezüglich der Verwirklichung der sozialen Gerechtigkeit, ebenso empfindet eine große Mehrheit die hiesige Ungleichheit als zu hoch. Mehrheitliche Einigkeit herrscht unter den Befragten zudem bei dem Eindruck, dass die soziale Gerechtigkeit gegenüber früheren Jahren eher abgenommen habe und ebenso bei der Einschätzung, dass die Ungleichheit zugenommen habe.

Im vorliegenden Beitrag soll der kritische Blick der Bundesbürger auf Gerechtigkeit und Verteilung zunächst mit den entsprechenden statistischen Kennziffern kontrastiert werden. Nach einem Überblick über die Entwicklung und Einordnung der Einkommensungleichheit soll kurz auf die Armutsmessung und -entwicklung eingegangen und schließlich Kennziffern der Vermögensungleichheit eingeordnet werden. Der Überblick über die statistischen Kennziffern wird schließlich von Einschätzungen der Bundesbürger eingerahmt, welche Maßnahmen ihrer Ansicht nach die Gerechtigkeit erhöhen würden und welche Ableitungen sich daraus für die Verteilungsdebatte ergeben.

6.2 Einkommensverteilung: Weitestgehend stabile Entwicklung ab 2005

Bei Einordnungen der Einkommensungleichheit stehen zumeist die verfügbaren Nettoeinkommen der Bevölkerung im Vordergrund, da diese für die Konsummöglichkeiten der Haushalte und die Teilhabe am gesellschaftlichen Leben entscheidend sind. Die verfügbaren Einkommen umfassen Arbeitseinkommen aus unselbstständiger und selbstständiger Arbeit, Kapital- und Vermögenseinkommen sowie ebenso gesetzliche Renten, Pensionen

---

[2] Vgl. Diekmann, 2020.
[3] Vgl. infratest dimap, 2023.
[4] Vgl. Diekmann, 2020.

und soziale Transferzahlungen wie beispielsweise Leistungen der Grundsicherung, Arbeitslosengeld und Kindergeld. Die Zielgröße des Nettoeinkommens ergibt sich schließlich durch Abzug der Sozialversicherungsbeiträge, der Einkommensteuer und des Solidaritätszuschlags. Um die Einkommenssituation unterschiedlicher Haushaltstypen vergleichen zu können, werden typischerweise bedarfsgewichtete Einkommen herangezogen. Hierdurch wird berücksichtigt, dass Kinder weniger Geld brauchen als Erwachsene, und dass das Leben durch gemeinsames Wohnen und Wirtschaften günstiger wird. Deshalb wird das gesamte monatliche Haushaltsnettoeinkommen durch die bedarfsgewichtete Zahl der Haushaltsmitglieder geteilt. Gemäß der konventionell verwendeten modifizierten OECD-Äquivalenzskala erhält der erste Erwachsene den Faktor 1, jedes weitere Haushaltsmitglied über 14 Jahren den Faktor 0,5, Kinder unter 14 Jahren den Faktor 0,3. Ein Paar ohne Kinder muss demnach nur über das 1,5-Fache des Einkommens eines Singlehaushalts verfügen, um statistisch einen vergleichbaren Lebensstandard zu erreichen.

Statistische Kennziffern zur Ungleichheit der verfügbaren Einkommen werden in Deutschland typischerweise aus Haushaltsbefragungen abgeleitet. Zwar gibt es mit der faktisch anonymisierten Einkommensteuerstatistik (FAST) auch amtliche Einkommensdaten, aus diesen lässt sich jedoch kein Verteilungsbild für die Gesamtbevölkerung ableiten, da nur Informationen über Steuerpflichtige und deren zu versteuernden Einkommen enthalten sind. Rückschlüsse auf die Situation von Menschen mit sehr geringen Einkommen sind allein auf Basis der Steuerdaten nicht möglich. Abb. 6.1 stellt daher die Entwicklung der Ungleichheit der bedarfsgewichteten Nettoeinkommen auf Basis der drei typischerweise für Verteilungsbetrachtungen verwendeten Haushaltserhebungen dar. Als Ungleichheitsmaß wird auf den häufig verwendeten Gini-Koeffizienten zurückgegriffen, da dieser die Konzentration der Verteilung in einer einzigen Kennzahl ausdrückt. Der Gini-Koeffizient nimmt Werte von 0 (alle Bürgerinnen und Bürger beziehen das gleiche Einkommen) bis 1 (eine Bürgerin oder ein Bürger vereinnahmt das gesamte Einkommen, alle anderen erhalten nichts) an und somit gilt, je höher der Wert, desto höher die gemessene Ungleichheit. Die umfangreichen Fußnoten zur Abb. 6.1 veranschaulichen zunächst, dass die Interpretation der Ungleichheitsentwicklung in den letzten Jahren durch vielfältige Stichprobenveränderungen eingeschränkt wird, die im Kasten „Definitionen" näher erläutert werden.

Mit Blick auf die Entwicklung der Einkommensungleichheit seit der Wiedervereinigung sticht nach einem zunächst weitestgehend stabilen Verlauf ein merklicher Anstieg ab dem Ende der 1990er-Jahre hervor. Zwischen 1999 und 2005 erhöhte sich der Gini-Koeffizient von 0,25 auf einen Wert von 0,29. Im weiteren Verlauf bis 2019 geht aus dem SOEP demgegenüber keine statistisch signifikante Veränderung der Ungleichheit hervor. Die stabile Entwicklung wird durch die amtliche Sozialberichterstattung auf Basis des Mikrozensus bekräftigt, die für jeden Zeitpunkt zwischen 2005 und 2019 einen gerundeten Gini-Koeffizienten von 0,29 ausweist. Die Erhebung „Leben in Europa" (EU-SILC), welche eine Einordnung der Einkommensungleichheit ab 2008 erlaubt, zeigt eine etwas erratische Entwicklung der Verteilungskennziffern, deutet aber auf ein geringfügig höheres Ungleichheitsniveau ab dem Jahr 2012 hin.

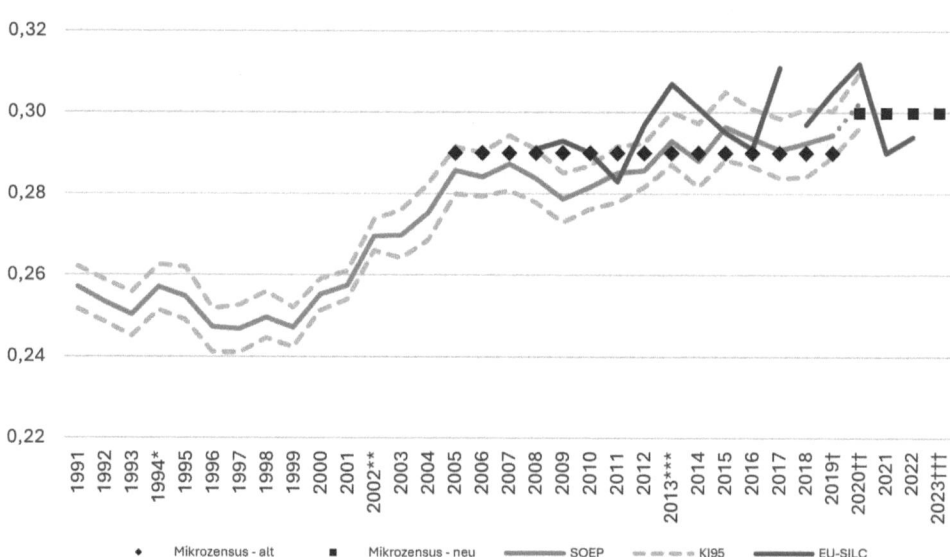

Abb. 6.1 Entwicklung der Einkommensungleichheit in Deutschland: Gini-Koeffizient der bedarfsgewichteten Nettoeinkommen. Anmerkungen zum SOEP: * Integration von Subsample D (Migration 1984–1994) und Änderung der Einkommensabfrage/-erfassung; ** Integration von Subsample G (Hocheinkommensstichprobe); *** Integration von Subsample M1 (Migration 1995–2011); †† Integration von Subsample P (Hochvermögendenstichprobe); †† Corona-Pandemie und Wechsel des Befragungsinstituts. Anmerkungen zum Mikrozensus: †† Zeitreihenbruch durch Erhebungsumstellung; ††† 2023: Ersterergebnisse. Anmerkungen zum EU-SILC: † Zeitreihenbruch EU-SILC durch Integration in den Mikrozensus. (Quellen: SOEP v38.1, eigene Berechnungen; Amtliche Sozialberichterstattung (Mikrozensus, gerundete Werte); Eurostat (EU-SILC))

Im Zuge der ab 2020 beginnenden Corona-Pandemie stellte sich schnell die Frage, welche Verteilungswirkungen mit den Auswirkungen der Krise einhergehen. Obwohl die restriktiven Lockdowns, die damit verbundenen hohen Kurzarbeiterzahlen und Einkommenseinbußen nun schon einige Jahre zurückliegen, lässt sich die Entwicklung der Einkommensverteilung durch die Pandemie aufgrund von methodischen Veränderungen in den verfügbaren Datensätzen nur schwer empirisch belastbar nachzeichnen. In Bezug auf die Zeitreihe des Mikrozensus bekräftigt beispielsweise bereits ein Blick auf die nominale Einkommensentwicklung, dass sich die Verteilungskennziffern nach der Erhebungsumstellung im Jahr 2020 nicht mit den Vorjahren vergleichen lassen.[5] Während das monatliche Medianeinkommen im Mikrozensus 2019 bei 1.790 € lag, erhöhte es sich in der neukonzipierten Erhebung 2020 auf 1.874 €. Wenngleich Einkommenseinbußen der privaten Haushalte infolge der Corona-Pandemie stark durch staatliche Maßnahmen abgefedert wurden, lässt sich ein (nominaler) Anstieg des Medianeinkommens in Höhe von knapp fünf Prozent kaum mit der Rekord-Kurzarbeit und dem substanziellen Rückgang des Bruttoinlandprodukts im Jahr 2020 in Einklang bringen. Im SOEP kam es im Zuge eines

---

[5] Vgl. Niehues, 2022.

Wechsels des Befragungsinstituts sowie durch coronabedingte Befragungseinschränkungen zu einem deutlichen Rückgang der Stichprobe. Mit 2.237 € lag das nominale Medianeinkommen im Einkommensjahr 2020 sogar um knapp sechs Prozent höher als im Jahr 2019. Dass die rekordhaften Einkommensanstiege im SOEP und Mikrozensus vermutlich vor allem methodisch bedingt sind, wird durch einen Blick auf das EU-SILC bekräftigt, wo der Zeitreihenbruch durch die Integration in den Mikrozensus maßgeblich die Einkommensentwicklung vor der Corona-Pandemie beeinflusst hat. Da hier wie im SOEP – und im Gegensatz zum Mikrozensus – die Einkommen des Vorjahres für Verteilungsbetrachtungen herangezogen werden, springen die Medianeinkommen zwar zwischen den Einkommensreferenzperioden 2018 und 2019 von 1.960 € auf 2.167 €. Nach dem ausgewiesenen Zeitreihenbruch zeigt sich dann zwischen 2019 und 2020 hingegen ein nominaler Rückgang des Medianeinkommens, der sich eher mit den wirtschaftlichen Einschränkungen im ersten Coronajahr in Einklang bringen lässt.

Methodische Erläuterungen zur Datenerhebung
Längerfristige Einordnungen der Einkommensungleichheit erlaubt einzig das **Sozio-oekonomische Panel (SOEP)**, welches im Rahmen einer Wiederholungsbefragung bereits seit 1984 umfassende Informationen über die Einkommens- und Lebenssituation der privaten Haushalte in Deutschland erhebt. Neben dem SOEP ermöglichen ebenso die Erhebung **„Leben in Europa" (EU-SILC)** sowie der **Mikrozensus** des Statistischen Bundesamtes einen Blick auf jährliche Indikatoren zur Ungleichheit der verfügbaren Einkommen in Deutschland. Das EU-SILC bietet durch europaweit harmonisierte Fragekonzepte den Vorteil, auch EU-Vergleiche abbilden zu können. Der Mikrozensus stellt mit einer Stichprobe von rund einem Prozent der Privathaushalte und einer gesetzlich verpflichtenden Teilnahme die größte Erhebung dar, die mit Blick auf Charakteristika wie Haushaltsgröße und regionale Verteilung für viele Erhebungen als Referenz herangezogen wird. Mit Blick auf die Einkommenserhebung hat der Mikrozensus jedoch den Nachteil, dass das Haushaltsnettoeinkommen in einer einzigen Frage und zudem klassiert erhoben wird, wodurch unregelmäßige Einkommen tendenziell untererfasst werden.

Mit Blick auf die verschiedenen Erhebungen gilt es zudem Veränderungen in den Stichproben sowie Erhebungsumstellungen zu beachten. Hervorzuheben sind hierbei die umfassende Neuaufstellung des Mikrozensus im Jahr 2020,[6] in dessen Folge die Zeitreihen des Mikrozensus ab dem Jahr 2020 separat ausgewiesen werden. Im Zuge der Neukonzeption wurde zudem die bislang separat durchgeführte Erhebung des EU-SILC ab dem Erhebungsjahr 2020 als Unterstichprobe in den Mikrozensus integriert. Da sich durch die Umstellung die Stichprobe des EU-SILC umfassend verändert hat, ist ein Vergleich der Daten der Erhebungsjahre ab 2020 (Einkommensreferenzjahr 2019) mit den Vorjahren nicht möglich.

Auch im SOEP haben Stichprobenveränderungen Einflüsse auf Verteilungsbetrachtungen, wenn beispielsweise spezielle Migrations-, Hocheinkommens- oder Hochvermögendenstichproben neu in die Erhebung integriert werden, um auch Bevölkerungsgruppen zu berücksichtigen, die in Befragungen typischerweise unterrepräsentiert sind. Im Zuge eines Wechsels des Befragungsinstituts und vor dem Hintergrund coronabedingter Befragungseinschränkungen kam es im Jahr 2021 zudem zu einem deutlichen Rückgang der Stichprobe. Da sich im SOEP (wie auch im EU-SILC) die Einkommen jeweils auf das Vorjahr der Erhebung beziehen, wird hierdurch ein Vergleich der Einkommen zwischen 2019 und 2020 erschwert. Zuletzt gilt es anzumerken, dass bei Verteilungsstatistiken

---
[6] Vgl. Hundenborn & Enderer, 2019.

auf Basis des SOEP – im Gegensatz zum Mikrozensus und den Verteilungsstatistiken auf Basis des EU-SILC – typischerweise auch die Nettomietvorteile aus selbstgenutztem Wohneigentum (*Imputed Rents*) als zusätzlicher Einkommensbestandteil beim verfügbaren Einkommen berücksichtigt werden.

Da gerade zu Beginn der Corona-Pandemie alle Datensätze von Zeitreihenbrüchen betroffen sind, lässt sich durch einen bloßen Blick auf die verfügbaren Verteilungskennziffern nicht schlussfolgern, wie sich die Einkommensungleichheit in Deutschland durch die Coronakrise verändert hat. Die ab 2020 zu beobachtenden Ungleichheitsniveaus mit Gini-Koeffizienten in Höhe von 0,30 deuten jedoch darauf hin, dass sich das Ungleichheitsgefüge in Deutschland zumindest nicht fundamental verschoben hat. Nach dem größeren Zeitreihenbruch weist der Mikrozensus für die Jahre 2020 bis 2023 wiederum auf ein stabiles Ungleichheitsniveau hin. Gemäß EU-SILC hat sich der Gini-Koeffizient von rund 0,31 in den Einkommensjahren 2019 und 2020 auf rund 0,29 in den Jahren 2021 und 2022 reduziert.

In der Zusammenschau lässt sich in Bezug auf die Entwicklung der Einkommensungleichheit festhalten, dass das heutige Niveau der Einkommensungleichheit in Deutschland – wie in vielen anderen Industrienationen auch – höher liegt als noch zu Beginn der 1990er-Jahre. Als Gründe für den Anstieg der Ungleichheit im Zeitraum um die Jahrtausendwende können unter anderem der damalige deutliche Anstieg der Arbeitslosigkeit, eine zunehmende Lohnspreizung und zudem die Flexibilisierung der Arbeitsverhältnisse ausgemacht werden.[7] Mit Blick auf den langen Zeitraum einer weitestgehend stabilen Einkommensungleichheit ab 2005 lässt sich zunächst feststellen, dass sich das Verteilungsgefüge in dieser Zeit positiver entwickelt hat, als von der Bevölkerung mehrheitlich wahrgenommen. Gleichzeitig lässt sich kritisch hinterfragen, warum die Ungleichheit im Zuge der positiven Wirtschafts- und Beschäftigungsentwicklung nach 2005 nicht wieder abgenommen hat. Eine mögliche Erklärung liegt darin, dass die Ungleichheitsentwicklung der verfügbaren Einkommen seit den 2010er-Jahren zunehmend weniger mit Ungleichheitsentwicklungen am Arbeitsmarkt einhergeht. Während die Lohnungleichheit zwischen dem Ende der 1990er-Jahre und 2005 – korrespondierend mit der Entwicklung der Ungleichheit der verfügbaren Einkommen – deutlich zugenommen hat, nimmt sie seit 2011 merklich ab und liegt nach den aktuell verfügbaren Datenpunkten des SOEP wieder auf einem Niveau wie zuletzt zu Beginn der 2000er-Jahre.[8] Die Entwicklung der Einkommensungleichheit wurde in der vergangenen Dekade zudem durch sozioökonomische Veränderungen wie beispielsweise die seit den 2010er-Jahren merklich steigende Migration nach Deutschland beeinflusst. So zeigt eine kontrafaktische Analyse im Rahmen eines Forschungsprojekts für den Sechsten Armuts- und Reichtumsbericht der Bundesregierung, dass der isolierte Effekt der steigenden Beschäftigung im Zeitraum 2005 und 2015 mit

---

[7] Vgl. OECD, 2011.
[8] Vgl. Grabka, 2024.

einem sinkenden Ungleichheitsniveau einherging, während der isolierte Migrationseffekt mit einem höheren Armuts- und Ungleichheitsniveau verbunden war.[9]

Mit einem Gini-Koeffizienten der verfügbaren Einkommen zwischen 0,29 und 0,30 liegt Deutschland im Vergleich zu anderen Industriestaaten im (guten) Mittelfeld. Insbesondere die USA (0,396 im Jahr 2022) oder auch das Vereinigte Königreich (0,354 im Jahr 2021) kennzeichnen sich gemäß der OECD Income Distribution Database durch merklich höhere Ungleichheitsniveaus. Demgegenüber liegen die Ungleichheitsniveaus insbesondere in den osteuropäischen Ländern Slowakei (0,217 im Jahr 2021), Tschechien (0,255 im Jahr 2021) und Slowenien (0,242 im Jahr 2021) erkennbar niedriger als in Deutschland. Auch in den skandinavischen Ländern liegen die Ungleichheitsniveaus weiterhin niedriger als in Deutschland. Ähnliche Kennziffern wie in Deutschland lassen sich beispielsweise in Frankreich beobachten (0,298 im Jahr 2021).

6.3 Armutsentwicklung: Einflussfaktoren und Wahl des Maßes entscheidend

Für die Beurteilung einer erfolgreichen Sozialpolitik ist es besonders bedeutend, inwiefern es gelingt, allen Menschen eine angemessene Teilhabe am gesellschaftlichen Leben zu ermöglichen und Armut zu vermeiden. Gerade in Deutschland wird der Verwirklichung der sogenannten Bedarfsgerechtigkeit große Bedeutung beigemessen.[10] Im European Social Survey (ESS) 2018 stimmten knapp 84 % der Deutschen zu, dass eine Gesellschaft dann gerecht ist, wenn sie sich um die Armen und Bedürftigen kümmert, unabhängig davon, was diese der Gesellschaft zurückgeben.[11] Armut wird in Deutschland zumeist anhand des Konzepts der relativen Einkommensarmut gemessen. Gemäß amtlicher Statistik gilt eine Person als armutsgefährdet, wenn sie über weniger als 60 % des Medians der bedarfsgewichteten Nettoeinkommen der Gesamtbevölkerung verfügt. Trotz der häufigen Verwendung des Maßes handelt es sich bei der Armutsgefährdungsquote keinesfalls um ein unumstrittenes Maß.[12] Zu den häufigen Kritikpunkten zählt beispielsweise, dass das eindimensionale Maß weitere Dimensionen wie Vermögen oder den jeweiligen Lebenskontext unberücksichtigt lässt und ebenso, dass allgemeine Wohlstandsveränderungen in der Quote unberücksichtigt bleiben. Da die Armutsgefährdungsquote somit vorrangig ein Indikator zur Messung der Einkommensverteilung im unteren Einkommensbereich ist, gibt es eine zunehmende Diskussion in der Verteilungsforschung, präziser von einer Niedrigeinkommensquote zu sprechen.[13]

---

[9] Vgl. Kleimann et al., 2020, S. 295.
[10] Vgl. Adriaans et al., 2019.
[11] Vgl. Hüther & Niehues, 2022.
[12] Vgl. Brenke, 2018.
[13] Vgl. Grabka et al., 2019.

Noch deutlicher als für die Verteilungssituation insgesamt lässt sich die Bedeutung der veränderten Bevölkerungsstruktur an der Entwicklung der Armutsgefährdungsquote veranschaulichen. Im Gegensatz zur Ungleichheit der verfügbaren Einkommen weist die Armutsgefährdungsquote ab 2005 einen gegenüber dem vorherigen Zeitraum zwar abgeschwächten, aber gleichwohl nahezu kontinuierlich steigenden Trend auf. Während die Armutsgefährdungsquote im Mikrozensus 2005 bei 14,7 % lag, erhöhte sie sich bis zum Jahr 2019 auf 15,9 % (Abb. 6.2). Nach der Neuaufstellung im Jahr 2020 ergab sich ein Wert von 16,2 %, 2023 lag die Quote bei 16,6 % (2023: Ersterergebnisse des Mikrozensus). Während die Armutsgefährdungsquote insgesamt im Jahr 2023 somit um knapp zwei Prozentpunkte oberhalb des Niveaus des Jahres 2005 liegt, haben sich die Armutsrisiken innerhalb der Teilgruppen mit und ohne Migrationshintergrund im gleichen Zeitraum nahezu nicht verändert: Im Jahr 2005 waren 11,6 % der Menschen ohne Migrationshintergrund armutsgefährdet, gegenüber 12,2 % im Jahr 2023 (11,7 % vor der Stichprobenumstellung des Mikrozensus im Jahr 2019). Die Armutsgefährdungsquote von Menschen mit Migrationshintergrund lag im Jahr 2005 bei 28,2 %, im Jahr 2023 bei 28,1 % (27,8 % im Jahr 2019). Das erhöhte Armutsrisiko geht somit nicht darauf zurück, dass sich die durchschnittlichen Armutsrisiken innerhalb der Teilgruppen verändert haben, sondern darauf, dass der Anteil der Teilgruppe mit erhöhtem Armutsrisiko gestiegen ist. Wenngleich sich dadurch der Befund einer erhöhten Armutsgefährdungsquote bzw. eines erhöhten Be-

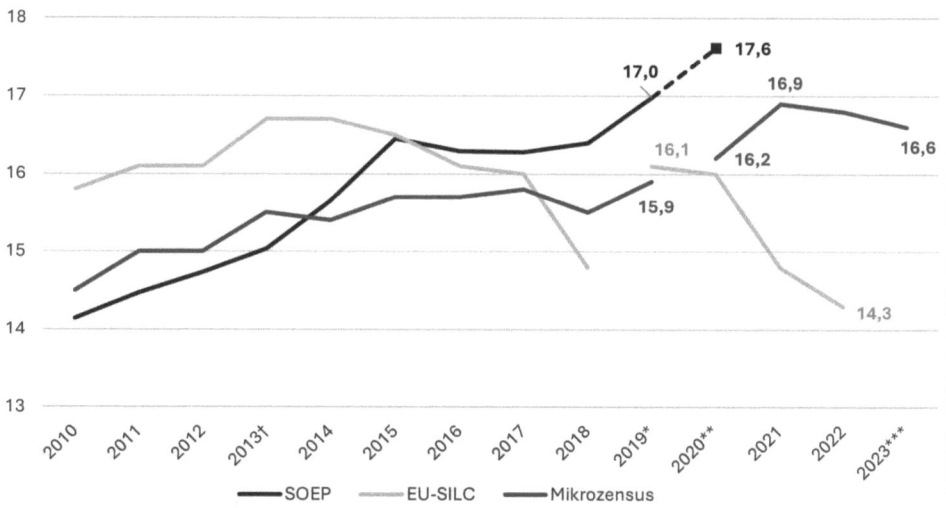

Abb. 6.2 Entwicklung der Armutsgefährdungs-/Niedrigeinkommensquote: Anteil der Personen mit weniger als 60 % des Median-Äquivalenznettoeinkommen. Anmerkungen: † Ergänzung Migrationsstichprobe im SOEP, * Zeitreihenbruch EU-SILC durch Umstellung Mikrozensus, ** Umstellung Erhebungsdesign Mikrozensus/Wechsel Befragungsinstitut SOEP; *** 2023: Ersterergebnisse. SOEP inkl. Imputed Rents, SOEP & EU-SILC: Jahreseinkommen, Mikrozensus: klassierte Haushaltsnettoeinkommen. (Quellen: SOEP v38.1, eigene Berechnungen; Eurostat (EU-SILC); Amtliche Sozialberichterstattung (Mikrozensus))

völkerungsanteils mit niedrigen Einkommen nicht verändert und damit einhergehende Handlungsbedarfe bestehen, weist die Differenzierung daraufhin, dass sich aus der beobachteten Entwicklung jedoch keine weniger solidarische Ausrichtung der Sozialpolitik ableiten lässt.

Da ein höherer Anteil in Armut lebender Menschen häufig mit einem Versagen der Sozialstaatspolitik in Zusammenhang gebracht wird, soll darüber hinaus diskutiert werden, ob ein (alleiniger) Blick auf die Armutsgefährdungsquote ausreicht, um Schlussfolgerungen bezüglich der Entwicklung von Armutslagen im Sinne steigender materieller Entbehrungen ziehen zu können. In diesem Zusammenhang wird häufig der Kritikpunkt diskutiert, dass Veränderungen des allgemeinen Wohlstands bei der Entwicklung der Armutsgefährdungsquote außen vor bleiben: Erhöhen sich die Einkommen aller Bürgerinnen und Bürger um den gleichen Prozentsatz, bleibt die Armutsgefährdungsquote unverändert. Auch in einer Situation, in der alle unteren Einkommen (real) steigen, sich Lebensstandard und Teilhabemöglichkeiten somit für alle Menschen verbessern, kann sich die Armutsgefährdungsquote weiterhin erhöhen, sofern das mittlere Einkommen in noch stärkerem Ausmaß steigt. Gehen umgekehrt in Krisenzeiten alle Einkommen (real) zurück, die Medianeinkommen jedoch stärker als die unteren Einkommen, dann können die Armutsrisiken gemäß Armutsgefährdungsquote sinken, obwohl die Teilhabemöglichkeiten der Menschen mit geringen Einkommen zurückgehen. Was nach einem theoretischen Gedankenspiel klingt, passt durchaus zur Entwicklung der Armutsgefährdungsquote in Deutschland in den vergangenen Jahren. Während der positiven Wirtschafts- und Beschäftigungsentwicklung der 2010er-Jahre nahm das Medianeinkommen real zu, entsprechend erhöhte sich auch der reale Schwellenwert der Armutsgefährdungsgrenze (Abb. 6.3). Im Zuge der Coronakrise und insbesondere vor dem Hintergrund der hohen Inflationsraten ab 2021 zeigen sich hingegen rückläufige reale Medianeinkommen, entsprechend liegt der Lebensstandard niedriger, der benötigt wird, um die Armutsgefährdungsschwelle zu überschreiten. Obwohl die Teilhabemöglichkeiten zurückgehen, würde ein alleiniger Blick auf das Maß der Armutsgefährdungsquote eine erfolgreiche sozialpolitische Entwicklung suggerieren, denn nach den Zeitreihenbrüchen weisen die relativen Armutsgefährdungsquoten in EU-SILC und Mikrozensus eine eher (leicht) rückläufige Entwicklung auf (Abb. 6.2). Demgegenüber zeigen Kennziffern zur materiellen Entbehrung im gleichen Zeitraum eine weitestgehend diametrale Entwicklung. Um das Ausmaß materieller und sozialer Entbehrungen zu messen, werden die Menschen gefragt, inwiefern sie sich wichtige Dinge des alltäglichen Lebens und der gesellschaftlichen Teilhabe aus finanziellen Gründen nicht leisten können. Während der Anteil der Menschen, der von (erheblicher) materieller Entbehrung betroffen war, in den 2010er-Jahren merklich zurückging,[14] nimmt der Anteil gemäß der ab 2020 neu definierten Kriterien der materiellen *und* sozialen Entbehrungen in den Krisenjahren bis 2023 nahezu kontinuierlich zu.[15]

---

[14] Vgl. BMAS, 2021, S. 47; Statistisches Bundesamt, 2024a.
[15] Vgl. Statistisches Bundesamt, 2024b.

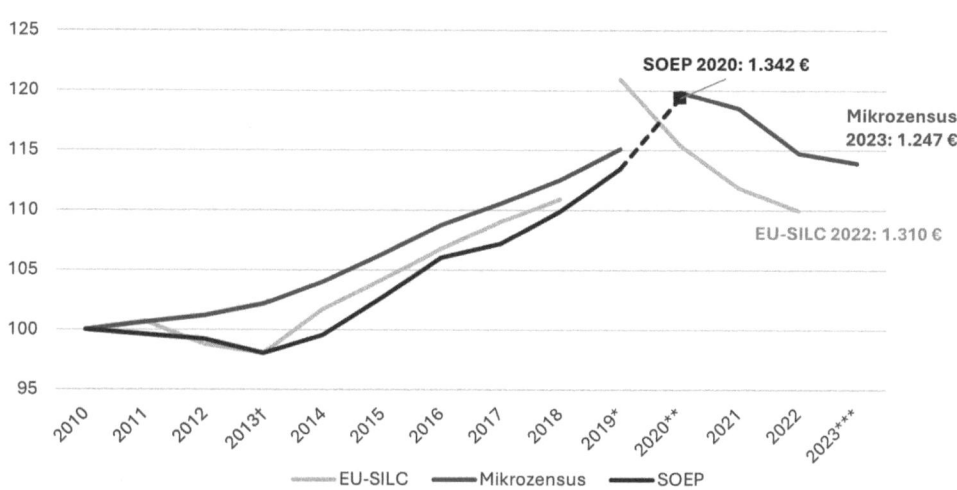

Abb. 6.3 Entwicklung der realen Niedrigeinkommensschwelle: Relative Veränderung, Index 2010 = 100. Anmerkungen: † Ergänzung Migrationsstichprobe im SOEP, * Zeitreihenbruch EU-SILC durch Umstellung Mikrozensus, ** Umstellung Erhebungsdesign Mikrozensus/Stichprobenrückgang SOEP; *** 2023: Ersterergebnisse. SOEP inkl. Imputed Rents, SOEP & EU-SILC: Jahreseinkommen, Mikrozensus: klassierte Haushaltsnettoeinkommen. (Quellen: SOEP v38.1, eigene Berechnungen; Eurostat (EU-SILC); Amtliche Sozialberichterstattung (Mikrozensus))

6.4 Vermögensverteilung in Deutschland: Einfluss sozialstaatlicher Absicherung berücksichtigen

Der Abgleich der statistischen Kennziffern mit den subjektiven Wahrnehmungen legt nahe, dass der lange Zeitraum einer weitestgehend stabilen Entwicklung der Einkommensverteilung in der Bevölkerung mehrheitlich nicht wahrgenommen wurde. Da Umfragen zur Ungleichheitswahrnehmung nahelegen, dass sich bei Einschätzungen zur Einkommens- und Vermögensverteilung kaum Unterschiede zeigen, stellt sich die Frage, ob der kritische Blick auf die Ungleichheit möglicherweise durch die Entwicklung der Vermögensverteilung geprägt ist. Gerade für den von niedrigen Zinsen und steigenden Aktien- und Immobilienpreisen geprägten Zeitraum der 2010er-Jahre herrschte die weitverbreitete Vermutung einer steigenden Vermögensungleichheit.

Ähnlich wie die Einkommensungleichheit wird auch die Höhe und Entwicklung der Vermögensungleichheit typischerweise auf Basis von Haushaltsbefragungsdaten gemessen. Die Vermögen umfassen dabei alle Immobilien, Finanz- und private Altersvorsorgevermögen sowie je nach Datensatz ebenso Betriebsvermögen. Wertgegenstände und Fahrzeuge werden in der Regel ebenso zum Bruttovermögen der Haushalte hinzugezählt. Nach Abzug etwaiger Hypotheken und Konsumentenkredite ergibt sich die interessierende Größe der privaten Nettovermögen. Anders als Fragen zu den Einkommen liegen Fragen zur Vermögensungleichheit allerdings nur im fünfjährigen Turnus (SOEP und Einkommens- und Verbrauchsstichprobe (EVS)) oder dreijährigen Turnus vor (Private Haushalte und ihre Finanzen (PHF) der Deutschen Bundesbank) Zudem gilt es zu beachten, dass Befragungen zur Vermögensungleichheit mit großen Unsicherheiten einhergehen, da vielen die Marktpreise oder Barwerte ihrer Immobilien, Wertpapiere und Altersvorsorgevermögen nicht bekannt sind oder sie diese falsch einschätzen. Zudem sind Personen mit sehr hohen Vermögen in den Daten unterrepräsentiert. Die Untererfassung der Vermögen zeigt sich beispielsweise darin, dass insbesondere bei Komponenten des Geldvermögens häufig nur 50 % oder weniger der jeweiligen Geldvermögen gemäß Referenzstatistik der Deutschen Bundesbank in den Befragungsdaten abgebildet sind.[16]

Um auch die statistisch gemessene Entwicklung der Vermögensungleichheit mit der Wahrnehmung steigender Ungleichheit zu kontrastieren, stellt Abb. 6.4 die Entwicklung der Gini-Koeffizienten der privaten Nettovermögen auf Basis der drei verfügbaren Datensätze mit Fragen zur Vermögensverteilung dar. Einzig die EVS erlaubt eine Einordnung der langfristigen Entwicklung der Vermögensungleichheit und dokumentiert eine steigende Ungleichheit der Nettovermögen zwischen dem Ende der 1990er-Jahre und 2008. Im SOEP werden erstmals im Jahr 2002 und dann im fünfjährigen Turnus Vermögensdaten erhoben. Analog zur Entwicklung gemäß EVS zeigt sich auch im SOEP zwischen 2002 und 2007 eine Erhöhung der Vermögensungleichheit. Seit der Finanzkrise hat sich

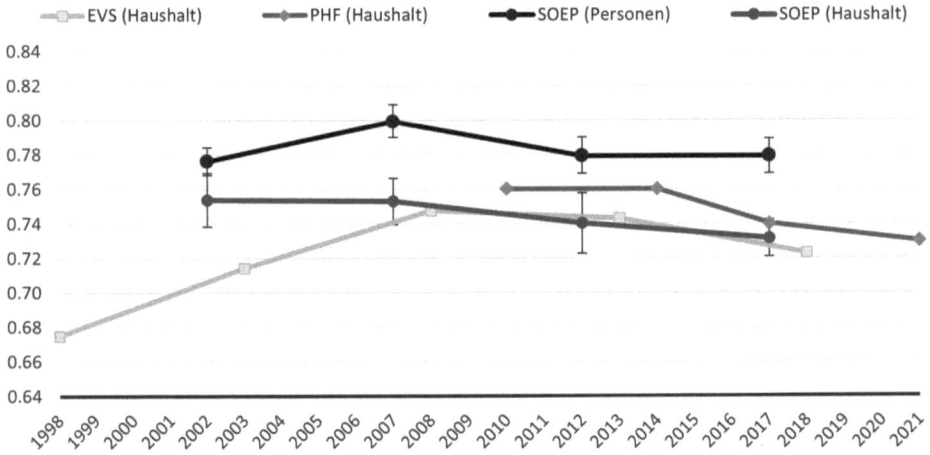

Abb. 6.4 Entwicklung der Ungleichheit der Nettovermögen: Gini-Koeffizient der Nettogesamtvermögen in Prozent. Anmerkungen: Im SOEP werden Personen ab 17 Jahren in Privathaushalten betrachtet (ohne Personen der Flüchtlingssamples M3 und M5), Hochrechnungsfaktoren mit erster Befragungswelle, 95 % Konfidenzintervalle (Standardfehler aus Bootstrapping: 200 Wiederholungen bei eigenen Berechnungen), 0,1 % Top-Coding. (Quellen: Grabka & Halbmeier, 2019 und eigene Berechnungen für SOEP (v34); Deutsche Bundesbank, 2023 für PHF; BMAS für EVS; eigene Darstellung)

---

[16] Vgl. Demary et al., 2021, S. 55.

die Vermögensungleichheit gemäß der verfügbaren Vermögensbefragungsdaten jedoch nicht weiter erhöht, sondern die Kennziffern zur Vermögensungleichheit kennzeichnen sich eher durch eine seitwärts bis leicht sinkende Bewegung.[17] Für den Zeitraum zwischen 2014 und 2021 weisen insbesondere die Haushaltsbefragungsdaten der Deutschen Bundesbank[18] auf einen leichten Rückgang der Vermögensungleichheit hin.

Trotz des robusten Bildes einer stabilen bis leicht sinkenden Vermögensungleichheit vermuten viele Menschen, dass die Vermögenskonzentration eher zunehme. Eine Erklärung für die abweichende Wahrnehmung kann darin liegen, dass in den letzten Jahren häufig über verschiedene Studien berichtet wurde, die jeweils zu dem Ergebnis kommen, dass die Vermögensungleichheit größer ausfalle, wenn unterrepräsentierte, sehr hohe Vermögen mit unterschiedlichen Methoden hinzugeschätzt werden. Hier gilt es jedoch einzuordnen, dass die Studien auch hier keine in der zeitlichen Entwicklung steigende Vermögenskonzentration ausweisen, sondern unterschiedliche Methoden der Hinzuschätzung eine ähnliche Bandbreite an Schätzergebnissen ergeben.[19]

Ein weiterer Grund kann darin liegen, dass weniger auf die Entwicklung der Vermögensungleichheit referiert wird, sondern darauf, dass das Niveau der Ungleichheit weiterhin sehr hoch ausfällt. Mit Gini-Koeffizienten, die je nach Datensatz und Hinzuschätzung über 0,7 liegen, fällt die Ungleichheit der Vermögensverteilung deutlich höher aus als die Ungleichheit der Einkommensverteilung. Anders als bei der Einordnung der Einkommensungleichheit zählt Deutschland mit diesem Ungleichheitswert zu den europäischen Ländern mit einer vergleichsweise hohen Vermögenskonzentration. Bei einer vergleichenden Bewertung des Ungleichheitsniveaus gilt es jedoch, weitere länderspezifische Faktoren zu berücksichtigen. Im Vergleich zu anderen europäischen Ländern verfügt Deutschland beispielsweise über eine stark ausgeprägte sozialstaatliche Absicherung. Wenn beispielsweise ein wesentlicher Teil der Alterssicherung über eine gesetzliche Rentenversicherung organisiert ist, dann gibt es weniger Anreiz, privat vorzusorgen. Der Einfluss verdeutlicht sich am Beispiel eines Vergleichs zwischen Selbstständigen und Arbeitnehmenden. Bei Selbstständigen fließen die Barwerte der privaten Altersvorsorge in die privaten Nettovermögen ein, die gesetzlichen Rentenansprüche der Arbeitnehmenden werden bei der Ungleichheit der Vermögensverteilung hingegen typischerweise nicht berücksichtigt. Werden die privaten Barwerte der Rentenansprüche einberechnet, reduziert sich die Ungleichverteilung der privaten Vermögen in Deutschland um rund 22 %.[20] Ähnliches gilt für die Absicherung von Risiken wie Arbeitslosigkeit und Krankheit, aber auch im Falle von Einkommensverlusten, wie sie beispielsweise durch die Corona-Pandemie entstanden sind. Wenn diese Risiken bereits stark durch staatliche Sicherungsleistungen abgedeckt werden, fällt auch hier der Anreiz und die Notwendigkeit für darüber hinausgehende private Rücklagen geringer aus als in Staaten mit weniger umfangreichen sozia-

---

[17] Vgl. Stockhausen & Niehues, 2019.
[18] Vgl. Deutsche Bundesbank, 2023.
[19] Vgl. Demary et al., 2021, S. 69 ff.
[20] Vgl. Stockhausen et al., 2021.

len Sicherungssystemen. Zur Finanzierung der staatlichen Sicherungsleistungen sind wiederum Abgaben und Steuern erforderlich, die die finanziellen Möglichkeiten privater Vorsorge im mittleren Einkommensbereich erschweren. Während Steuern, Renten und sonstige staatliche Transfers somit für eine wesentliche Reduktion der Ungleichheit der Einkommen sorgen, können sie gleichzeitig eine Erklärung dafür bieten, warum die Ungleichheit der privaten Vermögen in Deutschland vergleichsweise hoch ausfällt. In dieses Muster passen auch die skandinavischen Länder, die in Ländervergleichen häufig als egalitäre Vorbilder gelten: Eine umfassende wohlfahrtsstaatliche Absicherung und eine vergleichsweise geringe Einkommensungleichheit korrelieren auch hier mit einer vergleichsweise hohen Vermögenskonzentration. Insbesondere in Wohlfahrtsstaaten gehen daher Vermögens- und Einkommensungleichheiten keinesfalls Hand in Hand miteinander einher.[21] Würden beispielsweise die Beitragssätze zur gesetzlichen Rentenversicherung spürbar reduziert, hätte die Mittelschicht größere finanzielle Spielräume und gleichzeitig größere Notwendigkeit, stärker in private Vorsorge zu investieren. Die Medianvermögen der privaten Vermögensverteilung würden voraussichtlich steigen, die relativen Vermögensunterschiede sinken. Wird das freigewordene Geld jedoch nicht in gleichem Maße für das Alter zurückgelegt, droht vor allem das Einkommensarmutsrisiko im Alter zu steigen. Die Zielgrößen umfangreiche sozialstaatliche Absicherung und ein möglichst breit verteiltes privates Vermögen können somit durchaus im Zielkonflikt stehen.

6.5 Pessimistische Wahrnehmungen als politische Herausforderung: Plädoyer für mehr Differenzierung

In unterschiedlichen Nuancierungen bringen Umfragen immer wieder hervor, dass die Menschen in Deutschland die Verwirklichung sozialer Gerechtigkeit sehr kritisch sehen. Sie empfinden Einkommen und Vermögen als ungerecht verteilt und viele haben das Gefühl, Einkommensungleichheit und Vermögenskonzentration folgen einem kontinuierlich steigenden Trend. Gegenüber der weitestgehend pessimistischen Wahrnehmung offenbaren statistische Indikatoren der Einkommens-, Armuts- und Vermögensverteilung ein differenziertes und merklich weniger negatives Bild. Kennziffern der Einkommensungleichheit bewegen sich nach einem vorherigen Anstieg seit mittlerweile 2005 weitestgehend auf einem ähnlichen Niveau. Demgegenüber kennzeichnet sich die Armutsgefährdungsquote – oder präziser Niedrigeinkommensquote – seit 2005 zwar durch einen abgeschwächten, aber weiterhin leicht ansteigenden Trend. Da diese Entwicklung jedoch wesentlich mit der in den vergangenen Jahren gestiegenen (Flucht-)Migration zusammenhängt, sollte dies nicht zu einer vorschnellen Interpretation verleiten, dass die Soziale Marktwirtschaft in den vergangenen Jahren weniger solidarisch geworden sei. Der Rückgang finanzieller Sorgen, die gestiegene Lebenszufriedenheit und größere Teilhabe-

---

[21] Vgl. Niehues, 2018.

möglichkeiten in den 2010er-Jahren – auch unter Menschen mit geringen Einkommen[22] – zeigen darüber hinaus, dass die Beteiligung an der positiven Beschäftigungs- und Wirtschaftsentwicklung vor der Coronakrise durchaus breit verteilt war. In der anschließenden Zeit mit hohen Inflationsraten und sinkenden realen Medianeinkommen weist die Armutsgefährdungsquote hingegen eine leicht rückläufige Entwicklung auf – obwohl materielle und soziale Entbehrungen merklich angestiegen sind. Dass materielle Deprivation und Armutsgefährdungsquote in gegensätzliche Richtungen zeigen, bestärkt eine notwendige kritische Auseinandersetzung, inwiefern ein alleiniger Blick auf die Armutsgefährdungsquote geeignet ist, um Armutsentwicklungen sachgemäß nachzuzeichnen.

In den letzten Jahren ist insbesondere auch die Höhe und Entwicklung der Vermögensungleichheit in den Fokus von Verteilungsdiskussionen gerückt. Entgegen der weitverbreiteten Vermutung hat sich die Vermögenskonzentration gemäß der vorliegenden Kennziffern in den vergangenen Jahren nicht erhöht, sondern kennzeichnete sich nach der Finanz- und Wirtschaftskrise eher durch eine leicht rückläufige Entwicklung. Kritiker verweisen jedoch häufig auf das im internationalen Vergleich (weiterhin) eher hohe Niveau an Vermögensungleichheit und stellen diesen Befund mitunter in Zusammenhang mit dem beobachteten Erstarken des (Rechts-)Populismus in Deutschland. Wenngleich ein Zusammenhang zwischen der Höhe finanzieller Rücklagen und Wahlverhalten auf individueller Ebene naheliegend ist, lässt sich dieser im Ländervergleich nicht beobachten: Auch in Ländern mit geringen (Vermögens-)Ungleichheiten sind (rechts-)populistische Parteien erfolgreich, sowie es genauso eine Reihe an Ländern mit hoher Vermögensungleichheit gibt, in denen populistische Parteien vergleichsweise wenig verfangen.[23] Hinzukommt, dass das Ausmaß sozialstaatlicher Absicherung und möglichst gleich verteilte private Vermögen durchaus im Zielkonflikt stehen können: Durch geringere Abgaben in der Mittelschicht könnte sich ein größerer finanzieller Spielraum für privaten Vermögensaufbau ergeben, der wiederum eine geringere Vermögensungleichheit begünstigen würde. Aus dieser Überlegung lässt sich gleichwohl nicht ableiten, dass (Vermögens-)Ungleichheiten keinen Einfluss auf das Wahlverhalten an den politischen Rändern haben können. Um diesem nachzugehen, wäre es jedoch wünschenswert, bei Maßen der Vermögensungleichheit stärker zwischen problematischen Einflüssen (beispielsweise politische Einflussnahme und fehlende Chancengerechtigkeit) und weniger problematischen Einflüssen (Alters- und Lebenszykluseffekte sowie Auswirkungen sozialstaatlicher Absicherung) zu differenzieren.

Der mehrheitlich kritische Blick auf Ungleichheiten und Gerechtigkeitsverwirklichung spiegelt sich auch in den politischen Präferenzen der Deutschen wider: Gemäß des ISSP zur Sozialen Ungleichheit weisen im Jahr 2020 über 70 % der Bürgerinnen und Bürger dem Staat explizit die Verantwortung zu, „die Einkommensunterschiede zwischen den Leuten mit hohen Einkommen und solchen mit niedrigem Einkommen zu verringern". Das typischerweise als Umverteilungspräferenz interpretierte Antwortmuster fällt damit

---

[22] Vgl. Niehues & Stockhausen, 2022.
[23] Vgl. Diermeier & Niehues, 2024.

im Jahr 2020 noch einmal deutlich ausgeprägter aus als in den vorherigen ISSP-Ungleichheitserhebungen in Deutschland in den Jahren 2010 (62,9 %) und 2000 (57,1 %). Gleichzeitig offenbaren Fragen zu konkreten Politiken jedoch, dass Maßnahmen, die zielgerichtet auf Menschen mit geringen Einkommen ausgerichtet sind, auf eher geringe Zustimmung in der Bevölkerung stoßen, während vor allem Maßnahmen mehrheitlich bevorzugt werden, von denen auch die (obere) Mitte der Gesellschaft profitiert. Vielen ist zudem wichtig, dass sich beispielsweise die Leistungshöhe der Arbeitslosen- und Rentenversicherung explizit an der vorherigen Beitragsleistung ausrichten solle.[24] Hierzu passt wiederum, dass sich die Menschen hierzulande durch eine starke und vergleichsweise hohe Präferenz für das Prinzip der Leistungsgerechtigkeit kennzeichnen.[25] Auswertungen auf Basis des ESS 2018 zeigen, dass 86 % der Deutschen zustimmen, dass eine Gesellschaft gerecht sei, wenn hart arbeitende Menschen mehr verdienen als andere – gegenüber 81 % im Durchschnitt aller betrachten europäischen Länder.[26] Demgegenüber stimmen mit rund 40 % deutlich weniger Bürgerinnen und Bürger in Deutschland zu, dass eine Gesellschaft dann gerecht sei, wenn Einkommen und Vermögen gleichmäßig auf alle Menschen verteilt seien (Durchschnitt: 50 %).

Auf abstrakter Ebene wird somit zwar immer wieder ein mehrheitlicher Wunsch nach einem Einhegen der Ungleichheit ausgedrückt, würden jedoch die Präferenzen bezüglich konkreter Politikmaßnahmen umgesetzt, wäre keineswegs zwingend ein Rückgang der Ungleichheit zu erwarten. Zudem herrscht in der Bevölkerung nur eine sehr begrenzte und vor allem selektive Bereitschaft, zur Finanzierung möglicher zusätzlicher Sozialausgaben beizutragen.[27] Insbesondere vor dem Hintergrund der zunehmend begrenzten Haushaltsspielräume bergen die teilweise widersprüchlichen Präferenzen und Erwartungshaltungen an den Sozialstaat Enttäuschungspotenziale, die ein (weiteres) Entfremden von politischen Institutionen begünstigen können. Schätzungen zeigen darüber hinaus, dass gerade Bürgerinnen und Bürger mit sehr pessimistisch verzerrten Einschätzungen der Gesellschafts- und Verteilungssituation häufiger politischen Institutionen misstrauen sowie populistisch oder gar nicht wählen.[28] Gerade in dieser Gemengelage erscheint eine differenzierte Betrachtung von Verteilungsmaßen und -befunden bedeutend, die zwar auf der einen Seite gesellschaftliche Missstände klar benennt, auf der anderen Seite aber nicht dazu beiträgt, eine derart negative Verteilungs- und Gerechtigkeitswahrnehmung zu verfestigen, die der tatsächlichen Entwicklung der entsprechenden Kennziffern nicht gerecht wird.

---

[24] Vgl. Niehues, 2024.
[25] Vgl. Adriaans et al., 2019.
[26] Vgl. Hüther & Niehues, 2022.
[27] Vgl. Heinrich et al., 2016.
[28] Vgl. Niehues et al., 2021.

Literatur

Adriaans, J., Eisnecker, P., & Liebig, S. (2019). Gerechtigkeit im europäischen Vergleich: Verteilung nach Bedarf und Leistung in Deutschland besonders befürwortet. *DIW Wochenbericht, 86*(45), 817–825.

BMAS – Bundesministerium für Arbeit und Soziales. (2021). *Lebenslagen in Deutschland. Der Sechste Armuts- und Reichtumsbericht der Bundesregierung.* Berlin.

Brenke, K. (2018). Armut: vom Elend eines Begriffs. *Wirtschaftsdienst, 98*(4), 260–266.

Demary, M., Hentze, T., Kauder, B., & Niehues, J. (2021). Die Rolle der Betriebsvermögen in der Vermögensverteilung, in: Gutachten im Auftrag der Stiftung Familienunternehmen (Hrsg.), München.

Deutsche Bundesbank. (2023). Vermögen und Finanzen privater Haushalte in Deutschland: Ergebnisse der Vermögensbefragung 2021. *Monatsbericht April 2023, 75*(4), 25–58.

Diekmann, F. (2020). Bürger empfinden Deutschland als extrem ungerecht, Der SPIEGEL, 05.03.2020, Website Der Spiegel, [online] https://www.spiegel.de/wirtschaft/soziales/buerger-empfinden-deutschland-als-extrem-ungerecht-a-bed86bc6-aecc-4b00-b0a5-a1519ebfc111. Zugegriffen am 27.08.2024.

Diermeier, M., & Niehues, J. (2024). Ökonomische Ungleichheit und das Erstarken des rechten Randes – die empirische Suche nach einem Zusammenhang. *Wirtschaftsdienst, 104*(7), 448–452.

Grabka, M. (2024). Niedriglohnsektor schrumpft seit 2017. *DIW-Wochenbericht, 91*(5), 68–76.

Grabka, M. M., & Halbmeier, C. (2019). Vermögensungleichheit in Deutschland bleibt trotz deutlich steigender Nettovermögen anhaltend hoch. *DIW Wochenbericht, 86*(40), 735–745.

Grabka, M., Goebel, J., & Liebig, S. (2019). Wiederanstieg der Einkommensungleichheit – aber auch deutlich steigende Realeinkommen. *DIW Wochenbericht, 86*(19), 344–353.

Heinrich, R., Jochem, S., & Siegel, N. A. (2016). *Die Zukunft des Wohlfahrtsstaates – Einstellungen zur Reformpolitik in Deutschland.* Friedrich-Ebert-Stiftung.

Hundenborn, J., & Enderer, J. (2019). Die Neuregelung des Mikrozensus ab 2020. *WISTA – Wirtschaft und Statistik, 6*, 9–18.

Hüther, M., & Niehues, J. (2022). Perception and Reality: Inequality and Unemployment in Germany. *Journal of Contextual Economics – Schmollers Jahrbuch, 141*, 25–45.

infratest dimap. (2023). ARD-DeutschlandTrend September 2023. Website infratest dimap. https://www.infratest-dimap.de/fileadmin/user_upload/DT2309_Report.pdf. Zugegriffen am 27.08.2024.

Institut für Demoskopie Allensbach (IfD). (2021). Gerechtigkeitsvorstellungen der Bürger und Erwartungen an den Sozialstaat, Website SSOAR. https://nbn-resolving.org/urn:nbn:de:0168-ssoar-74994-2. Zugegriffen am 27.08.2024.

Kleimann, R., Biewen, M., Sturm, M., Peichl, A., Späth, J., Laub, N., Endl-Geyer, V., Fabel, M., Hufe, P., Immel, L., Neumeier, F., Rainer, H., Stöckli, M., & Weishaar, D. (2020). Analyse der Einkommens- und Vermögensverteilung in Deutschland, in: BMAS (Hrsg.), *Begleitforschung zum Sechsten Armuts- und Reichtumsbericht der Bundesregierung*, Berlin 2020.

Niehues, J. (2018). Die Einkommens- und Vermögensungleichheit Deutschlands im internationalen Vergleich. *IW-Kurzbericht* Nr. 29, Köln.

Niehues, J. (2022). Armut in Deutschland – Einfluss der Coronapandemie noch nicht ablesbar. *Wirtschaftsdienst, 102*(3), 181–184.

Niehues, J. (2024). Verteilungs- und Sozialpolitik: Ist mehr besser? Sinkendes Gerechtigkeitsempfinden in Zeiten wachsender Sozialausgaben. In K. Bergmann & M. Diermeier (Hrsg.), *Transformationspolitik. Anspruch und Wirklichkeit der Ampel-Koalition* (S. 289–298). transcript Verlag.

Niehues, J., & Stockhausen, M. (2022). Die Mittelschicht im Fokus – Abgrenzung, Entwicklung und Mobilität. *IW-Trends, 49*(2), 27–53.

Niehues, J., Schüler, R. M., & Tissen, J. (2021). Ein Katalysator für Unzufriedenheit? Selektiver Medienkonsum und sozioökonomisches Unwissen. *IW-Trends, 48*(2), 23–44.

OECD. (2011). *Divided we stand: Why inequality keeps rising*, Paris.

Statistisches Bundesamt. (2024a). Kriterien der materiellen Entbehrung der privaten Haushalte in Deutschland. 2009 bis 2019. https://www.destatis.de/DE/Themen/Gesellschaft-Umwelt/Einkommen-Konsum-Lebensbedingungen/Lebensbedingungen-Armutsgefaehrdung/Tabellen/materielle-entbehrung-silc.html. Zugegriffen am 04.09.2024.

Statistisches Bundesamt. (2024b). Kriterien der materiellen und sozialen Entbehrung der privaten Haushalte. 2020 bis 2023. https://www.destatis.de/DE/Themen/Gesellschaft-Umwelt/Einkommen-Konsum-Lebensbedingungen/Lebensbedingungen-Armutsgefaehrdung/Tabellen/materielle-und-soziale-entbehrung-mz-silc.html. Zugegriffen am 04.09.2024.

Stockhausen, M., & Niehues, J. (2019). Vermögensverteilung – Bemerkenswerte Stabilität, *IW-Kurzbericht* Nr. 81, Köln.

Stockhausen, M., Pimpertz, J., & Niehues, J. (2021). Gerechtes Deutschland – Die Rolle der Vermögen, in: Vereinigung der Bayerischen Wirtschaft e. V. (Hrsg.), München.

Dr. Judith Niehues arbeitet seit 2011 am Institut der deutschen Wirtschaft in Köln, wo sie die Forschungsgruppe Mikrodaten leitet. Sie studierte von 2002 bis 2007 Volkswirtschaftslehre an der Universität zu Köln und der San Diego State University, USA. Im Anschluss absolvierte sie ein Promotionsstudium im interdisziplinären Graduiertenkolleg SOCLIFE an der Universität zu Köln und war Research Affiliate am Institut zur Zukunft der Arbeit, Bonn (IZA). Ihre Forschungsschwerpunkte liegen in den Bereichen der Einkommens- und Vermögensverteilung, subjektiven Gerechtigkeitswahrnehmungen sowie Mikrosimulationsrechnungen.

Marsch in den „totalen Versorgungsstaat" 7

Thomas Mayer

Inhaltsverzeichnis

7.1	Einführung	100
7.2	Das Soziale und die Markwirtschaft	100
7.3	Die Produktivitätsmalaise	102
7.4	Die Rente in der alternden Gesellschaft	104
	7.4.1 Magere Rente, üppige Pension	106
	7.4.2 Rentenpaket II zu Lasten der Erwerbstätigen	107
7.5	Immigration in den Sozialstaat	108
	7.5.1 Einwanderungsland Deutschland	109
	7.5.2 Der deutsche Magnet	110
	7.5.3 Folgen der Einwanderung in den Sozialstaat	111
	7.5.4 Der nächste Holzweg	113
	7.5.5 Die Folgen der Überforderung	114
7.6	Fazit	115
Literatur		116

Zusammenfassung

In diesem Beitrag sollen die historischen Hintergründe für die Entwicklung des Sozialstaats, seine schwindende finanzielle Grundlage und die durch die Alterung der Bevölkerung und weitgehend unkontrollierte Immigration entstehenden Herausforderungen diskutiert werden. Das Fazit lautet: Der Sozialstaat ist auf dem Weg, unbezahlbar zu werden.

T. Mayer (✉)
Flossbach von Storch Research Institute, Köln, Deutschland
e-mail: thomas.mayer@fvsag.com

7.1 Einführung

Die Summe aller Sozialleistungen ist von 18,3 % des BIP in der alten Bundesrepublik im Jahre 1960 auf 30,5 % im Jahr 2022 angeschwollen.[1] Durch Einwanderung und den weiteren sozialen Ausbau dürfte die Sozialleistungsquote aktuell noch höher liegen. Rund 34 % der Sozialleistungen werden durch Zuschüsse aus dem Staatshaushalt, der Rest von den Arbeitgebern und -nehmern finanziert. Die Beiträge beider zusammen sind von 26,5 % des Bruttoarbeitseinkommens im Jahr 1970 auf 40,9 % im Jahr 2024 gewachsen. Mit dem von der ehemaligen Bundesregierung ursprünglich geplanten Rentenpaket II sowie den wachsenden Kosten für die Kranken- und Pflegeversicherungen werden die Beitragssätze weiter steigen. Gleichzeitig sinkt die Produktivität der Erwerbstätigen und damit ihre Fähigkeit, die steigenden Kosten des Sozialstaats zu stemmen.

7.2 Das Soziale und die Markwirtschaft

„Erhard gilt als Vater der Sozialen Marktwirtschaft", heißt es in der Ahnengalerie auf der offiziellen Website des deutschen Bundeskanzlers.[2] Dort sieht man ein Schwarz-Weiß-Foto von Ludwig Erhard, auf dem er sichtlich befriedigt in seinem Buch „Wohlstand für Alle"[3] blättert, in der rechten Hand einen Schreibstift und in der linken die unvermeidliche Zigarre. Die Zuschreibung der Vaterschaft für die Soziale Marktwirtschaft bezieht sich auf sein Wirken als Wirtschaftsminister in den Jahren 1949 bis 1963, die auch als die Zeit des Wirtschaftswunders gilt. Manche sehen in der „Sozialen Marktwirtschaft" eine Art „dritten Weg" zwischen Kapitalismus und Sozialismus. Daran knüpft auch die politisch links stehende Politikerin und ehemalige Marxistin Sahra Wagenknecht an. In ihrem Buch „Freiheit statt Kapitalismus"[4] fordert sie die Weiterentwicklung der Sozialen Marktwirtschaft für die heutigen Verhältnisse und sagt: „Man muss zu Ende denken, was im Ordoliberalismus angelegt ist."[5]

Dass Ludwig Erhard der Vater der Sozialen Marktwirtschaft sei und die Fortschreibung des Ordoliberalismus in den demokratischen Sozialismus führe, ist jedoch eine Irreführung. Tatsächlich wurde der Begriff von Alfred Müller-Armack, dem Leiter der Grundsatzabteilung in Erhards Wirtschaftsministerium, geprägt. Und Erhard, der den Begriff

---

[1] Mit dem Sozialbudget liefert das Bundesministerium für Arbeit und Soziales jährlich einen umfassenden Überblick über Umfang, Struktur und Entwicklung der Einnahmen und Ausgaben der einzelnen Zweige der sozialen Sicherung in Deutschland. Das Sozialbudget erscheint in der Regel jährlich im Juli/August. Die erwähnten Daten stammen aus dem Bericht vom 4. April 2024 (vgl. Bundesministerium für Arbeit und Soziales, 2024).

[2] Vgl. Der Bundeskanzler, o.J.

[3] Erhard, 2009.

[4] Wagenknecht, 2011a.

[5] Vgl. Wagenknecht, 2011b.

erst später verwendete, verstand darunter alles andere als einen „dritten Weg" zwischen Kapitalismus und Sozialismus.⁶ Wettbewerb war für ihn der Weg zum Wohlstand. Und zu einer freiheitlichen Wirtschaftspolitik gehörte bei ihm eine „gleichermaßen freiheitliche Sozialpolitik".⁷

Mit dem wuchernden Sozialstaat ging Erhard streng zu Gericht. Das zwölfte Kapitel seines Buches trägt die Überschrift „Versorgungsstaat – der moderne Wahn".⁸ Dort warnt er davor, dem Einzelnen die Selbstvorsorge und Eigenverantwortung durch staatliche Versicherung abzunehmen. „Wirtschaftliche Freiheit und totaler Versicherungsstaat vertragen sich denn auch wie Feuer und Wasser."⁹ Die wachsende Sozialisierung der Einkommensverwendung, die um sich greifende Kollektivierung der Lebensplanung, die weitgehende Entmündigung des Einzelnen und die zunehmende Abhängigkeit vom Kollektiv oder Staat führe schlussendlich zum „sozialen Untertan". Der könne sich zwar über die bevormundende Garantie seiner materiellen Sicherheit durch einen allmächtigen Staat freuen, erlebe aber in gleicher Weise auch die Lähmung des wirtschaftlichen Fortschritts in Freiheit. „Die Blindheit und intellektuelle Fahrlässigkeit, mit der wir dem Versorgungs- und Wohlfahrtsstaat zusteuern, kann nur zu unserem Unheil ausschlagen", warnt Erhard.¹⁰

„Was solls?", könnte man darauf antworten. Die Warnung wurde 1957 ausgesprochen, und beinahe sechs Jahrzehnte später geht es uns besser als damals. Wer so denkt, übersieht jedoch, dass Wucherungen des Sozialstaats während dieser Zeit immer wieder (zumindest teilweise) zurückgeschnitten wurden, wenn sie das Wirtschaftswachstum zu ersticken drohten. Berühmt dafür wurden das „Lambsdorff-Papier" aus dem Jahr 1982 und die „Agenda 2010" aus dem Jahr 2002.

Bundeskanzler Helmut Schmidt war gegenüber den politisch linken wirtschafts- und sozialpolitischen Konzepten seiner sozialdemokratischen Partei skeptisch. Aber er wollte die innerparteilichen Differenzen überdecken und forderte seinen liberalen Wirtschaftsminister Otto Graf Lambsdorff auf, die Kritik an diesen Konzepten in einem Papier zusammenzufassen. Da Lambsdorff von seinem Staatssekretär Otto Schlecht und dem Leiter der Abteilung Wirtschaftspolitik Hans Tietmeyer schon seit Längerem ein Konzept für eine tiefgreifende Wende in der Wirtschaftspolitik hatte erarbeiten lassen, war das Papier schon nach wenigen Tagen fertig.

Lambsdorffs Konzept sah die Konsolidierung des Haushalts, Schaffung von Anreizen zu arbeitsplatzfördernden Investitionen, die Eindämmung der steigenden Sozialstaatskosten und die Deregulierung der Wirtschaft vor. Da diese Absichten nicht mit den Vorstellungen der SPD zu vereinbaren waren, kam es 1982 zum Bruch der seit 1969 regieren-

---

⁶ Das unterschied ihn von Müller-Armack, der in der Sozialen Marktwirtschaft eine „ireinische Formel" sah, die einen dritten Weg zwischen der Markt- und Lenkungswirtschaft begründen sollte (vgl. Wikipedia, o.J.).
⁷ Erhard, 2009, S. 285.
⁸ Erhard, 2009, S. 283.
⁹ Erhard, 2009, S. 285.
¹⁰ Erhard, 2009, S. 287.

den sozialliberalen Koalition. Die darauffolgende Regierung unter CDU-Bundeskanzler Helmut Kohl und FDP-Vizekanzler Diedrich Genscher setzte dann zwar nur einen Teil des Lambsdorffs-Papiers um. Aber es reichte, um die Wachstumskräfte wiederzubeleben.

Mit der Wiedervereinigung feierte der Versorgungsstaat sein Comeback. Und wieder würgte er die Wachstumskräfte der Wirtschaft ab. In einer Ironie der Geschichte waren es dann der sozialdemokratische Bundeskanzler Gerhard Schröder und sein Grüner Vizekanzler Joschka Fischer, die in Anknüpfung an das Lambsdorff-Papier in der Agenda 2010 die Wucherungen des Versorgungsstaats kappten und die Wirtschaft wiederbelebten. Wie so oft fand eine Politik, die Eigenverantwortung forderte, statt wohlfahrtsstaatliche Rundumversorgung zu versprechen, keine Gnade bei den Wählern. Daher verlor Gerhard Schröder 2005 das Bundeskanzleramt an Angela Merkel, die dem „Volk, dem großen Lümmel" (Heinrich Heine) immer gab, was es wollte. Nach 16 langen Jahren verschiedener Merkel-Regierungen war das Land wieder heruntergewirtschaftet.

Wegen der geopolitischen „Zeitenwende" und der Alterung der Bevölkerung steht es heute vor noch größeren Herausforderungen als 1982 und 2002. Die Einwanderung in den Sozialstaat ist außer Kontrolle geraten, während gleichzeitig Fachkräfte fehlen und das Wachstum der Produktivität versiegt. Um die Herausforderungen zu meistern, müssten die Wucherungen des Sozialstaats wieder beherzt zurückgeschnitten und die Wachstumskräfte noch energischer gestärkt werden. Es wäre an der Zeit für eine freiheitliche Wirtschafts- und Sozialpolitik. Doch der Regierung fehlt die Kraft dazu. Das von Erhard beschworene Unheil droht uns einzuholen.

7.3 Die Produktivitätsmalaise

Einen Sozialstaat muss man sich leisten können, denn Sozialausgaben müssen erst einmal verdient werden. Deshalb ist nur der auf Eigenverantwortung bauende Sozialstaat in der freiheitlichen Wirtschaft möglich, wo die Produktivität wächst. Doch die Produktivität wächst in Deutschland seit Jahren nicht mehr. Schon seit der Wiedervereinigung ist die Arbeitsproduktivität in Deutschland deutlich weniger gestiegen als in den USA (Abb. 7.1). Gemessen als reales Bruttoinlandsprodukt je Erwerbstätigen ist sie seit dem Jahr 2017 sogar zurückgegangen.

Ein Grund für den Rückgang ist die Arbeitszeitverkürzung. Je Beschäftigtenstunde ist die Arbeitsproduktivität zwischen den vierten Quartalen 2017 und 2023 um 2,2 % gestiegen. Doch ist dies kein Grund zur Beruhigung. Mit einem jahresdurchschnittlichen Anstieg von weniger als 0,4 % ist auch die Entwicklung der Produktivität je Stunde schwach. Seit Anfang der 1990er-Jahre geht zudem der Trend mit wachsender Geschwindigkeit nach unten. Zwischen dem ersten Quartal 1991 und dem zweiten Quartal 2008 stieg die Produktivität je Stunde noch mit einer durchschnittlichen Jahresrate von 1,6 %. Von da an bis zum vierten Quartal 2017 fiel die Rate auf 0,9 % und betrug in der darauffolgenden Zeit nur noch weniger als die Hälfte.

7 Marsch in den „totalen Versorgungsstaat"

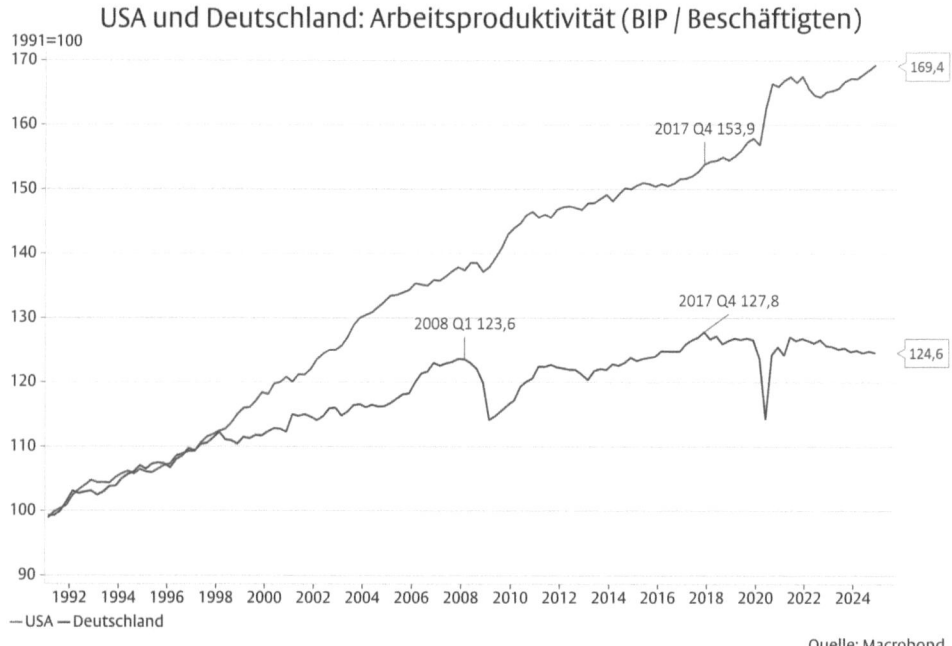

Abb. 7.1 Arbeitsproduktivität (BIP pro Beschäftigten) in den USA und in Deutschland. (Datenquelle: Macrobond, o.J.)

Worauf es für die wirtschaftliche Tragfähigkeit des Sozialstaats jedoch ankommt, ist die Produktivität pro Kopf. Denn es sind die Erwerbstätigen, welche die Leistungen erwirtschaften müssen, die an die Transferempfänger verteilt werden können. Der Rückgang der Produktivität pro Kopf ist das Ergebnis der genuinen Produktivitätsschwäche in Verbindung mit der Arbeitszeitverkürzung. Die Gründe für die genuine Produktivitätsschwäche dürften zu einem erheblichen Teil mit der wuchernden Staatstätigkeit zusammenhängen. Denn die Produktivität im öffentlichen Dienstleistungsbereich ist nicht nur deutlich geringer als in der Gesamtwirtschaft, sondern hat im Lauf der Zeit auch abgenommen. Laut Statistischem Bundesamt betrug die Bruttowertschöpfung pro Beschäftigten im ersten Quartal 2024 rund 23.000 € insgesamt, aber nur rund 15.000 € im öffentlichen Dienstleistungsbereich. Seit der Wiedervereinigung ist die Produktivität im öffentlichen Bereich relativ zur Gesamtwirtschaft im Trend gesunken, während die Beschäftigung gestiegen ist (Abb. 7.2).

Der Ausbau des öffentlichen Dienstleistungsbereichs verringert zum einen die durchschnittliche Produktivität, weil der weniger produktive Sektor größer wird. Zum anderen kann der öffentliche Bereich zusätzlich die Produktivität im privaten Bereich drücken, wenn eine steigende Steuerlast und immer dichtere Regulierung dort Sand ins Getriebe werfen. Eine umfassende von der Stiftung Familienunternehmen initiierte Studie kommt

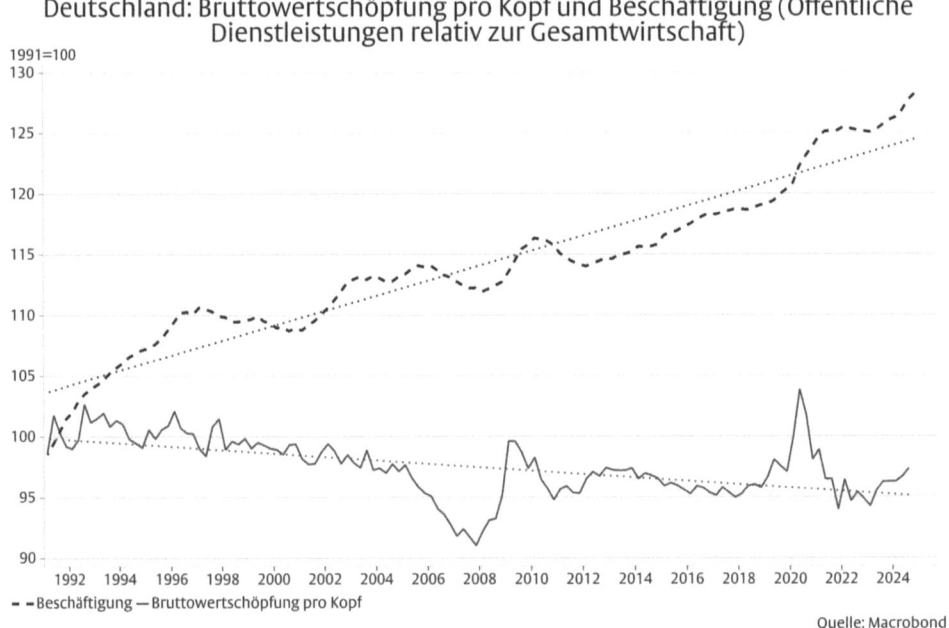

Abb. 7.2 Bruttowertschöpfung pro Kopf und Beschäftigung in Deutschland (Öffentliche Dienstleistungen relativ zur Gesamtwirtschaft). (Datenquelle: Macrobond, o.J.)

zu dem Schluss: „Alle Befunde lassen sich letztlich auf eine Formel bringen: Die deutsche Politik erzeugt zur Durchsetzung ihrer Ziele durch einen sehr stark regulativen Ansatz unnötig hohe finanzielle und bürokratische Kosten. Andere Länder erzielen mit einem geringeren Ressourceneinsatz eine bessere Performance."[11]

7.4 Die Rente in der alternden Gesellschaft

Nach Projektionen der Weltbank wird die Bevölkerung Deutschlands zwischen den Jahren 2020 und 2030 trotz eines vorübergehenden Anstiegs bei ungefähr 83 Mio. verharren (Abb. 7.3). Der Rückgang der einheimischen Bevölkerung aufgrund der niedrigen Geburtenrate wird in dieser Projektion durch eine milde Korrektur der starken Zuwanderung aus dem Ausland in den vergangenen Jahren aufgefangen.[12] Also kein Grund zur Sorge, könnte man meinen. Dem ist aber nicht so.

---

[11] Stiftung Familienunternehmen, 2024, S. 129.
[12] Das Statistische Bundesamt erwartet dagegen, dass die Bevölkerung bis 2030 noch leicht auf 84,2 Mio. ansteigen wird. Der Unterschied zwischen den Prognosen dürfte in der Annahme über die Entwicklung der Migration liegen.

7 Marsch in den „totalen Versorgungsstaat"

Abb. 7.3 Bevölkerungsentwicklung in Deutschland mit Prognose. (Datenquelle: Macrobond, o.J.)

Im gegenwärtigen Jahrzehnt gehen die geburtenstarken Jahrgänge der sogenannten Babyboomer – also der Geburtsjahrgänge ab Mitte der 1950er- bis Mitte der 1960er-Jahre – in Rente. Daher erwarten die Ökonomen der Weltbank, dass die Zahl der Rentner von rund 18 Mio. im Jahr 2020 auf 22 Mio. im Jahr 2030 steigen wird (Abb. 7.4). Dementsprechend sinkt die Zahl der Erwerbsfähigen in dieser Zeit von 53,5 Mio. auf 49,5 Mio. Der Anteil der über 64-Jährigen an der Gesamtbevölkerung steigt von 22,0 % auf 26,4 %. Und der Altenquotient, der das Verhältnis von Rentnern zur Bevölkerung im erwerbsfähigen Alter misst, steigt von 36,5 auf 47,7. Das heißt, dass im Jahr 2030 zwei Erwerbsfähige für einen Rentner aufkommen müssen, während sich im Jahr 2020 noch rund drei Erwerbsfähige diese Aufgabe teilen konnten. In den nur wenigen noch vor uns liegenden Jahren vollzieht sich demnach ein drastischer demografischer Wandel. Blickt man weiter in die Zukunft, setzt sich die Alterung mit verringerter Geschwindigkeit fort.

Bevölkerungsprognosen sind im Gegensatz zu Wirtschafts- oder Finanzmarktprognosen auch über mehrere Jahrzehnte ziemlich genau. Denn die Geburten- und Sterberaten ändern sich nur sehr langsam, und viele der im Jahr 2030 lebenden Menschen sind schon heute auf der Welt. Die einzige, schwer zu prognostizierende Entwicklung ist die grenzüberschreitende Migration. Seit Mitte des letzten Jahrzehnts sorgt die unkontrollierte Immigration immer wieder für Überraschungen (und trieb die Einwohnerzahl bis zum ersten Quartal 2024 auf 84,7 Mio.). Doch das Überraschungspotenzial der Zuwanderung aus den Ländern außerhalb der Europäischen Union dürfte in den kommenden Jahren abnehmen.

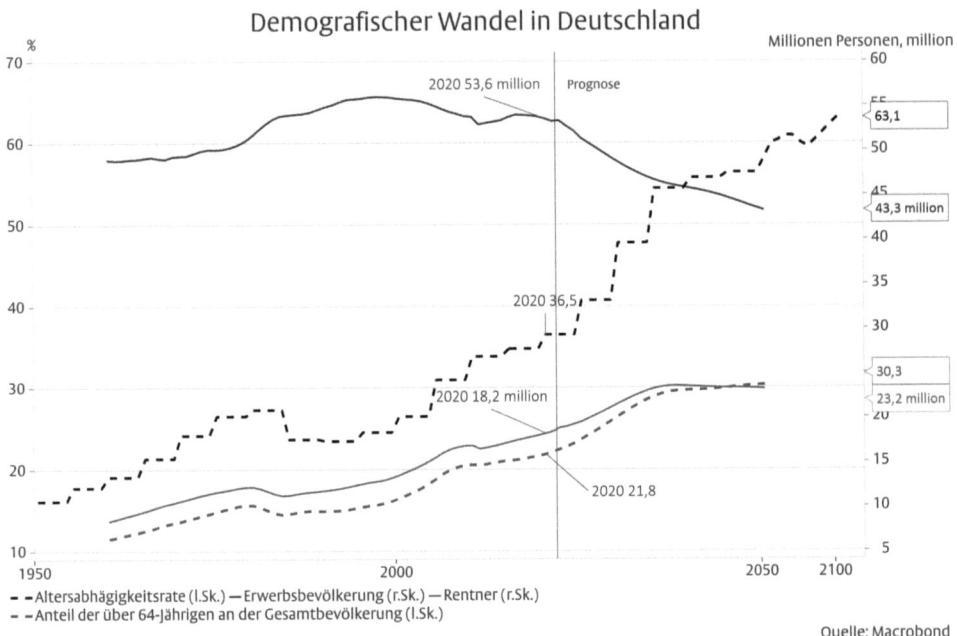

Abb. 7.4 Demografischer Wandel in Deutschland. (Datenquelle: Macrobond, o.J.)

Kriegsflüchtlinge aus der Ukraine werden früher oder später wieder in ihr Vaterland zurückkehren und die Anstrengungen zu Kontrolle der Immigration nehmen zu.

Außerdem erfolgt die Zuwanderung nach Deutschland vor allem über den Weg des politischen Asyls. Der größte Teil dieser Migranten erhält staatliche Unterstützung, und es dauert meist viele Jahre, bis Asylmigranten die Erwerbsbevölkerung stärken (siehe nachfolgend). Dagegen ist die Fachkräfteeinwanderung bescheiden. Aus diesen Gründen mag es Unsicherheiten bei der Prognose der Entwicklung der Gesamtbevölkerung bis zum Ende dieses Jahrzehnts geben, aber diese Unsicherheiten dürften die Entwicklung der Erwerbsbevölkerung nur wenig berühren.

7.4.1 Magere Rente, üppige Pension

Heute können Erwerbstätige nach 45 Versicherungsjahren mit einer Rente von rund 48 % ihres durchschnittlichen Lohns (Bruttolohn minus Sozialabgaben) von der gesetzlichen Rentenversicherung rechnen. Nach Angaben der deutschen Rentenversicherung kam der durchschnittliche Rentner mit 45 Versicherungsjahren Mitte 2023 auf rund 1.500 € im Monat (nach Abzug der Sozialabgaben und vor Steuern). Da aber bei Weitem nicht alle 45 Jahre lang durchgehend in die Versicherung eingezahlt haben, liegt die tatsächliche durchschnittliche Rente deutlich tiefer. Im Jahr 2023 betrug sie in Westdeutschland 1.249 € im

Monat für Männer und 800 € für Frauen. Aufgrund der längeren Erwerbstätigkeit lagen die Renten in Ostdeutschland etwas höher.

Durch ihre früheren Beitragszahlungen haben die Rentner Ansprüche aufgebaut, die von den gegenwärtigen Beitragszahlern beglichen werden sollen. Dieses „Umlageverfahren" ist stabil, wenn das Verhältnis von Beitragszahlern zu Rentnern ebenfalls stabil ist. Mit dem Eintritt der „Babyboomer" in die Erwerbstätigkeit schien die Rentenversicherung exzellent finanziert, da mit dem Wechsel der zahlenmäßig kleineren Kriegsgeneration in die Rente das Verhältnis von Erwerbsfähigen zu Rentnern steil anstieg. Doch mit der „Antibabypille" kam in der zweiten Hälfte der 60er-Jahre der „Pillenknick". Die Babyboomer bekamen weniger Kinder als ihre Vorgängergenerationen – und wurden dadurch gleich zweimal finanziell gesegnet. Sie mussten pro Kopf sowohl für die Alten als auch die Jungen weniger ausgeben als frühere Generationen. Die „demografische Dividende" kassierten sie ein und setzten sie in höheren Konsum um, statt sie für die künftigen Generationen, von denen sie ihre Altersversorgung erwarten, zurückzulegen.

Anders als die gesetzlich Versicherten erhalten Staatsbeamte nach 40 Dienstjahren rund 72 % ihrer letzten Dienstbezüge. Während die circa 21 Mio. Rentenempfänger der gesetzlichen Versicherung bei Renteneintritt mit erheblichen Einbußen in ihrem Lebensstandard zurechtkommen müssen, können die rund 1,4 Mio. Beamte ihren Lebensabend unbeschwert genießen. Sie erhielten 2023 im Schnitt 3.240 € Pension im Monat. Beide Gruppen stellen eine erhebliche finanzielle Belastung für den Staat dar: die gesetzlich Versicherten aufgrund ihrer hohen Zahl und die Beamten wegen ihrer im Vergleich zu den Arbeitern und Angestellten höheren Dienstbezüge und überaus üppigen Pensionen. Die Beamten belasten die Staatskassen direkt, die gesetzlich Versicherten die Bundeskasse, da die Versicherungsbeiträge nicht ausreichen, um die Zahlungen an die wachsende Schar der Rentner zu finanzieren. Zurzeit schießt die Bundeskasse der Rentenversicherung um die 110 Mrd. € im Jahr zu,[13] während Bund, Länder und Gemeinden laut Statistischem Bundesamt 2022 insgesamt 62 Mrd. € für die Pensionen ihrer Beamten ausgaben.

7.4.2 Rentenpaket II zu Lasten der Erwerbstätigen

Die Regierung Merkel versprach im Jahr 2018, das Rentenniveau bei 45 Versicherungsjahren nicht unter 48 % des „Nettolohns" (nach Abgaben und vor Steuern) zu senken und die Beiträge nicht über 20 % des Bruttolohns zu erhöhen. Das Versprechen wurde bis zum Jahr 2025 gegeben. In ihrem Plan zur Stabilisierung der Rente (nicht verabschiedetes Rentenpaket II) wollte die Regierung Scholz die Halbteilung für das Rentenniveau über 2025 hinaus bis 2039 verlängern und schloss ein höheres Renteneintrittsalter aus. Die Zeche sollen die Beitragszahler begleichen. Nach den Berechnungen der Bundesregierung

---

[13] Im Jahr 2023 gingen 81,0 Mrd. € an die allgemeine Rentenversicherung, 16,8 Mrd. € an die „Mütterrente", 5,7 Mrd. € an Zusatzrenten aus DDR-Zeiten und 5,7 Mrd. € an die „Knappschaft" für Rentnerinnen und Rentner der Bahn und des Seeverkehrs.

sollen die Beitragssätze für die Versicherten von 18,6 % heute auf 22,3 % des Bruttolohns im Jahr 2035 steigen. Allein durch diesen Anstieg würde der Beitragssatz zur Sozialversicherung insgesamt von heute 40,9 % auf 44,6 % wachsen. Schon die gegenwärtige Steuer- und Abgabenbelastung fördert die Neigung, Freizeit der Arbeit vorzuziehen und „schwarz" zu arbeiten. „Besserverdiener" wandern ins Ausland ab und ausländische Fachkräfte machen einen Bogen um Deutschland. Die steigende Belastung durch die Sozialversicherung wird diese Tendenzen stärken.

Wenn die drei Stellschrauben Beitragssatz, Rentenniveau und Renteneintrittsalter festgefressen sind, bleibt nur noch die vierte, um den Rentencrash abzuwenden: der Bundeszuschuss. Simulationsrechnungen am Flossbach von Storch Research Institute zeigen, dass der Zuschuss unter im Übrigen gleichbleibenden Bedingungen für die Rente und realistischen Annahmen über die künftige Wirtschaftsentwicklung von gegenwärtig 110 Mrd. Euro bis 2030 auf 170 Mrd. € pro Jahr steigen würde.[14] Diese Summe entspricht einem Drittel des voraussichtlichen Haushaltsvolumens des Bundes im Jahr 2030. Dazu kommen die Zuschüsse für Beiträge der Rentner zu ihrer Krankenversicherung und die Rechnung für die Beamtenpensionen. Da es vielfältige andere Ansprüche an den Haushalt gibt, kann auch diese Stellschraube nicht so gedreht werden, dass sich die Finanzprobleme der Rentenversicherung lösen lassen würden.

7.5 Immigration in den Sozialstaat

Eine weitere Belastung für den Sozialstaat stellt die seit Jahren kaum kontrollierte Einwanderung über die Inanspruchnahme von politischem Asyl dar. „Man kann nicht gleichzeitig freie Einwanderung und einen Wohlfahrtsstaat haben", lautet das berühmte Verdikt des großen Ökonomen Milton Friedman aus dem Jahr 1999.[15] Im Sozialstaat muss Einwanderung staatlich geregelt und kontrolliert werden, weil sie ansonsten diesen finanziell ruiniert.

Eigentlich müsste das auch Nicht-Ökonomen klar sein. Dennoch hat die gelernte Physikerin und ehemalige Bundeskanzlerin Angela Merkel im Jahr 2015 freie Einwanderung zugelassen.[16] „Wir schaffen das", sagte sie und meinte damit, wir könnten das von Friedman formulierte ökonomische Gesetz aufheben. Man kann ihr daraus keinen Vorwurf machen. Ihr politisches Geschäftsmodell bestand darin, dem „Volk, dem großen Lümmel" immer das zu geben, was ihm gerade gefiel. Der deutsche „Lümmel" gefällt sich gerne als moralischer Weltmeister. Und 2015 schwelgte er eben in der Willkommenskultur.

Doch weder moralische Weltmeisterschaft noch politische Macht brechen das ökonomische Gesetz. Nach acht Jahren faktisch freier Einwanderung in den Sozialstaat hatte der „große Lümmel" genug. Er schaffte es eben nicht, konnte es gar nicht schaffen. Fried-

---

[14] Vgl. Ebert & Duarte, 2014.
[15] Siehe dazu auch Friedman, 2006.
[16] Vgl. Alexander, 2017.

rich Merz, Merkels jüngster Nachfolger im Amt des CDU-Vorsitzenden, brachte es in der Sprache des „Lümmels" auf den Punkt: „Die werden doch wahnsinnig, die Leute, wenn die sehen, dass 300.000 Asylbewerber abgelehnt sind, nicht ausreisen, die vollen Leistungen bekommen, die volle Heilfürsorge bekommen. Die sitzen beim Arzt und lassen sich die Zähne neu machen, und die deutschen Bürger nebendran kriegen keine Termine."[17] Recht hat der Mann, dachte wohl mancher – „klammheimlich". Aber die Moralrepublik Deutschland erlitt einen hysterischen Anfall und zerredete erneut das ökonomische Gesetz. Statt um Unvereinbarkeit von Sozialstaat und offenen Grenzen ging es en détail um den Umfang zahnärztlicher Leistungen für Asylbewerber und den Andrang in den Wartezimmern.

7.5.1 Einwanderungsland Deutschland

Deutschland ist ein Einwanderungsland. In den zehn Jahren bis Ende 2023 wanderten unter dem Strich 6,4 Mio. Menschen zu (Abb. 7.5).[18] Das waren rund sechsmal so viele wie in den zehn Jahren davor. Viele kamen aus den Staaten der Europäischen Union, um in Deutschland zu arbeiten. Aber ein erheblicher Teil nahm den Sozialstaat in Anspruch. Knapp die Hälfte der Zuwanderer (rund drei Millionen) kamen im Zeitraum 2014 bis 2024 als Anwärter auf Asyl ins Land. Ende 2023 lebten rund 3,2 Mio. sogenannte Schutzsuchender in Deutschland. Darunter befand sich eine Million Ukrainer, die als Kriegsflüchtlinge ins Land gekommen waren. Unter den übrigen „Schutzsuchenden" dominierten syrische (712.000), afghanische (322.000), irakische (200.000) und türkische (152.000) Staatsangehörige (Statisches Bundesamt, o.J.).

Von Beginn des Jahres 2014 bis Mai 2024 wurden insgesamt 3,0 Mio. Asylanträge gestellt.[19] Nach dem bisherigen Allzeithoch im Jahr 2016 ging die Zahl der Anträge zunächst bis zum Pandemiejahr 2020 zurück, stieg danach aber wieder kräftig an. Das Jahr 2023 schloss mit der dritthöchsten Zahl seit Beginn des Jahrhunderts ab.

Nicht alle erhalten Asyl, aber so gut wie alle bleiben. Sie bekommen staatliche Unterstützung, auch wenn nur rund die Hälfte der Asylanträge bewilligt werden. So war von den 541.175 registrierten Empfängern von Asylbewerberleistungen Ende 2022 nur 285.285 Personen der Aufenthalt gestattet.[20] 110.540 Personen waren „geduldete" oder „vollziehbare" ausreisepflichtige Leistungsempfänger. Der Rest war in laufenden Verfahren nach dem ersten oder mehreren Anträgen oder gehörte zur Familie der Empfänger. Ende 2023

---

[17] Vgl. Landes, 2023. In der Sprache des Ökonomen wird daraus: „Yet immigration diminshed the well-being of some citizens by the expressive and emotional costs of cultural adjustment more than enhanced their well-being by utilitarian benefits" (in Form von zusätzlichen Arbeitskräften) (Statman, 2024).

[18] OECD, o.J.

[19] Vgl. Bundesamt für Migration und Flüchtlinge, 2024.

[20] Vgl. Statistisches Bundesamt, o.J.

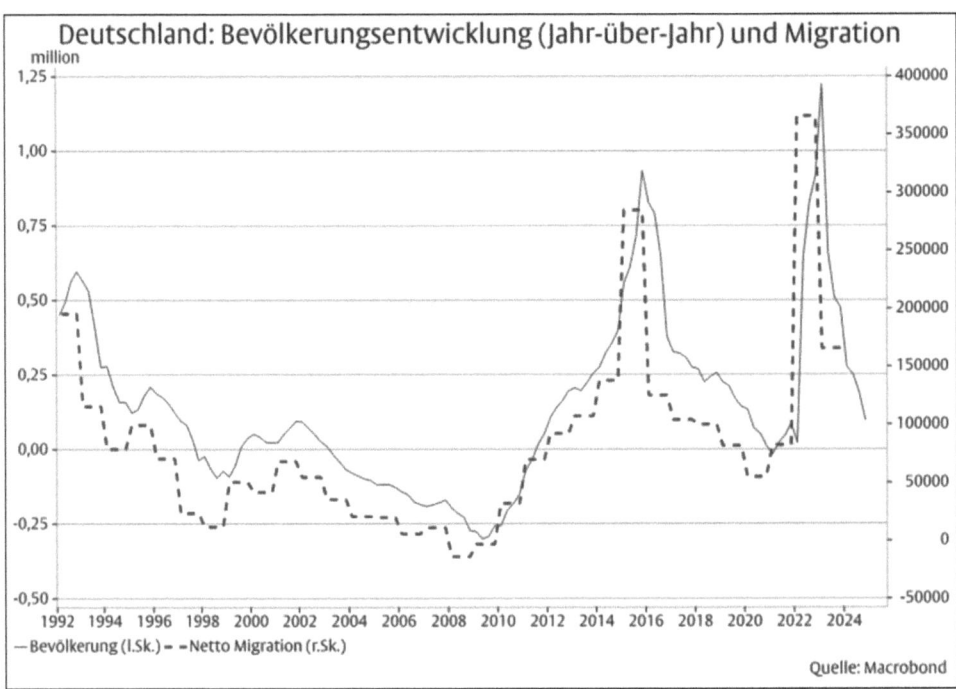

Abb. 7.5 Bevölkerungsentwicklung und Migration in Deutschland. (Datenquelle: Macrobond, o.J.)

hielten sich insgesamt 189.400 „Leistungsempfänger und andere" als „geduldete" (156.875), „latente" (14.655) und „vollziehbar" (17.870) Ausreisepflichtige in Deutschland ohne Berechtigung auf.

7.5.2 Der deutsche Magnet

Deutschland ist ein begehrtes Zielland für Asylbewerber. Nach Angaben der OECD kamen in den Jahren von 2008 bis 2021 2,4 Mio. Bewerber nach Deutschland. Das waren mehr als doppelt so viele, wie nach Frankreich einwanderten, und beinahe viermal so viele, wie Italien aufnahm. Ein wesentlicher Grund dafür dürfte sein, dass die Hilfen für Asylzuwanderer in Deutschland zu den großzügigsten in der Welt gehören.[21]

Alleinstehende erwachsene Antragssteller erhielten im Jahr 2024 monatlich 460 €. Für eine vierköpfige Familie mit minderjährigen Kindern gibt es bis zu 1.642 € im Monat als Regelleistung.[22] Auch Wohnkosten können zusätzlich erstattet werden. Die Leistungen gehen weiter, auch wenn der Asylantrag abgelehnt wurde und der Bewerber ausreise-

---

[21] Für eine Reportage dazu siehe Seisselberg, 2023.
[22] Vgl. Bundesministerium für Arbeit und Soziales, 2023.

pflichtig oder „geduldet" ist. Hinzu kommen nach 36 Monaten Aufenthalt die vollen Leistungen der gesetzlichen Krankenversicherung. Wer Asyl erhalten hat, kann wie deutsche Staatsangehörige das höhere Bürgergeld bekommen, wer nicht, erhält „Analogleistungen" in ähnlicher Höhe. Im Jahr 2024 sind das 563 € für Alleinstehende. Die zuvor genannte Familie kann bis zu 1.954 € sowie die Kosten für Unterkunft und Heizung bekommen und ist von Beiträgen zur Kranken- und Pflegeversicherung befreit. Geht man davon aus, dass diese Familie Wohnkosten in Höhe von 700 € pro Monat hat, rund 20 % des Bruttoeinkommens an Sozialbeiträgen und 16 % an Steuern abführen müsste, wäre ein Bruttojahreseinkommen von knapp 50.000 € nötig, um auf die dem Bürgergeld entsprechenden Asylbewerberleistungen zu kommen. In den ärmeren Entwicklungsländern beträgt das Bruttoinlandsprodukt pro Kopf weniger als 1.000 € im Jahr.

Besonders deutlich ist der Unterschied der Asylleistungen zwischen Deutschland und Dänemark. Dort erhielten im Jahr 2023 Asylbewerber 220 € im Monat zusätzlich zur Unterbringung im Flüchtlingsheim, jedoch nur, solange der Antrag lief.[23] Wurden sie abgelehnt, gab es kein Geld mehr, sondern nur noch drei Mahlzeiten am Tag im Asylbewerberheim. Wahrscheinlich schreckt das viele Asylbewerber ab. In den Jahren von 2008 bis 2021 lag die Zahl der Asylzuwanderer nach Dänemark insgesamt um 96,5 % unter der Zahl der Zuwanderer nach Deutschland.

7.5.3 Folgen der Einwanderung in den Sozialstaat

Einwanderung in den Sozialstaat kostet in dreifacher Hinsicht. Erstens wird die Infrastruktur stärker belastet, ohne dass die Nutzer zu ihrem Erhalt oder Ausbau beitragen. Die Überlastung der Schulen führt zu einem erschreckenden Verfall der Bildung. Sport fällt aus, wenn Turnhallen zu Aufnahmelagern umfunktioniert werden. Zweitens belastet der Anstieg der Sozialausgaben die öffentlichen Finanzen. So bezogen im Februar 2024 5,5 Mio. Menschen staatliche Grundsicherung, salopp Bürgergeld genannt.[24] Davon waren 2,8 Mio., also 48 %, Ausländer. Knapp die Hälfte der ausländischen Empfänger kamen aus den primären Asylherkunftsländern sowie der Türkei und dem Westbalkan, weitere 29 % aus Osteuropa. Für 2024 hat die Bundesregierung rund 47 Mrd. € für das Bürgergeld in den Haushalt eingestellt. Das sind rund zehn Prozent der Gesamtausgaben und 70 % der Investitionsausgaben, die dringend aufgestockt werden müssten.[25]

Und drittens kommen mit Asyleinwanderern illiberale Bestrebungen, Sicherheitsrisiken und politische Zwistigkeiten ins Land. Antisemitismus, Homophobie und Frauenfeindlichkeit sind unter den Zuwanderern der (vor allem islamischen) Asylherkunftsländer deutlich weiter verbreitet als in der Gesamtgesellschaft. Mit 41,1 % lag der Anteil der ausländischen Strafverdächtigen im Jahr 2023 weit über dem Anteil der ausländischen Be-

---

[23] Welt am Sonntag, 1. Oktober 2023, S. 3.
[24] Vgl. Bundesagentur für Arbeit, 2024.
[25] Vgl. Bundesministerium der Finanzen, 2024.

völkerung.[26] Die Beispiele für politisch motivierte Straftaten und gegen westliche Werte gerichtete Aktionen reichen von islamistischen Anschlägen in den vergangenen Jahren bis zu Freudenkundgebungen über den Terror der Hamas gegen Israel und damit verbundenen antisemitischen Ausfällen.

Beim letzten Ansturm von Asylbewerbern in den Jahren 2015 bis 2016 sahen manche die Sozialhilfen für Immigranten als Anschubfinanzierung zur Gewinnung produktiver Arbeitskräfte. Die Einwanderer würden die Hilfe später durch ihren Beitrag zur deutschen Wirtschaftskraft mit Dividende zurückzahlen. Die Grünen-Politikerin Katrin Göring-Eckhardt frohlockte: „Wir kriegen jetzt plötzlich Menschen geschenkt." Inzwischen ist Ernüchterung eingekehrt.

Denn zum einen ist es schwieriger als gedacht, die Zuwanderer in den Arbeitsmarkt zu integrieren. Zwar ist der Anteil der Beschäftigten an der Gesamtzahl der Zuwanderer aus den Krisenländern von rund 15 % im Jahr 2016 auf 42,7 % im März 2024 gestiegen.[27] Doch liegt die Erwerbsquote dieser Gruppe immer noch deutlich unter der für die gesamte Bevölkerung (77 %). Untersuchungen des Instituts für Arbeitsmarkt und Berufsforschung haben gezeigt, dass die Erwerbsquote der Flüchtlinge auch fünf Jahre nach ihrer Ankunft nur wenig mehr als 50 % beträgt.[28]

Zum anderen üben die beschäftigten Flüchtlinge zu einem erheblichen Teil Helfertätigkeiten aus. Im Dezember 2022 entfielen auf diesen Bereich 43 % der Beschäftigten. Nur elf Prozent arbeiteten als Spezialisten oder Experten. Folglich liegt das Einkommen der berufstätigen Flüchtlinge deutlich unter dem aller Berufstätigen. Auch sechs Jahre nach Zuzug beläuft sich der mittlere Bruttomonatsverdienst von vollzeiterwerbstätigen Flüchtlingen auf 60 % des mittleren Vollzeitverdiensts in der Gesamtbevölkerung. Die geringeren Einkommen der Zuwanderer spiegeln deren geringere Produktivität wider. Das schlägt inzwischen auch auf die Gesamtwirtschaft durch. Seit 2017 sind bis Ende 2023 unter dem Strich 3,4 Mio. Menschen aus dem Ausland zugewandert (wobei deutlich mehr Ausländer zu- als deutsche Staatsangehörige abgewandert sind). In diesen sechs Jahren ist die Produktivität je Beschäftigten um 1,9 % und das reale Bruttoinlandsprodukt pro Kopf um 0,8 % gefallen. Die Zuzügler leisteten also pro Kopf weniger als die Einheimischen, sodass der Zuwachs an Menschen den Anstieg der Wirtschaftsleistung übersteigt.

Damit ging ein Teil des Anstiegs der Produktivität (um 14 %) und des realen Bruttoinlandsprodukts pro Kopf (um 26 %) der Jahre von 2000 bis 2017 wieder verloren. Setzt sich die Zuwanderung weniger produktiver Arbeitskräfte fort, sinkt die durchschnittliche Produktivität weiter. Auf jeden Einzelnen entfällt ein immer kleinerer Anteil am Wohlstand. Dem mit Fleiß und Können erzielten wirtschaftlichen Aufstieg der Nachkriegszeit folgt der durch Kompetenzverlust bedingte wirtschaftliche Abstieg.

---

[26] Vgl. Statista, 2024.
[27] Vgl. Bundesagentur für Arbeit, 2023, 2024.
[28] Vgl. Institut für Arbeitsmarkt- und Berufsforschung, 2024, 2023; Bundesagentur für Arbeit, 2023.

7.5.4 Der nächste Holzweg

Eigentlich müsste inzwischen klar geworden sein, dass „wir es nicht schaffen". Die Konsequenz nach Friedman wäre, die Zuwanderung in den Sozialstaat strikt zu begrenzen oder den Sozialstaat abzubauen. Für Moralisten gleicht das jedoch einer Wahl zwischen Pest und Cholera. Lieber wollen sie die Fluchtursachen bekämpfen. Doch statt den Königsweg nach Friedman aus der Bredouille einzuschlagen, landen sie damit auf dem nächsten Holzweg.

Die ökonomische Migrationsforschung unterscheidet zwischen Anstößen zur Emigration („Push") und Anziehungskräften zur Immigration („Pull"). Zu den Push-Faktoren gehören eine schlechte Regierungsführung (besonders in autokratischen Regimen), Korruption, kriegerische Konflikte, ökologische Auszehrung und Überbevölkerung. Pull-Faktoren sind höhere Einkommen in den Zielländern, bessere Verdienstmöglichkeiten für Fachkräfte, politische Stabilität und eine bessere soziale Versorgung.

Rudolph Matete hat die Ursachen der Migration aus Afrika in die Länder der Europäischen Union anhand von Daten für 53 afrikanische und 28 europäische Länder für die Zeit von 1996 bis 2017 am Flossbach von Storch Research Institut untersucht.[29] Seine Analyse identifiziert eine Reihe von Treibern im Herkunfts- und Zielland, die Menschen zur Wanderung bewegen. Der „Push" zur Auswanderung ist umso größer, je geringer das Rechtsstaatsprinzip im Heimatland verankert und je schlechter der Finanzsektor entwickelt ist. Staatliche Willkür und schlechte finanzielle Aussichten sind gute Gründe, das Land zu verlassen.

Hohe Inflation und Jugendarbeitslosigkeit sind zwar auch Gründe, das Heimatland zu verlassen, verringern aber die Möglichkeiten, den Wegzug zu finanzieren. Die Menschen wollen weg, können es aber nicht. Dagegen fördert in ärmeren Ländern ein Anstieg des Bruttoinlandsprodukts pro Kopf die Emigration, da die Reise dadurch erschwinglicher wird. Und da Menschen gerne dorthin gehen, wo schon ihresgleichen sind, ziehen Einwanderer andere nach.

Ein überragendes Motiv (und ein „Pull"-Faktor) für die Wanderung ist der Wunsch nach der Verbesserung der wirtschaftlichen Lebensumstände. Dafür nehmen Migranten erhebliche Gefahren und Kosten in Kauf, um die Entfernung zu reicheren Ländern zu überwinden. Matete zeigt, dass Finanzhilfen der Europäischen Union an arme Länder paradoxerweise die Emigration in die EU fördern. Sie tragen indirekt zur Finanzierung der Reisekosten bei. Den meisten Migranten geht es aber nicht nur um sich allein, sondern auch um ihre Angehörigen. Deshalb leisten Überweisungen der Flüchtlinge in den Zielländern an ihre zurückgebliebenen Familien ebenfalls Beihilfe zur Emigration. Sie verstärken den „Pull"-Effekt der Agglomeration von Zuwanderern.

---

[29] Vgl. Matete, 2019.

Nach Zahlen der Weltbank überwiesen Zuwanderer in Deutschland im Zeitraum von 2010 bis 2023 rund 240 Mrd. US-Dollar in ihre Herkunftsländer.[30] Dieser Betrag macht mehr als drei Viertel der Entwicklungshilfe des deutschen Staats in dieser Zeit aus. Angesichts dieses Geldzugangs haben die Herkunftsländer kein Interesse daran, ihre Staatsbürger an der Emigration zu hindern oder abgelehnte Asylbewerber zurückzunehmen.

7.5.5 Die Folgen der Überforderung

Was folgt, wenn eine Gesellschaft mit ungezügelter Immigration überfordert ist, hat der frühere Grünen-Politiker Boris Palmer auf den Punkt gebracht: „Falls es nicht gelingt, die Zugangszahlen sehr deutlich zu verringern, muss man entweder den Flüchtlingen zumuten, künftig mit weniger günstigen Lebensbedingungen in Deutschland klarzukommen, … oder aber man muss der Bevölkerung zumuten, dass sie selbst mit deutlichen Leistungseinschränkungen in zentralen Bereichen klarkommen muss."[31] Am Ende dürfte es für beide Gruppen schlechter werden, was aber die Verbesserung der Lebensbedingungen für Flüchtlinge im Vergleich zu ihren Herkunftsländern kaum schmälern wird.

Nach Hannah Ahrendt entstand insbesondere aus entfesselter Migration nach dem Ersten Weltkrieg der Nährboden für totalitäre Regime. Um die Flüchtlingsströme auszutrocknen, scheuten sich in der Zwischenkriegszeit auch Demokratien nicht, mit solchen Regimen zu kooperieren.[32] Schon Edward Gibbon hat in seinem historischen Monumentalwerk zum Verfall und Untergang des römischen Imperiums auf die zersetzende Kraft der Zuwanderung verwiesen. In seinem Fazit zum Untergang West-Roms notiert er, dass die germanischen Stämme auf der Flucht vor den Hunnen in das römische Reich eindrangen und das innerlich zerstrittene Imperium schließlich eroberten.[33]

Gibbon fragte sich Ende des 18. Jahrhunderts, ob dem Europa seiner Zeit ein dem römischen Reich ähnliches Schicksal drohen könnte. Dagegen führte er an, dass Europa den „Barbaren" technisch weit überlegen wäre. „Bevor sie erobern können, müssen sie aufhören, barbarisch zu sein."[34] Der Fortschritt in der Kriegstechnik ginge aber immer auch mit einem Fortschritt in der Zivilisation einher. Die „Barbaren" würden sich letztlich in zivilisierte Völker wandeln, beruhigte Gibbon. Zweifellos ist Europa auch heute den Völkern in Afrika und Vorderasien, wo die meisten Asylbewerber herkommen, technisch überlegen. Doch darum geht es nicht mehr.

---

[30] Vgl. World Bank, o.J.
[31] Palmer, 2023.
[32] Vgl. Arendt, 2017; Mayer, 2023.
[33] Vgl. Gibbon, 2005, S. 436. In einer auf jüngeren Forschungen fußenden Geschichte zeigt Peter Heather (2006) detailliert, wie das römische Reich durch Zuwanderung, die mit der Bitte um Asyl begann, unter zunehmenden Druck der „Barbaren" geriet und diesen schließlich erlag.
[34] Gibbon, (2005), S. 441.

Nach den schlimmen Erfahrungen in der Zeit des Kolonialismus und den Kriegen in der ersten Hälfte des 20. Jahrhunderts hat sich Europa moralische Verpflichtungen auferlegt, die eine gewaltsame Zurückweisung von unerwünschten Immigranten ausschließen. Waren „spätrömische Dekadenz" und militärische Schlagkraft der „Barbaren" wichtige Gründe für die Unterlegenheit Roms gegenüber den „barbarischen Völkern", sind es heute diese Verpflichtungen, die Europa wie Gulliver fesseln und Unterlegenheit gegenüber den Zuwanderern schaffen. Seeuntaugliche Flüchtlingsboote und Elendsmärsche sind jetzt die Waffen zur Überwindung der Grenzen, die Menschen in den wirtschaftlich und technisch weniger entwickelten Nachbarvölkern einsetzen, um nach Europa zu kommen.

Um die eigenen Rechtsfesseln abzustreifen, bezahlen EU-Länder skrupellose Machthaber in Anrainerstaaten, damit diese Migranten gewaltsam von der Reise nach Europa abhalten. Das ist nicht nur heuchlerisch, sondern auch zum Scheitern verurteilt. Langfristig führt kein Weg daran vorbei, dass Europa die in der Nachkriegszeit selbst auferlegten moralischen Verpflichtungen an die veränderten Bedingungen anpasst. Asylrecht und Einwanderungspolitik müssten so gestaltet werden, dass die Einwanderung in den Sozialstaat drastisch fällt und die Einwanderung in die Beschäftigung den Ansprüchen der Wirtschaft genügt. Dazu müssen die Asylbewerberleistungen verringert, Leistungen für abgelehnte Bewerber beendet und diese abgeschoben werden. Für zugelassene Asylanten und Fachkräfte müssen die Arbeitsanreize verbessert werden, indem sowohl Lohnersatzleistungen als auch Lohnsteuern gesenkt werden.

Wie zu Arendts Zeiten gilt leider auch heute, dass die Menschenrechte ein Privileg für wenige und ein unerfüllbarer Anspruch für die meisten sind. Einigen Menschen in großer Not zu helfen, ist besser, als niemandem zu helfen, weil jedem geholfen werden soll.

7.6 Fazit

Wirtschaftliche Leistungsfähigkeit ist die Voraussetzung für soziale Sicherung. Doch die Leistungsfähigkeit der deutschen Wirtschaft schwindet. Wollte man das Geschäftsmodell der deutschen Wirtschaft auf eine einfache Formel bringen, könnte man sagen, dass mit der Kombination von „Know-how" der Unternehmer und Beschäftigten, Fleiß und billiger Energie eine Industrie der Weltklasse geschaffen wurde. Seit Jahren erodieren das Knowhow aufgrund eines maroden Bildungssystems und bürokratischer Gängelung der Unternehmer, der Fleiß aufgrund der Suche nach einer Neuausrichtung der „Work-Life-Balance" in Richtung Freizeit und die billige Energie aufgrund der verfehlten Energiepolitik und des Ukrainekriegs. Die abnehmende Leistungsfähigkeit mindert die Bezahlbarkeit des Sozialstaats.

Doch statt den Sozialstaat zu schrumpfen – und damit zu einer Steigerung der Leistungsfähigkeit beizutragen – bauen die politisch Verantwortlichen ihn immer weiter aus. In diesem Beitrag wurde darauf hingewiesen, wie der schwindenden finanziellen Grundlage des Sozialstaats die zunehmenden Lasten durch die Alterung der Bevölkerung und die weitgehend unkontrollierte Immigration gegenüberstehen. Das Fazit lautet: Der Sozialstaat ist auf dem Weg, unbezahlbar zu werden. Verschließen die Politiker weiterhin die Augen davor – wovon auszugehen ist – werden die unerfüllbaren Ansprüche der Bürger durch Verringerung der Kaufkraft mit Inflation an die schwindenden Mittel angepasst werden.

Literatur

Alexander, R. (2017). *Die Getriebenen: Merkel und die Flüchtlingspolitik.* Siedler (München).
Arendt, H. (2017). *The origins of totalitarianism.* Penguin Modern Classics.
Bundesagentur für Arbeit. (2023, Juli). Arbeitsmarktintegration von Drittstaatsangehörigen aus nichteuropäischen Kriegs- und Krisenländern. Arbeitsmarkt kompakt.
Bundesagentur für Arbeit. (2024, Mai). Migrationsmonitor.
Bundesministerium der Finanzen. (2024). Bundeshaushalt digital.
Bundesministerium für Arbeit und Soziales. (2023, 21. Dezember). Neue Leistungssätze nach dem Asylbewerberleistungsgesetz.
Bundesministerium für Arbeit und Soziales. (2024). Sozialbericht und Sozialbudget vom 04.04.2024. https://www.bmas.de/DE/Service/Statistiken-Open-Data/Sozialbericht-und-Sozialbudget/sozialbericht-und-sozialbudget.html. Zugegriffen am 21.01.2025.
Bundesamt für Migration und Flüchtlinge. (2024, Mai). Aktuelle Zahlen.
Der Bundeskanzler. (o.J.). Die Kanzlergalerie. https://www.bundeskanzler.de/bk-de/kanzleramt/bundeskanzler-seit-1949. Zugegriffen am 17.04.2024.
Ebert, S., & Duarte, P. (2014, 19. April). Die Inflation wird es wohl richten – eine Szenarioanalyse zum Rentenpaket II der Bundesregierung. Flossbach von Storch Research Institute.
Erhard, L. (1957; 2009). *Wohlstand für Alle.* Econ Verlag/Anaconda Verlag.
Friedman, M. (2006). E-Mail vom 16.10.2006 an Henryk A. Kowalczyk. https://www.freedomofmigration.com/wp-content/uploads/2012/02/Friedman-20061016.pdf. Zugegriffen am 21.01.2025.
Gibbon, E. (2005). *The History of the fall and decline of the Roman Empire (Abridged Edition).* Penguin Books.
Heather, P. (2006). *The fall of the Roman Empire: A new history of Rome and the Barbarians.* Macimillan.
Institut für Arbeitsmarkt- und Berufsforschung. (2024, 2023). IAB-Kurzbericht 10/2024, 13/2023.
Landes, L. (2023). Pull-Faktoren – Merz polarisiert mit Satz über abgelehnte Asylbewerber beim Zahnarzt. Welt. https://www.welt.de/politik/deutschland/article247694964/Friedrich-Merz-ueber-Asylbewerber-beim-Zahnarzt-CDU-Chef-polarisiert-mit-Satz-im-WELT-Talk.html?icid=search.product.onsitesearch. Zugegriffen am 13.06.2024.
Macrobond. (o.J.). Macrobond Financial | Extensive macroeconomic data, financial time series. Zugegriffen am 13.06.2024.
Matete, R. T. (2019). Migration and a „Marshall Plan with Africa". Flossbach von Storch Research Institute 16/7/2019.
Mayer, T. (2023). Das Dilemma der Asylpolitik. In A. Marguier & V. Resing (Hrsg.), *Der Selbstbetrug.* Herder.
OECD. (o.J.). International migration database.
Palmer, B. (2023). Die aktuelle Flüchtlingspolitik aus kommunaler Sicht. In A. Marguier & V. Resing (Hrsg.), *Der Selbstbetrug.* Herder.
Seisselberg, J. (2023). Vom Hotspot ins Traumland – in drei Tagen. Tagesschau. https://www.tagesschau.de/ausland/europa/migration-italien-deutschland-100.html. Zugegriffen am 21.01.2025.

Statista. (2024). Anteil der ausländischen Straftatverdächtigen in Deutschland von 2013 bis 2023. https://de.statista.com/statistik/daten/studie/2460/umfrage/anteile-nichtdeutscher-verdaechtiger-bei-straftaten-zeitreihe/#:~:text=Im%20Jahr%202023%20betrug%20der,schon%20%C3%BCber%2040%20Prozent%20gelegen. Zugegriffen am 05.07.2024.

Statistisches Bundesamt. (o.J.). Genesis-Online Datenbank.

Statman, M. (2024). *A wealth of well-being*. Wiley.

Stiftung Familienunternehmen. (2024). Effizienz und Regulierung: Bürokratielasten im internationalen Vergleich. München.

Wagenknecht, S. (2011a). *Freiheit statt Kapitalismus*. Eichborn Verlag.

Wagenknecht, S. (2011b). „Ich will Ludwig Erhard zu Ende denken", Interview mit Sahra Wagenknecht, erschienen in der Frankfurter Allgemeinen Sonntagszeitung am 15.05.2011.

Wikipedia. (o.J.). Soziale Marktwirtschaft, Abschnitt Alfred Müller-Armack. https://de.wikipedia.org/wiki/Soziale_Marktwirtschaft#Alfred_M%C3%BCller-Armack. Zugegriffen am 21.01.2025.

World Bank. (o.J.). Migration & remittances database.

Prof. Dr. Thomas Mayer ist seit 2015 Honorarprofessor an der Universität Witten-Herdecke und Gründungsdirektor des Flossbach von Storch Research Institute mit Sitz in Köln. Zuvor war er Chefvolkswirt der Deutsche Bank Gruppe und Leiter von Deutsche Bank Research. Davor bekleidete er verschiedene Funktionen bei Goldman Sachs, Salomon Brothers und – bevor er in die Privatwirtschaft wechselte – beim Internationalen Währungsfonds in Washington und beim Institut für Weltwirtschaft in Kiel. Thomas Mayer promovierte an der Christian-Albrechts-Universität zu Kiel und hält (seit 2003) die CFA Charter des CFA Institute. Seine jüngsten Buchveröffentlichungen sind „Die Vermessung des Unbekannten" (2021), „Das Inflationsgespenst" (2022) und „Russlands Werk und Deutschlands Beitrag" (2023).

Teil IV

Herausforderungen

Herausforderung Künstliche Intelligenz und menschliche Freiheit

Markus H. Dahm und Uwe Neuhaus

Inhaltsverzeichnis

8.1 Einleitung	122
8.2 Bedeutung von Freiheit und Künstlicher Intelligenz	123
8.3 Definition und Arten von Künstlicher Intelligenz	123
8.3.1 Definition von Künstlicher Intelligenz	123
8.3.2 Anwendungsgebiete von Künstlicher Intelligenz in der Gesellschaft	125
8.3.3 Potenzielle Vorteile und Herausforderungen von Künstlicher Intelligenz	126
8.4 Freiheit und Künstliche Intelligenz – Herausforderungen und Chancen	127
8.4.1 Informationsfreiheit und KI	127
8.4.2 Meinungsfreiheit und Künstliche Intelligenz	130
8.4.3 Entscheidungsfreiheit und KI	132
8.4.4 Berufsfreiheit und KI	136
8.5 KI freiheitsförderlich gestalten	140
8.5.1 Voraussetzungen für einen freiheitsförderlichen KI-Einsatz	140
8.5.2 Plädoyer für eine umfassende KI-Bildung	141
8.6 Fazit	145
Literatur	146

M. H. Dahm (✉)
FOM Hochschule und IBM Deutschland, Hamburg, Deutschland
e-mail: markus.dahm@fom.de

U. Neuhaus
Europa-Universität Flensburg, Flensburg, Deutschland
e-mail: uwe.neuhaus@uni-flensburg.de

© Der/die Autor(en), exklusiv lizenziert an Springer Fachmedien Wiesbaden GmbH, ein Teil von Springer Nature 2025
P. Altmiks (Hrsg.), *Soziale Marktwirtschaft und Freiheit*, FOM-Edition,
https://doi.org/10.1007/978-3-658-47372-3_8

Zusammenfassung

Künstliche Intelligenz ermöglicht einerseits vielfältige Fortschritte, z. B. in der Medizin, Wissenschaft und Automatisierung, andererseits kann ihr verstärkter Einsatz auch zu Einschränkungen der menschlichen Freiheit führen. Wie wirkt sich die zunehmende Überwachung durch KI-Systeme auf die Privatsphäre aus? Welche Folgen hat die Automatisierung von Arbeitsplätzen auf die wirtschaftliche Freiheit? Und wie kann sichergestellt werden, dass KI-Systeme ethisch und gerecht eingesetzt werden, um die individuelle und kollektive Freiheit zu schützen? Aufgrund des breiten Einsatzbereichs von Künstlicher Intelligenz, ihrer inhärenten Doppelnatur und ihrer immer umfassenderen Nutzung berührt Künstliche Intelligenz zahlreiche Aspekte der menschlichen Freiheit. Dazu zählen insbesondere die Informationsfreiheit, die Meinungsfreiheit, die Entscheidungsfreiheit und indirekt auch die Berufsfreiheit. Ein unbedachter Einsatz von Künstlicher Intelligenz kann zu einer erheblichen Einschränkung dieser Freiheiten führen, ein aufgeklärter, demokratischer und umsichtiger Einsatz aber auch zu einer Stärkung der menschlichen Freiheit.

8.1 Einleitung

In einer Ära, die von exponentiellem technologischem Fortschritt und Innovation geprägt ist, stehen wir an der Schwelle einer neuen Phase menschlicher Existenz, in der Künstliche Intelligenz (KI) eine zunehmend bedeutende Rolle spielt. Diese aufstrebende Technologie verspricht nicht nur bemerkenswerte Fortschritte in Bereichen wie Medizin, Wissenschaft und Automatisierung, sondern wirft auch tiefgreifende Fragen über die Zukunft der menschlichen Freiheit auf.

Die Menschheit hat sich immer nach Freiheit gesehnt – sei es individuelle Autonomie, politische Selbstbestimmung oder kulturelle Vielfalt. Doch während die KI neue Horizonte der Möglichkeiten eröffnet, entstehen gleichzeitig neue Herausforderungen für unser Verständnis und unsere Sicherung der Freiheit.

Dieser Beitrag widmet sich der Erforschung dieser Thematik im Spannungsfeld von Freiheit und KI. Durch eine multidisziplinäre Analyse wollen wir nicht nur die potenziellen Chancen, sondern auch die tiefgreifenden Herausforderungen untersuchen, die sich aus der Integration von KI in unsere Gesellschaft ergeben.

Indem wir uns mit diesem faszinierenden und durchaus komplexen Thema auseinandersetzen, hoffen wir, ein tieferes Verständnis für die Wechselwirkungen zwischen Freiheit und KI zu vermitteln und gleichzeitig einen Beitrag zur Diskussion über die Gestaltung einer Zukunft zu leisten, die Freiheit und Fortschritt in Einklang bringt.

8.2 Bedeutung von Freiheit und Künstlicher Intelligenz

Die Bedeutung von Freiheit und Künstlicher Intelligenz in der heutigen Welt kann nicht überbetont werden. Freiheit, als grundlegendes Prinzip menschlicher Existenz, ist eng mit den Kernwerten unserer Gesellschaft verbunden. Sie umfasst das Recht auf Selbstbestimmung, Autonomie und die Fähigkeit, Entscheidungen unabhängig zu treffen. Diese Freiheiten sind nicht nur entscheidend für das individuelle Wohlergehen, sondern auch für das Funktionieren demokratischer Gesellschaften.

Auf der anderen Seite ist Künstliche Intelligenz zu einem zentralen Akteur in unserer technologisch vorangeschrittenen Welt geworden. KI-Systeme sind in der Lage, komplexe Aufgaben zu lösen, Muster zu erkennen und Entscheidungen zu treffen, die oft über das hinausgehen, was Menschen allein erreichen können. Von selbstfahrenden Autos über personalisierte Medizin bis hin zu intelligenten Städten hat die KI das Potenzial, unser Leben auf vielfältige Weise zu verbessern.

Dennoch wirft die Integration von KI in verschiedene Aspekte unseres Lebens wichtige Fragen hinsichtlich der Wahrung unserer Freiheiten auf. Wie wirkt sich die Überwachung durch KI-Systeme auf unsere Privatsphäre aus? Welche Auswirkungen hat die Automatisierung von Arbeitsplätzen auf unsere wirtschaftliche Freiheit? Und wie können wir sicherstellen, dass KI-Systeme ethisch und gerecht eingesetzt werden, um die individuelle und kollektive Freiheit zu schützen?

Indem wir die Bedeutung beider Konzepte verstehen, können wir die komplexen Herausforderungen und Chancen, die sich aus ihrem Zusammenspiel ergeben, besser erforschen und adressieren.

8.3 Definition und Arten von Künstlicher Intelligenz

8.3.1 Definition von Künstlicher Intelligenz

Künstliche Intelligenz (KI) ist ein breites und vielschichtiges Feld, das sich mit der Entwicklung von Computeralgorithmen und -systemen befasst, die in der Lage sind, menschenähnliche Intelligenz und kognitive Fähigkeiten zu imitieren oder zu übertreffen. Diese Definition umfasst eine Vielzahl von Techniken, Ansätzen und Anwendungen, die darauf abzielen, Maschinen mit Fähigkeiten auszustatten, die traditionell menschlichen Intellekt vorbehalten waren.

KI ist keine neue Disziplin oder Technologie, die akademische Geburtsstunde liegt im Jahre 1956 auf der sogenannten Darthmouth-Konferenz, die sich über zwei Monate erstreckte und an der elf Mathematiker, Physiker und Elektrotechniker teilnahmen. Erst mit dem Entstehen des Fachgebiets Informatik Anfang der 1970er wurde die KI ein Teilgebiet derer. Heute verbinden wir mit KI die Begriffe neuronale Netze, Machine Learning, Deep Learning oder Re-Inforcement Learning.

Eine Grundlage für KI-Systeme sind Daten. Die Daten sind z. B. Erfahrungswerte (Messwerte), anhand derer zukünftige Ergebnisse prognostiziert werden oder sie bilden den Suchraum z. B. für die Fehler- oder Krankendiagnose. Auf jeden Fall ist die Qualität der Daten ausschlaggebend für die Qualität der Ergebnisse.

Das andere Standbein sind die Algorithmen, die auf die Daten angewendet werden. Zusammen sind es mathematische Modelle, welche die Realität beschreiben sollen. Die Idee, die reale Welt mathematisch in Form von Funktionen und Logik zu beschreiben, stammt übrigens ursprünglich von dem Mathematiker Gottfried Wilhelm Leibniz aus dem 17. Jahrhundert.

Je nach Kontext – Forschung, Industrie und auch Politik – differieren die Versuche, Künstliche Intelligenz zu definieren. Um das Konzept der Künstlichen Intelligenz zu verstehen, ist es wichtig, zwischen verschiedenen Arten oder Ansätzen zu unterscheiden, die in der Forschung und Entwicklung verwendet werden. Drei Hauptarten von KI wollen wir hier nennen:

> **Formen Künstlicher Intelligenz**
> - **Schwache oder spezialisierte Künstliche Intelligenz (Weak AI)**
>   Diese Form der KI ist auf eine spezifische Aufgabe oder Anwendung beschränkt und kann nur in einem begrenzten Bereich menschenähnliche Intelligenz zeigen. Beispiele hierfür sind virtuelle Assistenten wie Siri von Apple oder Alexa von Amazon, die in der Lage sind, Sprachbefehle zu verstehen und zu verarbeiten, jedoch keine umfassenden menschenähnlichen Denkfähigkeiten besitzen.
> - **Starke oder allgemeine Künstliche Intelligenz (Strong AI)**
>   Im Gegensatz zur schwachen KI strebt die starke KI danach, eine allgemeine menschenähnliche Intelligenz zu erreichen, die in der Lage ist, eine Vielzahl von kognitiven Aufgaben auszuführen und Probleme in verschiedenen Domänen zu lösen. Dies ist das Ziel der Forschung in Bereichen wie maschinelles Lernen, neuronale Netze und kognitive Robotik.
> - **Künstliche Superintelligenz (ASI)**
>   Dies ist eine hypothetische Form der Künstlichen Intelligenz, die deutlich intelligenter ist als der menschliche Verstand in allen Bereichen und möglicherweise eine exponentielle Zunahme ihrer eigenen Intelligenz ermöglichen kann. ASI ist Gegenstand intensiver Spekulationen in der Zukunftsforschung und Ethik, da sie potenziell transformative Auswirkungen auf die Menschheit haben könnte.

Diese verschiedenen Arten von Künstlicher Intelligenz repräsentieren unterschiedliche Grade der Intelligenz und Autonomie, die von aktuellen Technologien bis hin zu hypothetischen Zukunftsszenarien reichen. Durch das Verständnis dieser verschiedenen Ansätze können wir besser die Rolle und Bedeutung von Künstlicher Intelligenz in der Gesellschaft verstehen und die damit verbundenen Chancen und Herausforderungen evaluieren.

8.3.2 Anwendungsgebiete von Künstlicher Intelligenz in der Gesellschaft

Die Anwendungsgebiete von Künstlicher Intelligenz in der Gesellschaft sind vielfältig und reichen von traditionellen Branchen bis hin zu innovativen neuen Bereichen. Im Folgenden wollen wir einige der wichtigsten Anwendungsgebiete von KI hervorheben:

> **Anwendungsgebiete von KI**
> - **Gesundheitswesen**
>   Künstliche Intelligenz wird zunehmend in der medizinischen Diagnose und Behandlung eingesetzt. Von der Bildanalyse für die Früherkennung von Krankheiten bis hin zur personalisierten Medizin, die auf individuelle genetische Profile zugeschnitten ist, bietet KI neue Möglichkeiten zur Verbesserung der Gesundheitsversorgung und Patientenbetreuung.
> - **Bildung**
>   In der Bildung können KI-Systeme dazu beitragen, personalisierte Lernpfade für Schüler zu erstellen, automatisierte Bewertungen durchzuführen und Lehrkräfte bei der Erstellung von Lehrmaterialien zu unterstützen. Diese Technologien haben das Potenzial, den Lernprozess effizienter und zugänglicher zu gestalten.
> - **Verkehr und Logistik**
>   Selbstfahrende Fahrzeuge sind ein prominentes Beispiel für den Einsatz von KI im Verkehrssektor. Darüber hinaus können KI-Systeme in der Logistik bei der Routenoptimierung, Frachtverfolgung und Lagerverwaltung helfen, um Transportprozesse effizienter und kostengünstiger zu gestalten.
> - **Finanzwesen**
>   Im Finanzwesen werden KI-Technologien zur Betrugserkennung, Risikoanalyse, automatisierten Handel und Kundenbetreuung eingesetzt. Diese Systeme können große Datenmengen verarbeiten und komplexe Muster erkennen, um fundierte Entscheidungen in Echtzeit zu treffen.
> - **Kreative Industrien**
>   KI wird auch zunehmend in den kreativen Bereichen wie Kunst, Musik und Literatur eingesetzt. Von der Generierung von Kunstwerken und Musik bis hin zur Automatisierung von Texterstellung und Übersetzung können KI-Systeme kreative Prozesse unterstützen und erweitern.

Diese genannten Anwendungsgebiete von KI sind nur einige Beispiele für die vielfältigen Möglichkeiten, die sich durch den Einsatz dieser Technologie in der Gesellschaft eröffnen. Trotz der potenziellen Vorteile werfen sie auch wichtige Fragen hinsichtlich der Auswirkungen auf Arbeitsplätze, Privatsphäre und ethische Standards auf, die unbedingt und sorgfältig berücksichtigt werden müssen.

8.3.3 Potenzielle Vorteile und Herausforderungen von Künstlicher Intelligenz

Die rasante Entwicklung und Verbreitung von Künstlicher Intelligenz (KI) verspricht eine Vielzahl von potenziellen Vorteilen für die Gesellschaft, birgt jedoch gleichzeitig auch Herausforderungen und Risiken. Im Folgenden wollen wir einige der wichtigsten potenziellen Vorteile und Herausforderungen von KI kurz anreißen.

Als Vorteile sehen wir
- die Effizienzsteigerung: KI-Systeme können zum einen repetitive Tätigkeiten, aber zum anderen auch komplexe Aufgaben schneller und präziser erledigen als Menschen, was zu einer Steigerung der Effizienz und Produktivität über die verbesserte und beschleunigte Entscheidungsfindung (KI-Systeme können große Datenmengen analysieren und Muster erkennen) in verschiedenen Bereichen führt, von der Produktion bis zur Dienstleistung.
- die Innovationsförderung und den Fortschritt: Durch den Einsatz von KI können neue Produkte, Dienstleistungen und Geschäftsmodelle entstehen, die zu Innovationen und Wirtschaftswachstum beitragen.
- die Qualitätssteigerung über verbesserte Dienstleistungen und Produkte: Durch die Personalisierung von Angeboten an Kundinnen oder Kunden und die Bereitstellung maßgeschneiderter Lösungen können KI-Systeme die Qualität und Effektivität von Dienstleistungen und Produktportfolios verbessern, was zu einer höheren Kundenzufriedenheit führt.

Als Herausforderungen sehen wir
- mögliche Arbeitsplatzverluste: Die Automatisierung durch KI-Systeme könnte zu einem Verlust von Arbeitsplätzen in verschiedenen Branchen führen, insbesondere in Bereichen, die routinemäßige, repetitive und standardisierbare Aufgaben umfassen, was mittelfristig zu sozialen und wirtschaftlichen Herausforderungen führen könnte.
- Datenschutz- und Privatsphäre-Bedenken: Die Verwendung von KI-Technologien erfordert oft den Zugriff auf große Mengen sensibler und zum Teil persönlicher Daten, was Fragen hinsichtlich des Datenschutzes und der Privatsphäre aufwirft und das Risiko von Missbrauch und Datenlecks birgt.
- ethische Fragen und Bias: Der Einsatz von KI wirft eine Vielzahl ethischer Fragen auf, darunter Fragen zur Verantwortung von Entscheidungen von KI-Systemen, zur Transparenz von Algorithmen und zur Gerechtigkeit bei der Nutzung von KI-Technologien.

Es ist wichtig, potenzielle Vorteile und Herausforderungen von KI gleichermaßen zu berücksichtigen und sich in einem gesellschaftlichen Diskurs intensiv damit zu befassen. Nur so kann sichergestellt werden, dass die KI-Integration in die Gesellschaft auf verantwortungsvolle Weise erfolgt und zum Wohl aller beiträgt. Dies erfordert eine sorgfältige Abwägung der Risiken und Chancen sowie die Entwicklung von ethischen Leitlinien und Regulierungen.

8.4 Freiheit und Künstliche Intelligenz – Herausforderungen und Chancen

Künstliche Intelligenz ist ihrem Wesen nach eine „Multi-Use-Technologie", also eine Technologie, die in vielfältigen Kontexten und für unterschiedliche Zwecke verwendet werden kann. KI ist somit nicht auf einen einzigen Anwendungsbereich oder eine einzige Aufgabe beschränkt, sondern besitzt vielmehr das Potenzial, branchenübergreifend und in vielen verschiedenen gesellschaftlichen, wirtschaftlichen und militärischen Bereichen genutzt zu werden. Ein wesentliches Merkmal von Multi-Use-Technologien ist ihre Flexibilität in der Anwendung, die es ermöglicht, sie sowohl für positive als auch potenziell schädliche Zwecke zu nutzen.

Durch den breiten Einsatzbereich von KI, ihre Doppelnatur und die immer umfassendere Nutzung berührt Künstliche Intelligenz vielfältige Aspekte der menschlichen Freiheit. Um zu verstehen, wie dies geschieht, beleuchtet dieses Unterkapitel einige zentrale Formen der Freiheit und erläutert jeweils den Einfluss von KI auf sie. Dabei werden sowohl die Herausforderungen dargestellt, welche die Nutzung dieser Technologie mit sich bringt, als auch die Chancen, die sich ergeben. Weder die Aufzählung der betrachteten Freiheitsaspekte noch die Auflistung der jeweiligen Chancen und Herausforderungen erheben einen Anspruch auf Vollständigkeit. Bei einer sich so rasant weiterentwickelnden Technologie ist dies ohnehin nicht möglich. Dennoch wird deutlich werden, wie umfassend und vielgestaltig der Einfluss von KI auf unsere Freiheit ist.

8.4.1 Informationsfreiheit und KI

Informationsfreiheit bezeichnet das grundlegende Recht, Informationen über Medien jeder Art zu suchen, zu empfangen und zu verbreiten, ohne Einschränkungen durch staatliche Stellen und unabhängig von geografischen Grenzen. Es erlaubt Einzelpersonen und der Öffentlichkeit, sich umfassend über Ereignisse, wissenschaftliche Erkenntnisse, politische Entscheidungen und kulturelle Entwicklungen zu informieren. Diese Freiheit ist wesentlich für die Funktionsfähigkeit demokratischer Systeme, da sie es Bürgerinnen und Bürgern ermöglicht, auf der Grundlage vollständiger und genauer Informationen fundierte Entscheidungen zu treffen. Informationsfreiheit umfasst auch das Recht auf Zugang zu öffentlichen Archiven und Regierungsdokumenten, wodurch Transparenz und Rechenschaftspflicht der Regierenden gegenüber den Regierten gefördert werden.[1] In Deutschland existiert etwa das Informationsfreiheitsgesetz (IFG), das einen voraussetzungslosen Anspruch auf Zugang zu amtlichen Informationen bei Behörden des Bundes schafft.[2,3]

---

[1] Vgl. Schnötzinger, 2021.
[2] Vgl. Bundesministerium der Justiz, o.J.
[3] Vgl. Brink et al., 2017.

Die Herausforderungen, die durch den Einsatz von KI im Bereich der Informationsfreiheit entstehen, speisen sich aus verschiedenen Quellen. Die zur Verfügung gestellte Information wird häufig durch KI ausgewählt und gefiltert. Außerdem lässt sich mit KI die Interpretation von Information manipulieren oder realistisch wirkende Falschinformationen produzieren. Weiterhin ist eine Überwachung der Informationsnutzung durch KI besonders effizient möglich. Schließlich ist auch die Tatsache, dass die eingesetzte KI-Technologie überwiegend in den Händen weniger, großer Unternehmen liegt und die Arbeitsweise der Technologie nicht transparent ist, von Bedeutung.

Informationsfreiheit und KI: Herausforderungen
- **Filterblasen und Echokammern**
  KI-gesteuerte Algorithmen, die Inhalte auf sozialen Medien und Nachrichtenplattformen personalisieren, können unbeabsichtigt dazu führen, dass Nutzende nur mit Informationen und Meinungen konfrontiert werden, die ihren bestehenden Überzeugungen entsprechen. Dies schränkt die Vielfalt der zugänglichen Informationen ein und kann die Entwicklung einer gut informierten Öffentlichkeit behindern.
- **Manipulation durch Microtargeting**
  KI kann verwendet werden, um Meinungen durch gezielte Werbung und Nachrichten zu beeinflussen, die auf das Verhalten und die Vorlieben individueller Nutzenden zugeschnitten sind. Solche Taktiken können oft unbemerkt die öffentliche Meinungsbildung beeinflussen und ihre Authentizität und Unabhängigkeit reduzieren.
- **Manipulation von Informationen**
  KI-Technologien zur Generierung von Deepfakes oder automatisierte Bots können zur Erstellung und Verbreitung von Falschinformationen oder Propaganda verwendet werden. Dies untergräbt das Vertrauen in Medien und Informationen und erschwert es Bürgerinnen und Bürgern, ausgewogene Meinungen zu entwickeln und fundierte Entscheidungen zu treffen.
- **Überwachung von Kommunikation**
  KI-Systeme, die zur Überwachung und Analyse von Daten eingesetzt werden, können auch zur Überwachung von Kommunikationsvorgängen genutzt werden. Dies könnte das Recht auf Privatsphäre verletzen und die Freiheit der Menschen einschränken, Informationen ohne Angst vor Repressalien zu recherchieren. In besonderem Maße betroffen sind hierdurch Journalistinnen und Journalisten und Whistleblower.
- **Konzentration von Kontrolle**
  Der Einsatz von KI in den Händen weniger großer Technologieunternehmen kann zu einer Konzentration der Kontrolle über die Informationen führen. Diese Unternehmen können dann potenziell beeinflussen, welche Informationen ver-

fügbar sind und welche nicht, was zu einer Einschränkung der Informationsfreiheit führt.
- **Transparenzmangel bei KI-Entscheidungen**
Die oft undurchsichtige Natur der Entscheidungsfindungsprozesse von KI-Systemen (sogenannte „Black-Box"-Algorithmen) kann es schwierig machen, die Gründe für die Herausnahme oder Herausstellung bestimmter Informationen zu verstehen. Dies erschwert die kritische Überprüfung solcher Entscheidungen.

Den vielfältigen Herausforderungen stehen zugleich zahlreiche Chancen zur Stärkung der Informationsfreiheit durch den Einsatz von KI gegenüber. KI-Werkzeuge können den Zugang zu Information erweitern und Barrieren abbauen. Sie können Inhalte aufbereiten und damit leichter verständlich machen. Dadurch vereinfachen sie auch investigative Recherchen. Weiterhin kann KI bei der Bekämpfung von Desinformationen helfen.

Informationsfreiheit und KI: Chancen
- **Erweiterter Zugang zu Informationen**
KI kann dazu beitragen, den Zugang zu Informationen zu erleichtern und zu erweitern, indem sie beispielsweise Sprachbarrieren überwindet. Durch automatisierte Übersetzungen und Transkriptionen können etwa fremdsprachliche Text-, Audio- und Video-Inhalte der eigenen Informationsrecherche zugänglich gemacht werden.
- **Barriereabbau**
KI-gestützte Technologien können Menschen mit Behinderungen helfen, Zugang zu Informationen zu erhalten, der ihnen aufgrund ihrer Beeinträchtigung bislang verwehrt war. Beispielsweise können Text-zu-Sprache-Systeme oder visuelle Erkennungstechnologien genutzt werden, um Textinhalte für seh- oder hörbehinderte Personen verfügbar zu machen.
- **Verbesserung der Inhaltsaufbereitung**
KI-Technologien können große Datenmengen effizient analysieren und verarbeiten, um relevante Informationen schneller zu identifizieren und bereitzustellen. Dies verbessert die Informationsqualität und -zugänglichkeit, indem beispielsweise relevante Nachrichten oder Artikel aus einer Flut von Informationen hervorgehoben werden.
- **Unterstützung investigativer Tätigkeiten**
KI kann Journalisten und Forschern helfen, versteckte Muster und Verbindungen in großen Datensätzen zu erkennen, was insbesondere in investigativen Journalismusprojekten von großem Wert ist. Dies fördert eine tiefere Einsicht in komplexe Themen und stärkt so die Informationsfreiheit.

- **Erkennung und Bekämpfung von Desinformation**
  KI kann eingesetzt werden, um Falschinformationen und Desinformation zu erkennen und darauf zu reagieren. Durch die Analyse von Mustern und der Verbreitung von Informationen können KI-Systeme dabei helfen, unglaubwürdige Inhalte zu identifizieren und die Verbreitung von Falschnachrichten einzudämmen.

8.4.2 Meinungsfreiheit und Künstliche Intelligenz

Meinungsfreiheit ist ein fundamentales Menschenrecht, das die Freiheit jedes Einzelnen schützt, eigene Überzeugungen und Gedanken frei zu äußern und zu verbreiten, ohne Angst vor staatlicher Zensur, Repressalien oder gesellschaftlicher Sanktionierung. Dieses Recht erstreckt sich über alle Formen des Ausdrucks, sei es mündlich, schriftlich oder durch künstlerische Werke, und ist in vielen demokratischen Gesellschaften durch Verfassungen und internationale Abkommen gesichert. Die Freiheit, Meinungen zu äußern, ist entscheidend für die Entwicklung individueller Autonomie und kritischen Denkens und dient als Grundlage für den Dialog und den Austausch von Ideen, die für das Fortbestehen und die Entwicklung einer Gesellschaft notwendig sind. Informations- und Meinungsfreiheit sind eng miteinander verknüpft. Erstere ist notwendige Bedingung für eine ungehinderte Meinungsbildung, letztere gewährleistet einen freien Meinungsaustausch und eine vielfältige Meinungslandschaft.[4, 5] Beide sind durch das deutsche Grundgesetz (GG) geschützt.[6]

KI kann sich negativ auf die Meinungsfreiheit auswirken, wenn sie die Verbreitung von bestimmter Information unterbindet oder erschwert. Dies kann absichtlich geschehen, etwa in Form von geplanten Zensurmaßnahmen, die sich mit KI häufig sehr effizient umsetzen lassen. Aber auch eine unabsichtliche Einschränkung ist möglich, beispielsweise durch eine falsch kalibrierte automatisierte Inhaltsmoderation und durch voreingenommene/verzerrte KI-Modelle. Weiterhin gibt es Fälle, in denen die Beschränkung der Informationsverbreitung zwar nicht angestrebt, aber billigend in Kauf genommen wird, z. B. aus wirtschaftlichen Gründen oder zur Vermeidung möglicher rechtlicher Auseinandersetzungen.

---

[4] Vgl. Warburton, 2009.
[5] Vgl. Müller-Franken, 2013.
[6] Vgl. Bundesministerium der Justiz, 1949.

Meinungsfreiheit und KI: Herausforderungen
- **Überwachung und Zensur**
  Regierungen und Organisationen können KI nutzen, um die Online-Aktivitäten von Bürgerinnen und Bürgern zu überwachen und Meinungen, die sie als bedrohlich oder unerwünscht betrachten, zu zensieren. Beispiele dafür finden sich bereits in verschiedenen totalitären Regimen. Dies kann die freie Meinungsäußerung einschränken und eine Atmosphäre der Selbstzensur fördern.
- **Automatisierte Inhaltsmoderation**
  KI-gesteuerte Systeme zur Inhaltsmoderation werden zunehmend auf Plattformen sozialer Medien eingesetzt, um unangemessene Inhalte zu filtern. Diese Systeme können jedoch übermäßig empfindlich oder fehlerhaft programmiert sein, was zu einer ungerechtfertigten Entfernung legitimer Meinungsäußerungen führen kann, einschließlich politischer Kritik oder sozialer Kommentare.
- **Voreingenommene KI**
  KI-Systeme erlernen ihr Verhalten aufgrund der ihnen zur Verfügung gestellten Daten. Sind diese Daten unausgewogen oder reflektieren sie bestimmte Vorurteile, spiegelt sich dies später in der Arbeitsweise der KI-Systeme wider. Eine derart voreingenommene KI kann dadurch, gewollt oder unbeabsichtigt, bestimmte Meinungen bevorzugen oder diskriminieren. Dies kann die Sichtbarkeit bestimmter Ansichten verzerren und damit die Chancengleichheit im Meinungsaustausch beeinträchtigen.
- **Rechtliche und wirtschaftliche Einflüsse**
  Der Einsatz von KI in der Medienproduktion und -verbreitung kann auch dazu führen, dass rechtliche und wirtschaftliche Überlegungen die Meinungsfreiheit beeinflussen. Unternehmen könnten dazu neigen, Inhalte zu zensieren oder zu modifizieren, um rechtlichen Konsequenzen zu entgehen oder wirtschaftliche Interessen zu schützen. So könnte etwa eine Social-Media-Plattform automatisch die Diskussion von bestimmten Themen unterbinden, weil diese für die Werbetreibenden uninteressant sind oder eine erhöhte Wahrscheinlichkeit für aus rechtlicher Sicht kritische Kommentare (Beleidigungen, Cybermobbing, Hatespeech) aufweisen.

Wie bei der Informationsfreiheit hat Künstliche Intelligenz auch in Bezug auf Meinungsfreiheit eine andere, positive Seite. So kann KI die Demokratisierung der Medienproduktion unterstützen (z. B. bei der Text-, Bild- oder Videogenerierung) und auf einfache Weise Information in vielen Sprachen bereitstellen. KI kann auch eingesetzt werden, um die Diversität von Meinungen zu verdeutlichen und Entscheidungsträgern einen besseren Überblick über das tatsächlich vorhandene Meinungsbild zu geben. Weiterhin kann KI in bestimmten Fällen auch unterstützen, Zensurmaßnahmen zu umgehen.

Meinungsfreiheit und KI: Chancen
- **Demokratisierung der Medienproduktion**
  KI-Tools erleichtern es Einzelpersonen und kleineren Organisationen, professionell wirkende Medieninhalte zu erstellen, was zu einer vielfältigeren Medienlandschaft beiträgt. Dies stärkt die Meinungsvielfalt und unterstützt damit eine breitere Informationsfreiheit.
- **Sprachverarbeitungstechnologien**
  KI, die natürliche Sprachverarbeitung nutzt, kann helfen, ein viel größeres Publikum zu erreichen, indem sie schnell und preiswert Übersetzungen und Transkriptionen in viele Sprachen bereitstellt. Dadurch können Menschen unterschiedlicher Herkunft und von einem anderen kulturellen Hintergrund erreicht werden.
- **Diversifikation von Meinungen**
  Durch KI-Algorithmen, die eine Vielzahl von Inhalten empfehlen oder Stimmen von Minderheiten und marginalisierten Gruppen hervorheben, können Nutzende unterschiedlichen Meinungen und Perspektiven ausgesetzt werden, was zu einer breiteren und diversifizierteren öffentlichen Diskussion führt.
- **Analyse öffentlicher Meinung**
  KI kann genutzt werden, um große Mengen an Meinungsäußerungen zu analysieren und so ein genaueres Bild der öffentlichen Meinung zu erfassen. Dies kann Organisationen und Entscheidungsträgern helfen, besser auf die Bedürfnisse und Wünsche der Bevölkerung einzugehen.
- **Schutz vor Zensur**
  KI-Technologien können auch entwickelt werden, um Zensurmaßnahmen zu erkennen und zu umgehen. Sie können z. B. dabei helfen, Inhalte so zu kodieren oder zu verteilen, dass sie schwerer von staatlichen Filtern blockiert werden können. Werden etwa Beiträge zensiert, die bestimmte Begriffe enthalten, kann eine KI den Beitrag unter Vermeidung der gesperrten Begriffe reformulieren, die zentrale Aussage des Beitrags aber weitgehend unverändert lassen.

8.4.3 Entscheidungsfreiheit und KI

Entscheidungsfreiheit bezeichnet die Fähigkeit einer Person, selbstständig Entscheidungen zu treffen, frei von äußerem Zwang oder Manipulation. Dieses Konzept ist fundamental für die persönliche Autonomie und umfasst die Freiheit, aus verschiedenen Optionen wählen zu können, basierend auf den eigenen Überzeugungen, Werten und Präferenzen. Entscheidungsfreiheit impliziert auch das Recht, ohne unangemessenen Druck oder Beeinflussung durch Dritte, wie etwa Regierungen, Unternehmen oder andere Individuen, zu entscheiden.[7, 8] In einer breiteren gesellschaftlichen Perspektive ist Entscheidungsfreiheit ein Schlüsselaspekt von Demokratien, da sie die Grundlage für Handlungsfreiheit und die Partizipation an öffentlichen und privaten Angelegenheiten bildet.

Entscheidungsfreiheit steht in einem engen Bezug zur Informations- und Meinungsfreiheit. Beide sind notwendig, um sich über die zur Auswahl stehenden Optionen zu informieren und zwischen ihnen abwägen zu können. Im Zusammenhang von Künstlicher Intelligenz und Entscheidungsfreiheit ergeben sich allerdings weitere, spezielle Herausforderungen und Chancen, die vor allem dadurch entstehen, dass wir in immer mehr Bereichen Entscheidungen auf KI-Systeme übertragen. Drei zentrale Herausforderungen sind dabei die vielfach mangelnde Transparenz von KI-Systemen, die häufig geringe Erklärbarkeit der getroffenen Entscheidungen und die (unbeabsichtigte) Voreingenommenheit vieler KI-Modelle. Außerdem stellt sich durch die teilweise oder vollständige Abgabe von Entscheidungen an KI-Systeme die Frage nach der Übernahme von Verantwortung.

> **Entscheidungsfreiheit und KI: Herausforderungen**
> - **Mangelnde Transparenz**
>   Die Arbeitsweisen von komplexen KI-Systemen sind für Nutzende und Betroffene meist nicht nachvollziehbar. Sie wissen häufig nicht, welche Daten den getroffenen Entscheidungen zugrunde liegen und welche Wirkmechanismen hier gegriffen haben. Dies erschwert es, Vertrauen in diese Systeme aufzubauen. Nutzende fühlen sich unsicher, insbesondere wenn die Entscheidungen einen erheblichen Einfluss auf ihr Leben haben (z. B. Prüfung der Kreditwürdigkeit, medizinische Diagnosen). Zudem erschwert die mangelnde Transparenz die rechtliche Überprüfung und die Einhaltung von Datenschutzstandards.
> - **Geringe Erklärbarkeit**
>   Während mangelnde Transparenz von KI-Systemen zumindest grundsätzlich durch Aufklärung sowie das Hinzuziehen von Expertinnen und Experten beseitigt oder zumindest reduziert werden kann, stellt die geringe Erklärbarkeit vieler fortschrittlicher KI-Modelle ein noch fundamentaleres Problem dar. Insbesondere die Arbeitsweise von sogenannten tiefen neuronalen Netzen (Deep Learning) ist aufgrund ihrer komplexen und nichtlinearen Struktur selbst für Expertinnen und Experten kaum zu interpretieren. Dies wird oft als Black-Box-Problem bezeichnet. Man kann das äußere Verhalten solcher Systeme beobachten (Was tun sie? Wie gut sind ihre Ergebnisse?), die innere Arbeitsweise jedoch nicht nachvollziehen (Wie arbeiten sie? Welche Wirkmechanismen liegen ihnen zugrunde?). In der Konsequenz kann dies bei Betroffenen zu Misstrauen

---

[7] Vgl. Schäfers, 2021.
[8] Vgl. Brand, 2011.

und moralischen Dilemmata führen, insbesondere in Bereichen mit weitreichenden Auswirkungen (z. B. im Gesundheitswesen, in der Justiz oder bei militärischen Einsätzen). Die geringe Erklärbarkeit erschwert außerdem die Identifikation und Beseitigung von Fehlern in KI-Systemen.

- **Bias (Voreingenommenheit)**
KI-Systeme erlernen ihre Aufgabe anhand der ihnen zur Verfügung gestellten Daten. Diese Daten bilden die Wirklichkeit häufig nicht adäquat ab. Bestimmte Fälle können in den Daten beispielsweise über- oder unterrepräsentiert sein. Man spricht dann von einer Verzerrung der Daten (Bias). Ein KI-System, das mit solchen Daten trainiert wurde, übernimmt diesen Bias und wird später neue Fälle nicht unvoreingenommen beurteilen. Dies kann zu unerwünschten Ergebnissen führen, etwa wenn die Daten menschliche Vorurteile widerspiegeln und die KI anschließend Gruppen unberechtigterweise aufgrund verschiedener Merkmale diskriminiert. Dies kann rechtliche Folgen haben und das Vertrauen in die KI untergraben.

- **Verantwortung**
Der zunehmende Einsatz von Künstlicher Intelligenz (KI) kann die Entscheidungsfreiheit insbesondere durch die Verschiebung von Verantwortlichkeiten gefährden. Wenn Entscheidungen von KI-Systemen getroffen werden, kann unklar sein, wer im Falle von Fehlern oder Schäden verantwortlich ist. Diese Unsicherheit könnte Organisationen und Einzelpersonen dazu veranlassen, sich auf die Urteile der KI zu verlassen, ohne diese hinreichend zu hinterfragen oder zu überprüfen. Dies führt zu einer „Verantwortungslücke", bei der die Verantwortung für Entscheidungen, die normalerweise von Menschen getroffen werden, undeutlich oder sogar abwesend ist. Wenn etwa ein KI-gesteuerter Mietwagen einen Unfall verursacht, wer ist dafür verantwortlich? Die Entwickler des Fahrzeugs? Die Mietwagenfirma? Der Nutzende des Wagens? Darüber hinaus können Menschen ihre eigene Entscheidungsfähigkeit zurückstellen und sich stattdessen auf die scheinbare Objektivität und Unfehlbarkeit von KI-Systemen verlassen. Diese Abhängigkeit kann die Entscheidungsfreiheit untergraben, indem sie den individuellen und gesellschaftlichen Willen schwächt, Entscheidungen kritisch zu evaluieren und eigene, unabhängige Entscheidungen zu treffen.

Den Herausforderungen, vor die uns der Einsatz der Künstlichen Intelligenz im Bereich der Entscheidungsfreiheit stellt, stehen auch wieder eine Reihe von Chancen gegenüber. Mithilfe der KI können wir beispielsweise größere und komplexere Datenmengen in unsere Entscheidungen einbeziehen, als es unserem unverstärkten menschlichen Verstand möglich wäre. Außerdem können wir durch KI unsere häufig vorurteilsbehafteten Urteile versachlichen und Bauchentscheidungen durch datengestützte Analysen ergänzen. Schließlich führt die breite und kostengünstige Verfügbarkeit von KI-Werkzeugen auch dazu, dass immer mehr Menschen und Organisationen sie zur Unterstützung bei der Entscheidungsfindung einsetzen können.

Entscheidungsfreiheit und KI: Chancen
- **Analyse großer und komplexer Datenmengen**
  KI-Verfahren, insbesondere maschinelles Lernen und Deep Learning, sind darauf ausgelegt, aus umfangreichen Datensätzen Muster und Trends zu identifizieren, die für Menschen schwer erkennbar sind. Diese Analysefähigkeit ermöglicht es, in verschiedensten Bereichen fundiertere und präzisere Entscheidungen zu treffen. Beispielsweise können Finanzinstitutionen KI nutzen, um Markttrends zu analysieren und Risikobewertungen durchzuführen, was zu sichereren und effektiveren Investitionsentscheidungen führt. Im Gesundheitswesen ermöglicht die Analyse medizinischer Daten durch KI eine personalisierte Medizin, bei der Behandlungspläne auf die spezifischen genetischen und klinischen Informationen eines Patienten zugeschnitten sind. Indem KI hilft, die Komplexität großer Daten zu bewältigen, erweitert sie die Entscheidungsfreiheit durch eine tiefere Einsicht und ermöglicht es, Optionen zu wählen, die auf umfassenden Informationen basieren.
- **Reduzierung menschlicher Vorurteile**
  Menschen neigen oft zu subjektiven Bewertungen und Entscheidungen, die durch persönliche Erfahrungen, kulturelle Hintergründe und emotionale Zustände beeinflusst werden. KI-Systeme, die auf objektiven, datenbasierten Analysen beruhen, haben das Potenzial, diese menschliche Voreingenommenheit zu minimieren. Beispielsweise können in Einstellungsverfahren KI-gestützte Werkzeuge genutzt werden, um Bewerbungen zu analysieren und die Auswahlkriterien streng an Qualifikationen und Fähigkeiten statt an impliziten Vorurteilen zu orientieren. Dies kann zu faireren und inklusiveren Entscheidungsprozessen führen und die Chancengleichheit erhöhen. Indem KI hilft, unbewusste Vorurteile zu identifizieren und zu korrigieren, schafft sie gerechtere und sachlichere Entscheidungsgrundlagen. Voraussetzung dafür ist allerdings, dass die verwendeten KI-Systeme nicht selbst einen unerwünschten Bias besitzen.
- **Demokratisierung entscheidungsunterstützender Werkzeuge**
  Die zunehmende Verfügbarkeit von KI-Anwendungen ermöglicht es einer breiteren Öffentlichkeit, Zugang zu fortschrittlichen Analysewerkzeugen zu erhalten, die früher vorwiegend großen Unternehmen und spezialisierten Forschungseinrichtungen vorbehalten waren. Dank offener Quellen, kostengünstiger Cloud-Computing-Ressourcen und benutzerfreundlicher KI-Plattformen können nun auch kleine Unternehmen, Start-ups und sogar Einzelpersonen KI-Anwendungen entwickeln und nutzen. Dies trägt dazu bei, die Innovationskraft zu dezentralisieren und fördert einen inklusiveren Zugang zu Technologien, die die Entscheidungsfindung unterstützen. Indem mehr Menschen die Fähigkeit erlangen, Daten zu analysieren und daraus Schlüsse zu ziehen, wird die Entscheidungsfreiheit auf individueller und gesellschaftlicher Ebene gestärkt. Dieser breitere Zugang zu KI-Tools kann zu einer Vielfalt von Perspektiven führen und ermöglicht es, dass mehr Menschen an der Gestaltung der Zukunft mitwirken.

8.4.4 Berufsfreiheit und KI

Berufsfreiheit bezeichnet das grundlegende Recht einer Person, ihren Beruf, ihre Ausbildung und ihren Arbeitsplatz frei zu wählen und auszuüben. Dieses Recht ist in vielen Verfassungen und Menschenrechtskonventionen verankert und schützt Individuen davor, in ihrer beruflichen Entfaltung durch unangemessene staatliche Eingriffe oder diskriminierende Praktiken eingeschränkt zu werden. Berufsfreiheit umfasst die Freiheit, sowohl den Berufsweg zu wechseln als auch die Bedingungen, unter denen die berufliche Tätigkeit ausgeführt wird, mitzugestalten, und stellt somit eine essenzielle Komponente für die persönliche und wirtschaftliche Selbstbestimmung dar.[9, 10]

Die Auswirkungen der Künstlichen Intelligenz auf die Berufsfreiheit existieren weniger auf der Ebene der staatlichen Regulierungen und Einschränkungen. Hier bestehende Restriktionen werden in der Regel bewusst von menschlichen Akteurinnen und Akteuren verhängt. Auch bei diskriminierenden Praktiken bezüglich der Berufsausübung steht KI nicht im Vordergrund. Falls ein KI-System mit unausgewogenen Daten trainiert wird, kann es zwar bestehende diskriminierende Tendenzen verstärken (etwa bei der automatischen Auswahl und Bewertung von Bewerbungen), dies ist jedoch meist ein unbeabsichtigter (und behebbarer) Effekt. Eine große Wirkung auf die Berufsfreiheit (in einem erweiterten Sinne) entfaltet KI jedoch durch die von ihr hervorgerufene rasche und weitgreifende Veränderung der Berufslandschaft. Hier sind in erster Linie die Automatisierung und Rationalisierung von beruflichen Tätigkeiten zu nennen, die Veränderung von Qualifikationsanforderungen und der Wandel der Arbeitsumgebungen. Aber auch die potenzielle Kontrolle und Überwachung durch KI am Arbeitsplatz sowie eine mögliche Polarisierung des Arbeitsmarkts muss bedacht werden.

> **Berufsfreiheit und KI: Herausforderungen**
> - **Automatisierung und Rationalisierung**
>   Durch die Einführung von KI-Systemen können zahlreiche berufliche Tätigkeiten automatisiert und rationalisiert werden. Die dadurch verursachten Änderungen übersteigen die Auswirkungen früherer Automatisierungswellen teilweise aber erheblich. Zum einen sind nun erstmals nicht nur mechanische und stark regelhafte Tätigkeiten betroffen, sondern auch kognitive und kreative Aufgabenfelder. Beispiele sind hier etwa die Erstellung medizinischer Diagnosen, die Entwicklung von Software sowie die Generierung von Texten, Bildern, Musik oder Videos. Zum anderen wirkt KI durch ihre quasi universelle Einsetzbarkeit in sehr vielen Berufen gleichzeitig. Praktisch jede Branche wird durch KI verändert,

---

[9] Vgl. Petersen, 2022.
[10] Vgl. Epping et al., 2024.

wenn auch nicht im gleichen Maße. Schließlich geht auch die Geschwindigkeit, mit der sich die Berufslandschaft durch KI wandelt, über das hinaus, was wir von früheren Rationalisierungsschüben kennen. In der Folge ändern sich viele Berufsbilder stark, z. B. in den Bereichen Übersetzung, Telemarketing, Kundensupport oder Grafikdesign. Die Anzahl verfügbarer Stellen in diesen Bereichen sinkt, einige Arbeitsbereiche verschwinden perspektivisch vermutlich völlig. Einige traditionell verfügbare berufliche Optionen existieren somit nicht mehr. Dies erschwert auch die Entscheidung für bestimmte Berufswege, da eine große Unsicherheit über deren langfristige Karriereperspektiven besteht.

- **Veränderung von Qualifikationsanforderungen**
  Die rasante Einführung und Entwicklung von KI in der Arbeitswelt verändert die Qualifikationsanforderungen. Traditionelle Fähigkeiten verlieren an Bedeutung, spezialisierte technische Kompetenzen, die mit der Anwendung und Entwicklung von KI-Technologien verbunden sind, werden immer wichtiger. Diese Verschiebung kann Personen benachteiligen, die aus finanziellen oder sozialen Gründen keinen Zugang zu entsprechender Ausbildung haben oder sich nicht schnell genug anpassen können, besonders in weniger entwickelten Regionen oder unter älteren Arbeitnehmenden. Die Notwendigkeit, sich kontinuierlich weiterzubilden, erhöht zudem den Druck auf Arbeitnehmende und Selbstständige. Um mit den technologischen Anforderungen Schritt zu halten, sind zugängliche Bildungs- und Umschulungsprogramme entscheidend.

- **Wandel der Arbeitsumgebungen**
  Die Integration von KI in Arbeitsumgebungen führt zu signifikanten Veränderungen sowohl in den physischen als auch in den sozialen Aspekten des Arbeitsplatzes. Der Einsatz von Robotern, automatisierten Systemen und virtuellen Assistenten kann die Art und Weise, wie Arbeitsplätze gestaltet sind und wie Menschen interagieren, grundlegend verändern. Traditionelle, interaktive und kollaborative Arbeitsweisen stehen dabei zunehmend unter Druck, durch technologisch isolierte oder mechanisierte Prozesse ersetzt zu werden. Diese Entwicklung birgt die Gefahr, dass die Freiheit der Arbeitsgestaltung beeinträchtigt wird. Mitarbeitende könnten sich zunehmend isoliert fühlen, da der direkte menschliche Kontakt durch technologische Interaktionen ersetzt wird. Außerdem könnte die Kreativität und Problemlösungsfähigkeit, die durch den persönlichen Austausch gefördert wird, unter der verstärkten Technologisierung leiden. Um die negativen Auswirkungen dieser Veränderungen zu minimieren, ist es wichtig, Technologien so zu implementieren, dass sie die menschliche Interaktion unterstützen und ergänzen, anstatt sie zu ersetzen.

- **Überwachung und Kontrolle am Arbeitsplatz**
  Der umfassende Einsatz von KI am Arbeitsplatz ermöglicht eine besonders weitreichende Überwachung von Arbeitnehmenden. Prinzipiell können deren Leistung, Verhalten und Gesundheitsdaten durch KI in Echtzeit verfolgt werden. Diese intensive Überwachung kann die Arbeitsfreiheit untergraben, indem sie ein ständiges Gefühl der Beobachtung schafft und den Mitarbeitenden weniger Kontrolle über ihre Arbeitsweisen und Pausen lässt. Dies kann zu einem erhöhten psychologischen Stress führen und die kreative Freiheit sowie die Arbeitszufriedenheit beeinträchtigen. Es ist daher wichtig, dass Gesetzgeber und Unternehmen klare Richtlinien zur Wahrung der Privatsphäre und Autonomie der Arbeitnehmende etablieren, um diese negativen Auswirkungen zu minimieren.
- **Polarisierung des Arbeitsmarkts**
  Durch die fortschreitende Automatisierung durch KI und den Bedarf an spezialisierten technischen Fähigkeiten werden hoch qualifizierte und technisch versierte Positionen (z. B. Data Scientist, Prompt-Engineer) zunehmend wichtiger und attraktiver. Dies führt zu einer Stärkung dieser Arbeitsbereiche und einer gleichzeitigen Reduzierung oder gar Eliminierung von weniger qualifizierten oder routinemäßigen Positionen (z. B. Kundensupport, Datenerfassung). Diese Entwicklung verengt den Arbeitsmarkt in bestimmten Sektoren und kann die Berufswahlfreiheit erheblich einschränken. Insbesondere für Personen, die nicht über die erforderlichen spezifischen KI-Kenntnisse verfügen, verringert sich die Zugänglichkeit zu Arbeitsplätzen. Diese Veränderungen können zu einer zunehmenden Kluft zwischen hoch bezahlten, anspruchsvollen Berufen und niedrig bezahlten, weniger sicheren Tätigkeiten führen, was wiederum die soziale und wirtschaftliche Ungleichheit verstärken würde.

Wie bereits bei den anderen betrachteten Freiheitsformen entstehen auch bei der Berufsfreiheit neben Risiken verschiedene Chancen durch die Nutzung Künstlicher Intelligenz. Der ambivalente Charakter der KI-Technologie wird dabei besonders deutlich: Während der umfassende Einsatz von KI bestimmte traditionelle Berufe zum Verschwinden bringt, lässt er gleichzeitig neue entstehen. Die weitreichende Anwendung von KI erfordert von Beschäftigten und Angestellten einerseits eine erhöhte, kontinuierliche Weiterbildungsbereitschaft, verspricht andererseits aber auch individualisierte und effektive Lernangebote. Die Nutzung von KI am Arbeitsplatz kann – je nach Szenario – zu einer Entfremdung führen, aber auch Freiraum für eine intellektuelle und kreative Arbeitsgestaltung schaffen. Und schließlich kann KI den Zugang zu bestimmten beruflichen Tätigkeiten erschweren, ihn zu anderen aber vereinfachen, etwa durch KI-gestützte Unterstützungssysteme.

Berufsfreiheit und KI: Chancen
- **Eröffnung neuer Berufsfelder**
Der zunehmende Einsatz von KI macht einige Tätigkeiten überflüssig, eröffnet aber auch neue Berufsfelder und Spezialisierungsmöglichkeiten, die zuvor in dieser Form nicht existierten. Bereiche wie KI-Entwicklung, Datenanalyse, Systemintegration und KI-Ethik erleben einen Aufschwung und erfordern zunehmend Fachkräfte mit spezialisierten Kenntnissen. Diese Entwicklung bietet Individuen neue berufliche Möglichkeiten, die ihren Fähigkeiten und Interessen entsprechen können. Die Erweiterung der Berufsoptionen durch KI trägt in dieser Hinsicht zur Berufsfreiheit bei, indem sie die Auswahlmöglichkeiten für Arbeitsuchende vergrößert und es ihnen ermöglicht, sich in hochmodernen und zukunftsträchtigen Feldern zu engagieren. Der Bedarf an kontinuierlicher Weiterbildung und Anpassung an neue Technologien ist dabei entscheidend, um in diesen Bereichen erfolgreich zu sein und die durch KI geschaffenen Chancen voll ausschöpfen zu können.
- **Zugänglichkeit von (Weiter-)Bildung**
Während KI einerseits einen erhöhten Bildungs- und Weiterbildungsbedarf erzeugt, kann sie andererseits stark bei der Deckung eben dieses Bedarfs unterstützen. Beispielsweise kann der Einsatz von KI im Bildungsbereich die Verfügbarkeit, Zugänglichkeit und Wirksamkeit von Weiterbildungsangeboten erhöhen. Außerdem bieten KI-Technologien die Möglichkeit, den individuellen Lernfortschritt kontinuierlich zu analysieren und Lerninhalte an die jeweiligen Erfordernisse anzupassen. Intelligente tutorielle Systeme und KI-gestützte Lernbegleiter können Lernende motivieren und den Lernvorgang effektiv steuern. So bietet der sprachgestützte KI-Lernbegleiter „Khanmigo" der Khan Academy (https://www.khanacademy.org) etwa individualisierte Lernhilfen, interaktive Aufgabenunterstützung, Feedback und Fortschrittsüberwachung. KI-Technologien vereinfachen es damit Einzelpersonen, sich effizient auf wechselnde berufliche Anforderungen einzustellen.
- **Erhöhung der Arbeitszufriedenheit**
Abhängig von der konkreten Nutzungsform von KI am Arbeitsplatz kann diese Technologie zumindest in einigen Bereichen auch die Arbeitszufriedenheit erhöhen, etwa indem sie repetitive und monotone Aufgaben automatisiert. Diese Automatisierung ermöglicht es Arbeitnehmenden, sich verstärkt auf kreativere und intellektuell anspruchsvollere Aspekte ihrer Arbeit zu konzentrieren. Durch die Befreiung von eintönigen Tätigkeiten können Mitarbeitende mehr Zeit und Energie auf Aufgaben verwenden, die als bedeutungsvoller und befriedigender empfunden werden. Dies führt nicht nur zu einer erhöhten Arbeitszufriedenheit, sondern kann auch die Freiheit der Arbeitsgestaltung verbessern. Arbeitnehmende haben die Möglichkeit, ihre Rollen aktiver zu gestalten und ihre berufliche Laufbahn in eine Richtung zu lenken, die ihren Interessen und Stärken entspricht.

- **Erleichterter Zugang zu Berufen**
  KI kann dazu beitragen, den Zugang zu Berufen und Tätigkeiten zu erleichtern, die zuvor bestimmten Bevölkerungsgruppen verschlossen waren. Zum einen kann KI Werkzeuge und Unterstützungssysteme bereitstellen, die Menschen mit körperlichen oder sensorischen Einschränkungen den Zugang zu Tätigkeiten eröffnen, die bisher aufgrund physischer Anforderungen nicht möglich waren. Beispielsweise ermöglichen sprachgesteuerte Schnittstellen oder visuelle Erkennungssysteme, die in verschiedenen Berufsfeldern integriert werden können, eine inklusivere Arbeitsumgebung. Zum anderen öffnet KI einige Tätigkeitsbereiche, die zuvor nur von Expertinnen und Experten ausgeführt werden konnten, für große Anwendergruppen. Beispiele dafür sind die Übersetzung von Texten, die Generierung von Grafiken oder die Erzeugung von Programmcodes. Bestimmte Berufsbereiche stehen dadurch einer größeren Interessentengruppe offen.

8.5 KI freiheitsförderlich gestalten

Abschn. 8.4 hat gezeigt, dass KI vielfältige Freiheitsaspekte berührt, insbesondere die Informationsfreiheit, die Meinungsfreiheit, die Entscheidungsfreiheit und, etwas indirekter, auch die Berufsfreiheit. Es wurde deutlich, dass KI die jeweilige Freiheit fördern, aber auch einschränken kann, je nachdem wie und wofür KI eingesetzt wird. Wenn wir eine Gesellschaft anstreben, in der KI möglichst dem Wohle der Gesellschaft dient, stellt sich die Frage, wie der Einsatz von KI gestaltet werden muss, damit die positiven Effekte zutage treten und die negativen Aspekte möglichst vermieden werden. Dafür sind einerseits rechtliche Rahmenbedingungen für den öffentlichen und wirtschaftlichen Bereich nötig, andererseits aber auch aufgeklärte Bürgerinnen und Bürger, die über die notwendige KI-Grundkompetenz verfügen, um den Prozess des geeigneten KI-Einsatzes mitzugestalten und aktiv von KI zu profitieren. Da sich KI rasant weiterentwickelt und sich ständig neue Anwendungsmöglichkeiten ergeben, muss dieser Prozess offen angelegt sein und Raum für Experimente geben.

8.5.1 Voraussetzungen für einen freiheitsförderlichen KI-Einsatz

Grundvoraussetzung für einen freiheitsförderlichen Einsatz von KI ist die Wahrnehmung des Einsatzes von KI. Es geht also darum, zu erkennen, wo und zu welchem Zweck KI bereits in Geräten, bei Dienstleistungen sowie in Prozessen und Verfahren genutzt wird. Erst wenn man dies weiß, ist man überhaupt in der Position, selbst zu agieren. Aus regulatorischer Sicht sollte zu diesem Zweck für öffentliche Organisationen und wirtschaftliche Unternehmen eine Offenlegungspflicht angestrebt werden. Es sollte kenntlich gemacht werden, wenn in einem Verfahren, in einem Gerät oder bei der Erbringung einer Dienstleistung KI eingesetzt wird. Ähnlich wie bereits jetzt beim Datenschutz sollte auch deutlich gemacht werden, welche Aufgabe KI dabei konkret übernimmt. Eine formale Offenlegungspflicht kann dabei nur dann wirkungsvoll sein, wenn Bürgerinnen und Bürger bzw. Konsumierende sich der Bedeutung der Informationen bewusst sind und Handlungsoptionen besitzen, also beispielsweise die Verwendung von KI für spezielle Einsatzzwecke ablehnen oder auf ein anderes Angebot ausweichen können.

Eine weitere Voraussetzung betrifft die aktive Nutzung von KI-Systemen im Sinne der Bürgerinnen und Bürger. Diese müssen in die Lage versetzt werden, die KI-Systeme so zu steuern, dass die angestrebte positive Wirkungsweise entsteht. Neben einer einfachen und nachvollziehbaren Bedienung der Systeme ist dabei auch ein Grundverständnis ihrer Arbeitsweise notwendig. Nur so können optimale Ergebnisse erzielt und Probleme aufgrund von fundamentalen Fehleinschätzungen der Wirkprinzipien der KI-Systeme vermieden werden. Ein Grundverständnis ist ebenfalls erforderlich, um den Nutzen der KI-Systeme und -Komponenten zu bewerten. Dies ist notwendig, um sinnvolle Einsatzzwecke der KI-Systeme zu identifizieren, die Qualität der erzielten Ergebnisse zu beurteilen und zwischen verschiedenen Handlungsoptionen abzuwägen.

Damit das Potenzial von KI zur Förderung von Freiheit ausgeschöpft werden kann, muss noch eine weitere Voraussetzung gegeben sein, die über die aufgeklärte Nutzung von KI-Systemen hinausgeht: Bürgerinnen und Bürger dürfen nicht passive Bedienende dieser Systeme bleiben, sondern sie müssen zu aktiven Mitgestaltern werden. Dabei gilt es, Fragen zu klären wie: Welche Probleme wollen wir mittels KI lösen? Welche Lösungsansätze wollen wir verfolgen? Wie soll der Arbeitsablauf und die Verteilung der Aufgaben zwischen Mensch und KI aussehen? Zugrunde liegt dabei ein partizipativer Grundgedanke, der in Bürgerinnen und Bürgern nicht nur Bedienende und Konsumierende von KI sieht, sondern auch Auftraggebende, Ideengenerierende und Mitdesignerinnen und -designer. Der Fokus liegt dabei nicht zwangsläufig auf der technischen Gestaltung der KI-Systeme, wobei auch dieser Aspekt nicht unberücksichtigt bleiben sollte. Durch die Arbeit in interdisziplinären Teams und durch die Entwicklung niedrigschwelliger Schnittstellen können auch nicht technisch versierte Bürgerinnen und Bürger in die Lage versetzt werden, aktiv an der Gestaltung unserer gemeinsamen KI-Zukunft mitzuwirken.

8.5.2 Plädoyer für eine umfassende KI-Bildung

Wenn man die Bedeutung des immer umfassenderen Einsatzes von KI in praktisch allen Lebensbereichen und den damit einhergehenden Einfluss von KI auf zentrale Aspekte unserer Freiheit zur Kenntnis nimmt, ergibt sich daraus die Notwendigkeit einer aktiven Mitgestaltung dieses Prozesses durch möglichst viele. Nur so kann sichergestellt werden, dass diese Technologie so weit wie möglich zum Wohle aller eingesetzt wird und unsere Freiheit befördert und nicht einschränkt. Die aktive Mitgestaltung unserer gemeinsamen KI-Zukunft setzt engagierte, aufgeklärte und kompetente Bürgerinnen und Bürger voraus.

Wie kann dies erreicht werden? Der Schlüssel dazu liegt in einer umfassenden KI-Bildung und Bürgerbeteiligung. Daraus erwachsen Herausforderungen an unser Bildungssystem im Bereich Schule, Hochschule, berufliche (Weiter-)Bildung und individuelles, lebenslanges Lernen.

KI kann in der Schule auf verschiedene Arten eingesetzt werden. Zum einen können Lehrkräfte und Schulpersonal KI-Werkzeuge auf vielfältige Weise zur Vereinfachung und Beschleunigung ihrer Aufgaben verwenden, etwa zur Unterrichtsplanung, zur Materialerstellung oder zur Vorkorrektur. Außerdem kann KI-gestützte Lernsoftware verwendet werden, die sich an die individuellen Bedürfnisse der Schülerinnen und Schüler anpasst und den Lehrkräften einen detaillierten Überblick über den aktuellen Lernstand sowie mögliche Defizite gibt. Damit die Schülerinnen und Schüler aber nicht nur indirekt von KI profitieren, sondern selbst eine KI-Grundbildung erhalten, muss Schule in der (nahen) Zukunft noch mehr leisten. Im Folgenden sind einige Thesen dargestellt, die als Bedingungen für eine gelingende KI-Grundbildung in der Schule zu verstehen sind.

> **Thesen zu einer gelingenden KI-Grundbildung in der Schule**
> - **KI-Bildung muss umfassend verstanden werden.**
>   KI kann aus unterschiedlichen Blickwinkeln betrachtet werden. Erst wenn diese Blickwinkel kombiniert werden, entsteht ein umfassendes Bild. In Anlehnung an das Dagstuhl-Dreieck sollte KI wie andere Phänomene der digital vernetzten Welt sowohl unter der anwendungsbezogenen Perspektive (Wozu und wie kann ich KI nutzen?), der technologischen Perspektive (Wie funktioniert KI?) als auch der gesellschaftlich-kulturellen Perspektive (Welche Auswirkungen hat der Einsatz von KI?) thematisiert werden. Nur wenn ein Grundverständnis aller drei Perspektiven vorhanden ist, kann eine begründete Haltung zum Einsatz von KI eingenommen werden.
> - **KI-Bildung ist für alle Fächer relevant.**
>   Ebenso wie Medienbildung ist KI-Bildung ein Querschnittsthema, das für alle Unterrichtsfächer von Bedeutung ist. In gedanklicher Fortführung der Strategie der Kultusministerkonferenz „Bildung in der digitalen Welt" sollten fachrelevante KI-Phänomene und -Aspekte in den entsprechenden Unterrichtsfächern aufgegriffen und thematisiert werden. Dies schließt die vertiefte Behandlung des Themas KI im Informatikunterricht oder in einem anderen spezifischen Format ausdrücklich nicht aus.
> - **KI-Bildung muss früh beginnen.**
>   Da bereits Schülerinnen und Schüler der Elementarstufe mit KI-Systemen in Berührung kommen (z. B. Sprachassistenten wie Amazon Alexa, Google Home, Apple Siri; interaktive Spielzeuge; Lern-Apps), sollte KI-Bildung bereits in der

Grundschule einsetzen. Das Thema kann dann, der Idee eines Spiralcurriculums folgend, in späteren Schulstufen vertieft und verbreitert werden. Um KI bereits in der Elementarstufe zu thematisieren, bedarf es nicht notwendigerweise besonderer technischer Ausstattung. Es existieren auch diverse rein analoge („unplugged") Lernmaterialien zu diesem Thema.

- **KI-Bildung muss alle erreichen.**
  KI beeinflusst immer mehr Lebensbereiche. Deshalb ist eine grundlegende KI-Bildung für alle wichtig, damit sie diese Entwicklung kritisch hinterfragen, ethische Aspekte erkennen und verantwortungsvoll mit KI-Werkzeugen umgehen können. Um zu verhindern, dass KI die bereits bestehende digitale Kluft („digital divide") weiter verstärkt, muss KI-Bildung daher allen Schülerinnen und Schülern zugutekommen, unabhängig von der Schulform, vom Geschlecht oder der sozialen Herkunft.
- **KI-Bildung muss niederschwellig sein.**
  Damit alle Schülerinnen und Schüler eine KI-Grundbildung erlangen können, muss sie leicht zugänglich und verständlich sein. Dies beinhaltet verschiedene Aspekte, etwa eine für die jeweilige Zielgruppe geeignete Komplexität und Sprache, niedrige Kosten, geringe Technikabhängigkeit und flexible Teilnahmebedingungen. Interessanterweise können gerade KI-Tools zum Abbau von Hürden beitragen, etwa indem sie Schülerinnen und Schüler mit Beeinträchtigungen oder Sprachproblemen unterstützen.
- **KI-Bildung muss in der Welt verankert sein.**
  KI als ein rein technisches Phänomen und als Aufgabe von Expertinnen und Experten zu verstehen, greift zu kurz. KI berührt nicht nur viele Lebensbereiche, sondern verändert sie, manchmal sogar gravierend. Um die weitreichende Bedeutung von KI vermitteln zu können, muss sie im konkreten Kontext unserer Lebenswelt erfahr- und begreifbar gemacht werden. Nur so kann eine KI-Bildung alle Betroffenen erreichen und dabei helfen, Veränderungsprozesse positiv mitzugestalten.
- **KI-Bildung soll zum Handeln ermächtigen.**
  Die Anwendungsmöglichkeiten von KI zu kennen, ihre Funktionsweise zu verstehen und die Auswirkungen ihres Einsatzes beurteilen zu können, ist wichtig. In KI steckt aber noch mehr. Sie kann auch ein Mittel sein, um die eigenen Fähigkeiten und Potenziale zu erweitern. Aktiv und selbstbestimmt eingesetzt, kann KI helfen, Herausforderungen zu überwinden und eigene Ziele zu erreichen. Voraussetzung dafür ist, bewusst die Rolle des Handelnden und Gestaltenden einzunehmen. Die Grundlage dafür muss ebenfalls durch eine geeignete KI-Bildung geschaffen werden.

Erhalten Schülerinnen und Schüler eine KI-Grundbildung wie zuvor umrissen, so ist dies eine gute Basis, reicht aber aus mindestens vier Gründen nicht aus:

Erstens sind die meisten Bürgerinnen und Bürger während ihrer Schulzeit nicht in den Genuss eine KI-Grundbildung gekommen. Sie müssen daher entsprechende Grundlagen selbstständig nachholen. Dafür müssen geeignete Bildungsangebote geschaffen werden, die sich inhaltlich an den schulischen Angeboten orientieren können, methodisch und didaktisch aber an die bereits erwachsene Zielgruppe angepasst sein sollten. Zu diskutieren ist, welche Einrichtungen entsprechende Bildungsangebote bereitstellen, wie dies mit möglichst geringen Hürden geschehen kann und wie die Lernenden bei der Auswahl der Angebote unterstützt werden.

Zweitens bleibt die KI-Entwicklung durch den Abschluss der Schulausbildung nicht stehen. Auch Erwachsene müssen sich in diesem Bereich entsprechend kontinuierlich weiterbilden, um Fortschritte und Veränderungen im Blick zu behalten. KI-Grundbildungsangebote müssen also fortlaufend weiterentwickelt und ergänzt werden. Dies gilt in gleicher Form für die KI-Grundbildung an Schulen. Der Anpassungsdruck in der KI-Grundbildung ist dabei allerdings geringer als in der Welt der realen KI-Anwendungen, da die Grundbildung auf allgemeine KI-Konzepte fokussiert, die sich deutlich langsamer wandeln als konkrete KI-Methoden, -Modelle und -Werkzeuge.

Drittens beginnt nach der allgemeinen schulischen Bildung die berufliche Bildung. Eine für alle Bürgerinnen und Bürger relevante KI-Grundbildung muss also um berufsspezifische KI-Aspekte erweitert werden. Abhängig vom gewählten Berufsfeld ist eine Verbreiterung und/oder Vertiefung der Kompetenzen notwendig. Dies geschieht in beruflichen Schulen, in Ausbildungsbetrieben und an Hochschulen. Typischerweise ist die berufliche KI-Bildung stark mit dem (zukünftigen) Arbeitskontext verflochten und überwiegend handlungsorientiert ausgerichtet.

Viertens muss auch die berufliche KI-Bildung kontinuierlich fortgesetzt werden, um den Anschluss an aktuelle KI-Entwicklungen zu halten. Der Anpassungsdruck in Unternehmen ist dabei hoch, da sie sich einerseits in einer direkten Wettbewerbssituation mit Mitbewerbern befinden und andererseits nur von KI profitieren, wenn sie ihre KI-gestützten Produkte, Dienstleistungen und Prozesse zur Anwendungsreife führen. Dafür müssen aktuelle KI-Methoden, -Modelle und Werkzeuge zeitnah analysiert und aufgegriffen werden. Aufseiten der Beschäftigten erfordert dies die Bereitschaft zu einer fortwährenden KI-Weiterbildung, aufseiten der Unternehmen die Schaffung von entsprechenden Weiterbildungsangeboten. Weiterhin sollten Betriebe geeignete Strukturen schaffen, um KI-Know-how dauerhaft im Unternehmen aufzubauen und weiterzugeben. Dies könnte etwa durch KI-Kompetenzzentren, Coaching-Programme, die Bildung interdisziplinärer Teams oder die Zusammenarbeit mit Hochschulen und Forschungseinrichtungen geschehen. Auch die Bereitstellung einer KI-Infrastruktur und die Etablierung von KI-Governance-Strukturen ist empfehlenswert.

8.6 Fazit

Für die Öffentlichkeit und auch für die Politik durchaus überraschend hat sich in den letzten zehn bis 20 Jahren ein mächtiges KI-Lösungs- und Anwendungsportfolio zusammen mit großen amerikanischen und chinesischen Technologiekonzernen gebildet, bevor die Veränderungen von den Bürgerinnen und Bürgern unserer Gesellschaft vollständig adaptiert werden konnten. Das öffentliche Interesse und Wissen über KI hinkt weit hinter der gesellschaftlichen Relevanz und dem technischen Fortschritt hinterher – so entsteht zumindest der Eindruck. In einer Demokratie ist eine fundierte öffentliche Diskussion Voraussetzung, damit wichtige Fragen zum KI-Einsatz beantwortet werden können. Zur Befeuerung und Befähigung dieser öffentlichen Diskussion sind eine stärkere Sensibilisierung der persönlichen Betroffenheit, beispielsweise durch eine stärkere Präsenz in den allgemeinbildenden Medien, und eine hohe politische Aufmerksamkeit notwendig.

Bei der Entwicklung der Einsatzmöglichkeiten von KI treffen diverse Interessen aufeinander, die schon heute unterschiedliches Gewicht, Voraussetzungen und Kompetenzen haben. In einer demokratische Ordnung brauchen wir die Diskussion in der Öffentlichkeit, um notwendige Regeln und Wertanpassungen einzuführen. Expertengremien und staatliche Institutionen adressieren bereits wichtige Themen. Große Teile der Bevölkerung scheinen heute aber mehr auf die Rolle des mäßig interessierten Konsumierenden als des fundierten Akteurs beschränkt zu sein. Zudem ist auch das Interesse an Weiterbildung zum Thema KI immer noch schwach ausgeprägt. Bleibt die Rolle großer Bevölkerungsanteile weiterhin passiv, erhöht sich die Gefahr, dass

- die Bevölkerung neue KI-Services nicht hinreichend kritisch hinterfragen kann oder Lösungen schwer vergleichbar sind. Ist es beim Thema Umweltschutz leicht erkennbar, ob Waren in Plastik verpackt sind, ist bei Innovationen wie beispielsweise Smart-Home-KI-Lösungen nicht sofort erkennbar, welche Abhängigkeiten oder Profile entstehen.
- durch die KI-Innovationen schädliche Einflüsse und Voraussetzungen wie beispielsweise Quasimonopole (Apple, Meta, Google, Microsoft und Open AI) – die sich freiheitsgefährdend auswirken – entstehen, die nachträglich kaum oder erst sehr spät zu korrigieren sind.
- KI-Lösungen direkt durch Social Media oder indirekt durch Veränderungen der Wahlmöglichkeiten das Wertesystem der Gesellschaft beeinflussen, in einer Weise, die nicht durch breite freiheitlich demokratische Diskussion getragen wird.

Um diese passive Rolle der Bevölkerung zu verändern, ist zunächst eine verstärkte Sensibilisierung für die Themen der KI-Innovationen nötig, indem aufgezeigt wird, wie der Einzelne heute schon von KI-Lösungen betroffen ist. Hier können auch sogenannte Reallabore ein Vehikel sein, KI-Lösungen im öffentlichen Einsatz vorzutesten und Vertrauen bei den Bürgerinnen und Bürgern aufzubauen. Neben der Anpassung der Bildungsangebote können auch die Medien einen verstärkten Beitrag leisten, Personen, die wenig Interesse an KI haben, zu informieren. Digital gut gebildete und aktive Bürgerinnen und Bürger können zwar eine breite demokratische Diskussion führen und die Anpassung von Regelwerken beeinflussen. Es braucht aber unterstützend das Thema KI überblickende gesellschaftliche Institutionen, die eine Ausbalancierung der Interessen zum Ziel haben und stark genug sind, diese Ausbalancierung gegenüber internationalen Konzernen auch durchzusetzen.

Unsere Gesellschaft sieht sehr spannenden und herausfordernden Zeiten entgegen.

Literatur

Brand, P. (2011). Entscheidungsfreiheit versus Neuromarketing. *Journal für Verbraucherschutz und Lebensmittelsicherheit*. Braunschweig: Bundesamt für Verbraucherschutz und Lebensmittelsicherheit 6, 1–3.
Brink, S., Polenz, S., & Blatt, H. (2017). *Informationsfreiheitsgesetz*. C. H. Beck.
Bundesministerium der Justiz. (1949). Grundgesetz GG. https://www.gesetze-im-internet.de/gg/BJNR000010949.html. Zugegriffen am 13.08.2024.
Bundesministerium der Justiz. (o.J.). Informationsfreiheitsgesetz IFG. https://www.gesetze-im-internet.de/ifg/. Zugegriffen am 13.08.2024.
Epping, V., Lenz, S., & Leydecker, P. (2024). *Grundrechte* (10. Aufl.). Springer.
Müller-Franken, S. (2013). *Meinungsfreiheit im freiheitlichen Staat*. Brill | Schöningh.
Petersen, N. (2022). *Deutsches und Europäisches Verfassungsrecht II – Grundrechte und Grundfreiheiten* (2. Aufl.). C. H. Beck.
Schäfers, D. (2021). Rechtsgeschäftliche Entscheidungsfreiheit im Zeitalter von Digitalisierung, Big Data und Künstlicher Intelligenz. *Archive für civilistische Praxis, 221*, 32–67. Tübingen: Mohr Siebeck.
Schnötzinger, E. (2021). *Das Recht auf Meinungs- und Informationsfreiheit im digitalen Zeitalter*. danzig & unfried.
Warburton, N. (2009). *Free speech: A very short introduction*. Oxford University Press.

Prof. Dr. Markus H. Dahm begleitet als Berater und Coach seit 30 Jahren Organisationen in Strategie-, Transformations- und Change-Management-Prozessen. Er ist zudem Professor an der FOM Hochschule für Oekonomie & Management und lehrt und forscht zu den Themen KI, digitale Transformation und Leadership. Er publiziert regelmäßig zu aktuellen Management- und Leadership-Fragestellungen in Fachzeitschriften und Online-Medien. Markus Dahm ist Autor und Herausgeber zahlreicher Bücher in den Themenfeldern strategisches Management, Digitalisierung, organisationale Transformation und Prozessmanagement. Seit einigen Jahren ist er auch als Ambassador des ARIC Artificial Intelligence Center Hamburg tätig.

Uwe Neuhaus ist seit 2022 wissenschaftlicher Mitarbeiter am Seminar für Medienbildung an der Europa-Universität Flensburg und entwickelt dort Konzepte und Umsetzungsstrategien zur Verankerung des Themas KI in der Schul- und Hochschulbildung. Zuvor war er über ein Jahrzehnt Dozent und wissenschaftlicher Mitarbeiter an der NORDAKADEMIE Hochschule der Wirtschaft. Seine Schwerpunkte in Lehre und Forschung lagen dort in den Bereichen Algorithmen, Data-Mining und maschinelles Lernen. Zudem ist er Mitentwickler des 2021 gestarteten berufsbegleitenden Masterstudiengangs Applied Data Science. Vor seiner Tätigkeit an der NORDAKADEMIE war der studierte Informatiker für die FernUniversität Hagen und als Technical Trainer für ein IT-Unternehmen tätig.

Ordnungsökonomischer Neustart in der Wirtschaftspolitik

Stefan Kooths

Inhaltsverzeichnis

9.1 Wachstumshemmnisse 150
    9.1.1 Befund: Strukturelle Wachstumsschwäche und politisches Mikromanagement 150
    9.1.2 Zwei Typen von Wachstumspolitik 151
    9.1.3 Gulliver-Syndrom: Regulatorische Komplexität hemmt Produktivität 151
    9.1.4 Steuerkeil als Hemmschuh für marktwirtschaftliche Aktivität 152
    9.1.5 Nexus zwischen Wachstums- und Standortpolitik 152
9.2 Reformfelder 153
    9.2.1 Aktivierende Sozialpolitik durch integriertes Steuer-Transfer-System 154
    9.2.2 Soziale Sicherungssysteme an demografische Alterung anpassen 155
    9.2.3 Rationale Finanzpolitik und Nutzerfinanzierung für Infrastrukturen 155
    9.2.4 Marktwirtschaftliche Rückbesinnung in der Dekarbonisierungspolitik 157
    9.2.5 Energiepolitik: Abschied von den Illusionen 159
9.3 Fazit: Kurswechsel Richtung Ordnungspolitik 160
Literatur 162

Zusammenfassung

Die deutsche Wirtschaft gleicht seit Jahren einem Fahrzeug mit viel Sand im Getriebe und schwerem Ballast im Kofferraum. Entsprechend mühsam geht es voran. Kleinteiliger Interventionismus hat über die Zeit ein immer dichter geknüpftes regulatorisches Geflecht entstehen lassen, das ökonomische Dynamik zusehends behindert. Das

---

S. Kooths (✉)
Forschungszentrum Konjunktur und Wachstum, Institut für Weltwirtschaft Kiel,
Berlin, Deutschland
e-mail: stefan.kooths@ifw-kiel.de

erfordert einen im Grundsatz anderen Stil in der Wirtschaftspolitik – national wie auf EU-Ebene. Neben einer solchen Getriebewäsche müsste der Standort für mehr Wachstum vom Ballast dysfunktionaler Teilbereiche durch tiefgreifende Reformen befreit werden. Hierzu zählen vor allem Maßnahmen, die die sozialen Sicherungssysteme demografiefest machen und die Energieversorgung auf ein ökonomisch tragfähiges Fundament stellen. Der Beitrag zeigt Kernbereiche für einen ordnungspolitischen Neustart auf, der standortstärkende Wachstumspolitik mit klarer Priorisierung der Staatsaufgaben verbindet.

9.1 Wachstumshemmnisse

9.1.1 Befund: Strukturelle Wachstumsschwäche und politisches Mikromanagement

Seit Jahren revidieren die führenden Wirtschaftsforschungsinstitute das Produktionspotenzial der deutschen Wirtschaft nur in eine Richtung – nach unten. So liegt die aktuelle Schätzung der bei Normalauslastung möglichen Wirtschaftsleistung für das Jahr 2024 um vier Prozent unter dem Niveau, das noch vor fünf Jahren für dieses Jahr veranschlagt wurde.[1] Bezogen auf das Bruttoinlandsprodukt entspricht dies einem Wegfall von gut 170 Mrd. €. Zwar spielen hierfür auch die beiden Großkrisen eine Rolle (COVID-19-Pandemie und Gaspreisschock), andere Wirtschaftsräume haben diese Einbrüche aber besser überwunden.

Maßgeblich für die Abwärtskorrekturen beim Potenzial sind vor allem Anpassungen bei der Totalen Faktorproduktivität, was auf strukturelle Ursachen hindeutet. Hierfür spricht auch, dass der Standort in einschlägigen Rankings seit Längerem an Boden verliert. Belegte Deutschland in der IMD-World-Competitiveness-Rangliste im Jahr 2014 noch Platz 6, findet es sich aktuell auf Rang 24 (von 67) wieder.[2] Im ZEW-Länderindex Familienunternehmen reichte es zuletzt nur für Rang 18 (von 21), der schlechtesten Platzierung seit der Erstveröffentlichung im Jahr 2006.[3] Ausländische Direktinvestitionen in Deutschland sind seit einigen Jahren ebenfalls im Trend abwärtsgerichtet. In solchen Befunden spiegelt sich wider, dass seit der Agenda 2010 keine maßgeblichen wachstums- und standortstärkenden Reformen mehr unternommen wurden. Die Politik zehrt vielmehr von der Substanz und hat sich im Wesentlichen um das konsumtive Verteilen der einstigen Reformdividenden gekümmert, anstatt die sozialen Sicherungssysteme auf den demografischen Wandel vorzubereiten.[4]

---

[1] Vgl. Projektgruppe Gemeinschaftsdiagnose, 2024b, S. 60 f.
[2] Vgl. IMD, 2024.
[3] Vgl. Heinemann et al., 2023.
[4] Vgl. Klodt & Kooths, 2021.

In jüngerer Zeit kamen mit der Energiewende massive Belastungen hinzu, die dem Produktionspotenzial zusetzen. Zudem ist die Politik – national wie auf EU-Ebene – zunehmend interventionistisch ausgerichtet. Statt die allgemeinen Bedingungen für ökonomische Aktivität in den Blick zu nehmen, wird eine Industriepolitik verfolgt, die über Subventionen und kleinteilige Regulierungen eng in das ökonomische Geschehen eingreift und Marktprozessen immer weniger Raum lässt. Mit einem solchen Ansatz überfordern sich die staatlichen Instanzen, weil ihnen dazu die relevanten Informationen fehlen. Zugleich engen sie damit die Freiräume für unternehmerische Aktivität immer weiter ein, was im Ergebnis den Produktivitätsfortschritt bremst.

9.1.2 Zwei Typen von Wachstumspolitik

Die Triebkraft für dauerhaftes Wachstum ist kontinuierlich neues Wissen, das mittels Kapitalgütern aller Art die Arbeitsproduktivität steigert. Günstige Bedingungen für technischen Fortschritt (Humankapital, Innovationen) gepaart mit attraktiven Investitionsbedingungen (Standortqualität, s. u.) beeinflussen in der langen Frist positiv die Wachstumsrate des Pro-Kopf-Einkommens, was sich in einem steileren Potenzialpfad zeigt. Diese sehr langfristig ausgerichtete Wachstumspolitik (Typ I) ist eine Daueraufgabe, die Wirkungsverzögerung entsprechender Maßnahmen bemisst sich eher in Jahrzehnten als in Jahren. So wichtig sie sind, sie ersetzen nicht die kurz- und mittelfristig ausgerichtete Wachstumspolitik (Typ II), die über Strukturreformen Produktivitätsreserven hebt, um so den Potenzialpfad im Niveau anzuheben. Wachstumspolitik vom Typ II zielt darauf ab, aus den gegebenen Möglichkeiten mehr zu machen, während Typ I die Möglichkeiten selbst leichter wachsen lässt. Wachstumspolitik vom Typ I ist nicht nur wegen der unterschiedlichen Fristigkeit kein Ersatz für Typ II, sondern auch deshalb nicht, weil die aus der Wachstumstheorie abgeleiteten Langfristmaßnahmen bereits voraussetzen, dass die Hausaufgaben vom Typ II erledigt sind.[5] Reformen vom Typ II zahlen somit indirekt auf den Erfolg in der langen Frist ein.

9.1.3 Gulliver-Syndrom: Regulatorische Komplexität hemmt Produktivität

Produktivitätsreserven resultieren aus regulatorischen Defiziten. Diese bestehen wiederum darin, dass ökonomische Aktivität durch allokativ unsachgemäße Regulierungen behindert wird. Hierzu zählen kleinteilige Regelungen, wo allgemeine Regeln möglich sind, weil so das dezentrale, situative und personell gebundene Wissen der ökonomischen Akteure vor Ort ungenutzt bleibt, was mit Produktivitätseinbußen einhergeht.[6] Neben diesem

---

[5] Vgl. Kooths, 2004.
[6] Vgl. Hayek, 1945.

direkten Effekt kommt es kumulativ im Zusammenspiel vieler Einzelregelungen zu weiteren Effizienzverlusten, weil sich ihre Wechselwirkung ab einem bestimmten Komplexitätsgrad unüberschaubar wird. Dieser Effekt lässt sich als Gulliver-Syndrom beschreiben: Ähnlich wie Gulliver nicht von einem einzigen Faden – sondern von einem Geflecht vieler Fäden – am Boden gehalten wurde, lähmt die Summe der Einzelvorschriften spürbar die ökonomische Dynamik.[7] Der ansonsten unter den Tisch fallende inkrementelle Beitrag einer Einzelmaßnahme zum regulatorischen Gesamtgefüge begründet mit Blick auf den absoluten Bürokratieaufwand auch die auf den ersten Blick mechanisch wirkende „One in one out"-Regel, wonach für jede zusätzliche Vorgabe, die die ökonomischen Akteure belastet, eine existierende Vorgabe entfallen soll.[8] Zudem wird eine interventionistische Politik anfälliger, via Lobbyismus zur Beute von Partikularinteressen zu werden, wodurch staatliche Zwangsinstrumente in Reichweite privater Akteure gelangen. Dies schmälert den Leistungswettbewerb und führt so zu weiteren Produktivitätsverlusten.

9.1.4 Steuerkeil als Hemmschuh für marktwirtschaftliche Aktivität

Praktisch alle Steuern setzen an Markttransaktionen an. Weil damit Käufer und Verkäufer unterschiedliche Preissignale empfangen (Bruttopreis für den Käufer, Nettopreis für den Verkäufer), können damit nicht mehr sämtliche Tauschvorgänge ausgeschöpft werden, die ohne diesen Steuerkeil für beide Seiten vorteilhaft wären. Für die Finanzierung seiner Kernfunktionen (öffentliche Güter wie Rechtssystem, innere und äußere Sicherheit) ist der Staat auf Steuereinnahmen angewiesen. Der daraus resultierende Steuerkeil wird von den gesamtwirtschaftlich positiven Produktivitätseffekten staatlicher Kernfunktionen mehr als aufgewogen. Unsachgemäß wird die Höhe des Steuerkeils, sobald der Staat Güter steuerfinanziert bereitstellt, die sich ohne Weiteres direkt bepreisen lassen. Mit Blick auf die Unterstützung Hilfsbedürftiger als zweiter Säule notwendiger Besteuerung verläuft die produktivitätsrelevante Grenze des Unsachgemäßen dort, wo die staatlichen Transfers der Selbsthilfe im Wege stehen.

9.1.5 Nexus zwischen Wachstums- und Standortpolitik

In offenen Wirtschaftsräumen zielt die Standortpolitik auf die Attraktivität für mobile Produktionsfaktoren ab. Die Attraktivität eines Standorts bestimmt sich nach seinem Preis-Leistungs-Verhältnis. Auf der Leistungsseite stehen sämtliche Faktoren, die den produktiven Einsatz mobiler Produktionsfaktoren unterstützen (z. B. Rechtssicherheit, Infrastrukturen, funktionale Regulierung, politische Stabilität, sozialer Friede). Der Preis des Standorts macht sich an der Steuerquote fest (inklusive dem Teil der Sozialbeiträge

---

[7] Vgl. Kooths, 2022a.
[8] Vgl. NKR, 2022, S. 18 ff. und S. 54 ff.

ohne versicherungsäquivalente Gegenleistung). Im internationalen Standortwettbewerb hat nicht der billigste Standort die Nase vorn (niedrigste Steuerquote), sondern der günstigste (bestes Preis-Leistungs-Verhältnis). Sämtliche Maßnahmen, die Produktivitätsreserven heben, verbessern zugleich das Preis-Leistungs-Verhältnis des Standorts: Je weniger ökonomische Aktivität behindert wird, desto geringer werden ceteris paribus die anteiligen Transferlasten für die ökonomisch Aktiven.

Weil die mobilen Produktionsfaktoren auf das Preis-Leistungs-Verhältnis der alternativen Standorte durch Wanderungsbewegungen reagieren können, ergibt sich aus der Standortqualität über den Zu- oder Abfluss von Sach- und Humankapital zugleich ein (zumindest temporärer) Effekt auf die Wachstumsrate. Wirtschaftsräume, die Kapital anziehen, können nicht nur die Kapitalintensität rascher aufbauen, sondern Direktinvestitionen und Fachkräftewanderung beinhalten zugleich einen Wissenstransfer.[9]

Typischerweise sind die höherqualifizierten und unternehmerischen Akteure zugleich die mobilsten. Deren Migration schlägt überproportional auf das Steuersubstrat durch. Standorte, die an Attraktivität verlieren, droht eine Abwärtsspirale, wenn sie auf eine abwanderungsbedingte Erosion der Steuerbasis mit höheren Steuersätzen reagieren. Dadurch verschlechtert sich das Preis-Leistungs-Verhältnis weiter und der Standort kalkuliert sich so aus dem internationalen Wettbewerb heraus (ähnlich wie ein Unternehmen, dem auf schwindende Umsätze nur Preiserhöhungen einfallen). Auch für die Steuerschraube gilt: Nach fest kommt ab.

Eine produktivitätsförderliche Standortpolitik bedeutet nicht, mobile Produktionsfaktoren „um jeden Preis" (etwa mit Subventionen) anzuziehen oder gar ihre Abwanderung regulatorisch zu behindern (wo Abfluss erschwert wird, versiegt als erstes der Zufluss). Liegen die Ursachen für Faktorströme in regulatorisch unverzerrten Renditedifferenzen (z. B. höhere Kapitalerträge in aufholenden Ländern), liegen Nettokapitalexporte im Interesse einer wohlstandsorientierten Wirtschaftspolitik, die immer die langfristigen Konsummöglichkeiten der ökonomischen Akteure im Blick haben muss. Diese hängen von der nachhaltigen Entwicklung des Bruttonationaleinkommens und nicht von der des Bruttoinlandsproduktes ab.

9.2 Reformfelder

Aus den vorstehenden Überlegungen ergeben sich wichtige Reform- bzw. Initiativfelder für die deutsche Wirtschaftspolitik, die im Folgenden kurz beleuchtet werden sollen.

---

[9] Vgl. Giersch, 1981, 1993.

9.2.1 Aktivierende Sozialpolitik durch integriertes Steuer-Transfer-System

Rein rechnerisch können hohe Transfers in Verbindung mit hohen Abgaben zwar zur selben Nettoeinkommensposition führen wie geringere Transfers und geringere Abgaben. Der Nachteil größerer Bruttoströme im Umverteilungssystem („linke Tasche, rechte Tasche") liegt neben dem höheren administrativen Aufwand (Bürokratiekosten) darin, dass bei gleicher Umverteilungswirkung die Effizienzverluste zunehmen, je größer der Abgabenkeil ausfällt. Das Problem verschärft sich, wenn eine Vielzahl von sozialpolitisch motivierten Instrumenten, die meist auch noch von verschiedenen Trägern dosiert werden, in der Summe dazu führen, dass sich am Markt erzielte Mehreinkommen kaum noch in höhere verfügbare Einkommen der Begünstigten übersetzen, wodurch Arbeitsanreize veröden. Sozialpolitisch motivierte Tarife (z. B. vergünstigte Kita-Gebühren für Bezieher niedriger Einkommen), die eigentlich weniger bemittelten Menschen helfen sollen, erhöhen in Form von hohen Transferentzugsraten den effektiven Abgabenkeil für die vormals Begünstigten und wirken so als Hemmnis beim beruflichen Aufstieg.

Das Ideal gegen diese Fehlsteuerung stellt ein Bürgergeldsystem dar, dem als integriertes Steuer-Transfer-System exklusiv die Distributionsziele übertragen sind, um diese mit den geringstmöglichen Bruttoströmen zu erreichen. Demgegenüber wurden hierzulande im Zuge der Reform des ALG-II-Systems („Hartz IV") zum „Bürgergeld" nur das Label ausgetauscht und Leistungen angehoben. Die über 1.000 € breiten Schneisen im unteren Einkommensbereich, in denen mehr Brutto kaum mehr Netto bedeutet, bestehen indes fort, woran auch die geplante Kindergrundsicherung nichts ändert.[10] Für den Einstieg in eine echte Systemreform liegen entsprechende Vorschläge vor.[11]

Konsequent zu Ende gedacht, bieten sich damit weitere Möglichkeiten, um über eine aktivierende Sozialpolitik Arbeitsanreize zu heben. Denn wenn die normativ gesetzten Umverteilungsbelange zur Sicherung des sozioökonomischen Existenzminimums in einem solchen System gebündelt werden, können zugleich die Sozialversicherungssysteme von versicherungsfremden Umverteilungselementen entlastet werden. Dies gilt insbesondere für die Kranken- und Pflegeversicherung, deren Beiträge – da sie von der Versicherungsleistung entkoppelt sind – faktisch wie eine Steuer wirken und damit den Steuerkeil verbreitern. Versicherungswirtschaftliche Tarife haben demgegenüber den Charakter von „Kopfpauschalen", die – weil sie bei steigendem Individualeinkommen unverändert bleiben – die Arbeitsanreize nicht schmälern. Der Bürgergeldanspruch würde sich in diesem System um diese Kopfpauschale erhöhen. Insgesamt würde mit einem solchen System nicht nur die staatliche Umverteilung auf die breiteste Basis gestellt (Steuerbürger statt sozialversicherungspflichtig Beschäftigte), sondern zugleich der Nexus aus Leistung und Gegenleistung hinsichtlich der Sozialversicherungsbeiträge gestärkt und dort auch mehr Wettbewerb unter den Trägern ermöglicht.

---

[10] Vgl. Peichl et al., 2023, S. 37 ff.
[11] Vgl. Peichl et al., 2023, S. 98 ff.

9.2.2 Soziale Sicherungssysteme an demografische Alterung anpassen

Der neuralgische Punkt für umlagefinanzierte Rentensysteme ist das Verhältnis zwischen Rentnern und Beitragszahlenden. Im Zuge des demografischen Wandels ändert sich – unabhängig von einer weiter steigenden Lebenserwartung – das Verhältnis zu Ungunsten der Beitragszahler.[12] Ohne Gegenmaßnahmen lässt dies die Rentenbeitragssätze auf absehbare Zeit steigen. Der 2004 weit vorausschauend in die Rentenanpassungsformel aufgenommene Nachhaltigkeitsfaktor stellt eine solche Gegenmaßnahme dar. Diesen nun wieder politisch zur Disposition zu stellen, wie es mit Haltelinien für ein Rentenniveau verfolgt wird, wirkt der Stabilität des Rentensystems entgegen. Insbesondere wird für potenzielle Zuwanderer der Standort unattraktiver, da die höheren Beitragssätze im Wesentlichen die Anwartschaften der gegenwärtigen Rentenbezieher erhöhen.

Alternativ zum Festhalten am Nachhaltigkeitsfaktor bzw. ergänzend dazu lassen sich Beitragssätze zur gesetzlichen Rentenversicherung über ein günstigeres Verhältnis zwischen Rentnern und Beitragszahler stabilisieren, was vor allem ein höheres gesetzliches Renteneintrittsalter erfordert. Anders als der Nachhaltigkeitsfaktor entlastet dieser Hebel nicht nur die Rentenkasse auf der Ausgabenseite, sondern erhöht zugleich potenzialsteigernd das Beitragsaufkommen, was zudem für weitere Zweige der Sozialversicherungen entlastend wirkt, die ebenfalls mit demografisch bedingten Mehrausgaben konfrontiert sind (Kranken- und Pflegeversicherung). Großzügigere Regelungen für Berufsunfähigkeitsrenten können hierbei dem Einwand Rechnung tragen, dass aus gesundheitlichen Gründen nicht allen Erwerbstätigen eine längere Lebensarbeitszeit zuzumuten ist. Darüber hinaus zahlt alles auf die Stabilität der Sozialversicherungssysteme ein, was die Arbeitsproduktivität und die Arbeitsanreize erhöht und den Standort für die Zuwanderung qualifizierter Arbeitskräfte erhöht. Ohne entsprechende Maßnahmen verschärft der demografische Wandel hingegen die Verteilungskonflikte.

9.2.3 Rationale Finanzpolitik und Nutzerfinanzierung für Infrastrukturen

Eine Fiskalregel, die das Ausmaß struktureller Defizite begrenzt, verhindert bei rationaler Finanzpolitik nicht die wichtigen Staatsausgaben, sondern die unwichtigen. Denn jene würden – beginnend mit den höchstpriorisierten Positionen – zunächst aus dem Steueraufkommen beglichen und die Ausgabenliste so lange nach unten abgearbeitet, bis das Steueraufkommen erschöpft ist. Für die verbliebenen unrealisierten Ausgabewünsche gilt es dann abzuwägen, ob sie bedeutend genug sind, um eine höhere Steuerquote zu rechtfertigen (gleiches gilt für die gerade noch realisierten Positionen mit Blick auf die bestehende

---

[12] Vgl. Wissenschaftlicher Beirat des BMWi, 2021.

Steuerquote). Insgesamt zwingt damit eine harte Budgetgrenze die Politik zu Priorisierungen, die in einer Welt der Knappheit die Essenz ökonomischen Handelns ausmachen.

In der politökonomischen Wirklichkeit fallen dem Rotstift in Zeiten knapper öffentlicher Kassen zumeist die Investitionen zum Opfer, was nicht nur allokativ problematisch ist, sondern über die prozyklische Wirkung auch stabilisierungspolitisch fehlgeht. Eine Stop-and-go-Politik in den Investitionshaushalten lässt zudem Unternehmen zögern, für die Umsetzung entsprechender Maßnahmen die notwendigen Kapazitäten vorzuhalten. Jede Verstetigung der Investitionstätigkeit würde somit allokativ wie zyklisch Verbesserungen mit sich bringen. Hierzu bietet es sich in der Infrastrukturbereitstellung an, von der Steuerfinanzierung konsequent auf die Nutzerfinanzierung (Maut-Modelle) umzusteigen („Straße finanziert Straße"). Auf diese Weise können geschlossene Finanzierungskreisläufe etabliert werden, die exklusiv die Nutzer – und nicht die Allgemeinheit – am Ausbau und Unterhalt der Infrastrukturen beteiligen. Im Gegenzug zur vermehrten Nutzerfinanzierung kann die Steuerquote gesenkt werden, was dem negativen Effekt des Steuerkeils entgegenwirkt. Mauttarife sind demgegenüber Preise, die sich marktwirtschaftlich in das ökonomische Geschehen einfügen.

Die entsprechenden Infrastrukturgesellschaften sollten mindestens so weit verselbstständigt werden, dass sie aus dem staatlichen Finanzgefüge herausfallen und ihrerseits kapitalmarktfähig sind. Hierbei kommt es entscheidend darauf an, dass die privaten Kapitalgeber zugleich am Risiko dieser Infrastrukturgesellschaften beteiligt werden. Nur dann werden sie ein ausreichendes Interesse daran geltend machen, dass die von ihnen aufgebrachten Investitionsmittel in die dringlichsten – gemessen an der Zahlungsbereitschaft der Nutzer – Projekte fließen. Ruhekissen für Vermögende, bei denen der Staat Renditen und Kapitalerhalt garantiert, sind ein Fremdkörper in einer marktwirtschaftlichen Ordnung und dürfen daher auch die Infrastrukturgesellschaften nicht sein. Raum für staatliche Regionalpolitik bleibt auch bei diesem Modell, wobei dann staatliche Instanzen als Nachfrager nach – am Markt nicht tragfähigen – Infrastrukturleistungen auftreten. Neben einer insgesamt allokativen Verbesserung (verstetigter Ausbau der Infrastrukturen nach den Belangen der Nutzer und nicht nach staatlicher Kassenlage) würden somit auch die für Regionalpolitik eingesetzten Subventionen transparenter.

Mit Blick auf die Schienen- und Fernstraßeninfrastruktur sind bereits erste Schritte in diese Richtung gegangen worden, die es konsequent fortzusetzen gilt. Ähnliche Nutzerfinanzierungsmodelle bieten sich für den Bereich der Hochschulausbildung an (nachlaufende Studienentgelte bzw. Bürgschaftsprogramme), um darüber insbesondere Mittel zugunsten der frühkindlichen Bildung und der Schulausbildung umzulenken. Dort werden weiterhin viel zu viele Talente verschenkt. Bildungskarrieren entscheiden sich am Anfang, nicht am Ende. Neben einem Umdrehen der End-of-pipe-Förderung sollten die Bildungsträger deutlich mehr Eigenständigkeit erhalten, was – zusammen mit einer externen Leistungskontrolle – deutlich höhere Bildungserfolge erwarten lässt.[13]

---

[13] Vgl. Wößmann, 2016.

Zu mehr Rationalität in der Wirtschafts- und Finanzpolitik gehört auch eine Föderalismusreform III, die die Eigenständigkeit – und mit ihr die Verantwortlichkeiten – der verschiedenen Ebenen stärkt. Eine solche Großreform, die über eine vertikale Entflechtung mehr fiskalische Selbstständigkeit von Bund, Ländern und Gemeinden vorsehen müsste, würde vermutlich die öffentlichen Haushalte zunächst für mehrere Jahre einem erheblichen Restrukturierungsprozess aussetzen. Um diesen nicht aus Sorge vor den jährlichen Defizitvorgaben der Schuldenbremse politisch scheitern zu lassen, bietet es sich an, diese für einen solchen grundlegenden Umbau für wenige Jahre auszusetzen.[14]

9.2.4 Marktwirtschaftliche Rückbesinnung in der Dekarbonisierungspolitik

Dekarbonisierung bedeutet, eine bislang freie Ressource (Nutzung der Atmosphäre für CO_2-Emissionen) zu bewirtschaften.[15] Hierzu liegen mit den politisch gesetzten Zeitpfaden für die Obergrenze von CO_2-Emissionen nunmehr die Rahmenbedingungen vor. Der Umgang mit knappen Ressourcen ist der Wesenskern des Wirtschaftens. Hierzu gehört auch, dass sich Knappheiten im Zeitablauf verändern. Zwar ist das Ausmaß der mit der Dekarbonisierung verbundenen Anpassungserfordernisse außergewöhnlich groß, damit stellt sich aber nicht die Frage nach einem neuen Allokationsverfahren für den Umgang mit knappen Ressourcen. Im Gegenteil spricht die Größe der Aufgabe gerade dafür, vorrangig auf diejenigen Mechanismen zu setzen, die dieser Aufgabe auch in der Vergangenheit am besten gerecht geworden sind.

Die Besonderheit der Dekarbonisierung liegt in der globalen Kollektivguteigenschaft der Erdatmosphäre, sodass sich das politische Ziel nur erreichen lässt, wenn die weltweiten Emissionen insgesamt (und nicht nur regional) als Restriktion des Wirtschaftens gelten. Dies spricht insbesondere für eine stärkere Konditionierung der Emissionsobergrenzen. Statt einseitig voranzugehen, sollten sie von der Kooperation der übrigen Welt abhängig gemacht werden, um im Falle nicht erzielbarer Konsense anstelle der Vermeidung stärker auf Anpassung zu setzen. Dies würde zugleich die Glaubwürdigkeit der Verhandlungsposition auf der internationalen Bühne stärken und so das Erreichen des Globalziels wahrscheinlicher machen. Ohne eine solche Drohposition droht das größte Kooperationsproblem der Menschheitsgeschichte (Axel Ockenfels) ungelöst zu bleiben mit dem Ergebnis, dass außer einem Wasserbetteffekt wenig erreicht wird.[16] Neben dieser grundsätzlichen Strategie gilt es, die zur Emissionsreduktion eingesetzten Instrumente so zu wählen, dass die Emissionsziele mit den geringsten Kosten erreicht werden (die

---

[14] Vgl. Projektgruppe Gemeinschaftsdiagnose, 2024a, S. 70.
[15] Die Ausführungen zur Dekarbonisierungs- und Energiepolitik folgen weitgehend der Argumentation in Kooths (2023a).
[16] Vgl. Sinn, 2012.

gleichwohl immer noch hoch sein können). Denn wie überall gilt: Je teurer ein Ziel wird, desto weniger kann man sich davon leisten.

Die Europäische Union hat mit dem Handelssystem für CO_2-Zertifikate (EU-ETS) das Mittel der Wahl in der Dekarbonisierungspolitik längst gefunden. Dieses Instrument sollte konsequent auf alle Emissionsquellen ausgeweitet werden, um die Emissionsziele mit einem einheitlichen Mechanismus anzusteuern. Zugleich braucht es an den Außengrenzen der EU einen symmetrischen Grenzausgleich, bei dem die CO_2-Emissionen der Importe bepreist werden (sofern nicht auswärtig bereits geschehen) und für Exporte die im Binnenmarkt erhoben CO_2-Abgaben rückerstattet werden (sofern sie in Länder ohne CO_2-Bepreisung gehen). Auf diese Weise würden dysfunktionale Wettbewerbsverzerrungen sowohl im Binnenmarkt als auch auf Drittmärkten vermieden und die Anreize für einen Beitritt zu einem Klima-Club erheblich gestärkt. Im Gegenzug – und das ist entscheidend – sollten alle übrigen dekarbonisierungspolitischen Instrumente entfallen.[17]

Das Instrument der CO_2-Preise setzt unmittelbar an einer klar identifizierten und eng umrissenen Stelle im Wirtschaftsgefüge an. Es ist daher einfach zu administrieren und erfordert seitens der Wirtschaftspolitik keine tieferen Einblicke in Produktionsabläufe, branchenweise Kostenstrukturen und Effizienzpotenziale.[18] Ein über handelbare Zertifikate gebildeter CO_2-Preis passt sich zudem selbst an sich ändernde Verhältnisse an und zieht in allen übrigen Wirtschaftsbereichen entsprechende Relativpreisänderungen nach sich. Ein industriepolitischer Ansatz, der alternative Produktionsverfahren fördert, steht hingegen vor dem Problem, dass diese Alternativen im arbeitsteiligen Wirtschaftsgefüge komplex sind und sich im Zuge des kaum vorhersehbaren technischen Fortschritts permanent ändern. Statt sich mit dem preisbasierten Ansatz mit der Emissionsmenge auf eine Größe von vielen (1 von n) zu konzentrieren, steht der subventionsbasierte Ansatz vor der Aufgabe, praktisch in allen übrigen Bereichen ökonomischer Aktivität (n-1) eingreifen zu müssen. Hinzu kommen politökonomische Probleme, insbesondere die Anfälligkeit für Rent-Seeking, bei dem die privaten Akteure ihren Wissensvorsprung vor der bürokratischen und der politischen Ebene ausspielen.

Die Bewältigung der sozioökonomischen Komplexität mithilfe von Preissignalen ist der entscheidende Grund für die Vorteilhaftigkeit einer marktwirtschaftlichen Ordnung. Je weitgreifender sich eine Änderung im Wirtschaftsgefüge vollzieht, desto größer ist der Vorsprung an Koordinationseffizienz der Marktwirtschaft. CO_2-Emissionen betreffen direkt und indirekt nahezu jede ökonomische Aktivität – umso mehr kommt es auf Instrumente an, die dieser Komplexität gewachsen sind.

---

[17] Vgl. Expertenrat R21, 2024.

[18] Für den Grenzausgleichsmechanismus gilt das für die Bestimmung des CO_2-Gehalts von Importen nicht. Hier müsste bei nicht kooperierenden Handelspartnern verstärkt auf Schätzungen zurückgegriffen werden, die sich an den CO_2-Abgaben bzw. CO_2-Vermeidungskosten ähnlicher im Inland produzierter Güter orientieren.

9.2.5 Energiepolitik: Abschied von den Illusionen

Dekarbonisierung ist eng mit Energiepolitik verknüpft. Hierbei nimmt Deutschland international eine Sonderrolle ein. Während alle übrigen Länder mit Dekarbonisierungsambitionen die Erneuerbaren Energien (EE) mit einer konventionellen (und damit regelbaren) Energiequelle verbinden, zielt die deutsche Energiepolitik perspektivisch auf eine Versorgung ab, die nahezu ausschließlich über erneuerbare Quellen (Wind- und Solarenergie) abgedeckt wird. Über den Dekarbonisierungseffekt hinaus versprechen sich die Befürworter davon ökonomische Vorteile (Wachstumsschub, günstigere Energie, Technologierenten), die äußerst zweifelhaft sind bzw. sogar mit umgekehrten Vorzeichen eintreten dürften.[19]

Fossile Brennstoffe haben sich nicht zufällig weltweit als wichtigster Energieträger durchgesetzt. Der Grund liegt darin, dass sie leicht zu gewinnen sind und in der Handhabung große Vorteile bieten (Lagerfähig- und Transportfähigkeit, Regelbarkeit, hohe Energiedichte). Bleiben externe technologische Effekte außen vor, bieten sie einen Kostenvorteil. Wäre es anders, würden private Akteure weltweit auch ohne staatliche Hilfen auf nicht fossile Energieträger ausweichen. Ein diesbezüglicher Wissensvorsprung staatlicher Stellen ist schwer zu begründen. Es ist schlicht nicht zu erwarten, dass staatliche Stellen die Kostenstrukturen der Energieformen besser einschätzen können als private Investoren, die – anders als Politiker und Bürokraten – mit ihrem eigenen Vermögen das Risiko der Investitions- und Technologieentscheidungen tragen. Hierbei geht es jeweils um die gesamten mit einem Energieträger verbundenen Kosten. So sind zwar die variablen Kosten etwa bei Wind- und Solarenergie sehr gering, dafür erfordern sie jedoch einen ungleich höheren Kapitaleinsatz je Energieeinheit. Die gesamtwirtschaftliche Vorteilhaftigkeit bemisst sich nach den jeweils systemischen Durchschnittskosten, nicht nur nach den variablen Kosten eines Energieträgers.

Die Weltwirtschaft wird sich auch ohne staatliche Eingriffe dekarbonisieren, allerdings erst dann, wenn der Abbau fossiler Brennstoffe bei zunehmender Verknappung unwirtschaftlich würde. Gegenstand der Dekarbonisierungspolitik ist es indes, die konventionelle Nutzung fossiler Brennstoffe bereits deutlich früher einzustellen, die Dekarbonisierung also zeitlich vorzuziehen. Dies begründet das politische Eingriffserfordernis. Die Wirtschaftspolitik sollte jedoch nicht davon ausgehen, mit der Dekarbonisierung mehrfache Dividenden einfahren zu können (sowohl weniger CO_2-Emissionen als auch günstigere Energieversorgung). Vielmehr muss sie sich darüber im Klaren werden, dass die Dekarbonisierung gesamtwirtschaftlich wachstumsdämpfend wirkt, weil von den entsprechenden Investitionen (sowohl mit Blick auf den physischen Kapitalstock als auch für Forschung und Entwicklung) keine additiven Kapazitätseffekte ausgehen (Umbau statt Aufbau des Produktionspotenzials). So ist auch bei den bisherigen Ausbauzielen für Erneuerbare Energien eine erhebliche Zunahme der Energieeffizienz erforderlich.[20] Diese wiederum

---

[19] Vgl. Kooths, 2023b.
[20] Vgl. Projektgruppe Gemeinschaftsdiagnose, 2023, S. 83 ff.

erfordert Innovationsleistungen, die an anderer Stelle nicht mehr zur Verfügung stehen (und die dort bislang den technischen Fortschritt und somit den Wachstumsprozess mitgetragen haben). Zwar wachsen die dekarbonisierungsbefassten Bereiche naturgemäß bei verstärkter Dekarbonisierung, dies geht aber mit dem Abzug von Produktionsfaktoren von anderen Bereichen einher, die dementsprechend schwächer wachsen oder schrumpfen müssen. Insgesamt muss sich die Dekarbonisierung aus sich selbst heraus rechtfertigen, multiple Dividenden sind auf absehbare Zeit nicht zu erwarten – im Gegenteil.

Eine wichtige Säule der Dekarbonisierungspolitik mit Blick auf eine mögliche Lösung des globalen Kooperationsproblems stellt vermehrte Forschungsaktivität dar. Sollte es dadurch gelingen, Energieformen zu finden, die die fossilen Energieträger am Markt unterbieten, würde sich das globale Kooperationsproblem dezentral auflösen. Hierzu müssten die Forschungsergebnisse der übrigen Welt zu Konditionen zugänglich gemacht werden, die diesen Marktvorteil nicht wieder einebnen. Daher sollten Hoffnungen auf zukünftig erzielbare Premiumpreise für solche Technologien nicht allzu hoch gehängt werden. Da die Extraktionskosten für fossile Energieträger weiterhin sehr niedrig sind, muss eine global wirksame Dekarbonisierungspolitik zudem mitdenken, den Eigentümern der entsprechenden Vorkommen Geschäftsmodelle zu erhalten, was über vermehrte CO_2-Abscheidung möglich würde. Jede Tonne Kohle, Erdöl oder Erdgas, die in den dekarbonisierungswilligen Ländern mit CCS verbrannt wird, verursacht global keine CO_2-Emissionen mehr, was das Green Paradox eindämmt. Auch in dieser Hinsicht sind vermehrte Forschungsanstrengungen wichtig.

Die Kostentreiber beim vollständigen Umstieg auf Wind- und Solarenergie liegen – neben dem Kapitalbedarf der jeweiligen Anlagen – infolge der schwankenden Erzeugung im Netzausbau, in den Speichern sowie in erforderlichen Reservekapazitäten. In Kombination mit einer regelbaren konventionellen Energiequelle würden diese (mit steigendem EE-Anteil überproportional steigenden) Kosten geringer ausfallen. Die hiesige Energiewende sollte daher um eine solche konventionelle Säule ergänzt werden. Der Umbau auf eine rein EE-basierte Energieversorgung stellt hingegen ein Großexperiment dar, dessen Risiken durch den deutschen Sonderweg über den internationalen Standortwettbewerb erheblich vergrößert werden.

9.3 Fazit: Kurswechsel Richtung Ordnungspolitik

Eine industriepolitisch geprägte Wirtschaftspolitik ist eine in meterdicke Bürokratie gegossene Misstrauenserklärung gegenüber Marktprozessen. Statt auf Rahmenbedingungen zu setzen, innerhalb derer die ökonomischen Akteure nach dem günstigen Weg zum Ziel suchen, schreiben industriepolitische Regulierungen den Weg vor bzw. nehmen technologische Optionen aus dem Spiel, von denen niemand wissen kann, wie wichtig sie noch werden können. Diese „Anmaßung von Wissen"[21] durchzieht mittlerweile weite Teile der

---

[21] Vgl. Hayek, 1974.

Wirtschaftspolitik, sowohl national wie auf der EU-Ebene. War die EU über Jahrzehnte eine Triebkraft für Marktöffnung und Deregulierung, agiert sie in jüngerer Zeit ihrerseits zunehmend interventionistischer. Neben dem Green New Deal zählen hierzu immer mehr Verordnungen, die den Unternehmen über Berichtspflichten kleinteilige Vorgaben machen.

So läuft die EU-Taxonomie darauf hinaus, über die Beeinflussung von Finanzierungskosten Industriepolitik zu betreiben. Dabei ist es in einer hochgradig arbeitsteilig organisierten Ökonomie unmöglich, einem einzelnen Unternehmen oder gar einem einzelnen Investitionsprojekt ihren Beitrag zu bestimmten Zielen zu bescheinigen, weil hierzu diejenigen Informationen fehlen, die auch das Berechnen von Preisen in einer Zentralverwaltungswirtschaft unmöglich machen.[22] Für alle mit der EU-Taxonomie verfolgten Ziele gibt es marktkonformere Instrumente, die insbesondere einen wesentlich geringeren bürokratischen Aufwand bedeuten würden. Denn zunehmende Berichtspflichten binden immer mehr hoch qualifizierte Arbeitskräfte, die gesamtwirtschaftlich keinerlei Produktivitätsbeitrag leisten. Ähnliches gilt für die Lieferkettengesetzgebung oder die CSRD-Richtlinie. Dabei sind jeweils nicht die Ziele kontrovers, sondern das Mittel der Berichtspflichten. Statt sich mit diesen Bürokratiemonstern abzufinden, sollte eine Reformdebatte ihre Rückabwicklung in den Blick nehmen, weil der dahinterstehende Politikansatz im Kern verfehlt ist.

Mangelndes Verständnis von Marktprozessen prägt nicht zuletzt die Arbeitsmarktregulierung. Ohne gravierende wirtschaftspolitische Fehler liegen die Zeiten der Massenarbeitslosigkeit hinter uns. Der demografische Wandel sorgt zusätzlich dazu, dass die Anbieter am Arbeitsmarkt am längeren Hebel sitzen. Demzufolge spielen verstärkt die Marktkräfte zugunsten der Arbeitnehmer. Wie immer man zur Arbeitsmarktregulierung in Zeiten der Massenarbeitslosigkeit steht, spätestens in Zeiten nahe der Vollbeschäftigung und Arbeitskräfteengpässen wäre es angebracht, regulatorisch mehr Leine zu lassen, weil der Wettbewerb um Arbeitskräfte vermeintliche Ausbeutungsspielräume verengt. Hinzu kommt, dass auch in der Arbeitsmarktregulierung seit jeher Interventionsspiralen angelegt sind, die den bürokratischen Aufwand selbst für all diejenigen drastisch erhöhen, auf die eine Regulierung ursprünglich gar nicht abzielte. So zieht ein gesetzlich vorgeschriebener Mindestlohn, der im Übrigen keinen bedeutsamen Beitrag zur Armutsbekämpfung leistet,[23] notwendigerweise eine striktere Arbeitszeitüberwachung nach sich, um nicht unterlaufen zu werden. Somit sind nun Unternehmen mit Dokumentationspflichten zur Arbeitszeit konfrontiert, deren Löhne ohnehin oberhalb des Mindestlohns liegen.

Alles in allem braucht es einen neuen Stil in der Wirtschaftspolitik. Weg von immer kleinteiligerer Regulierung, die die Produktionsstrukturen nach politischen Vorgaben zu steuern trachtet, hin zu einer verlässlichen ordnungspolitischen Rahmensetzung.[24] Weil der Staat mit Mikromanagement überfordert ist, muss er in Reaktion auf unvermeidliche Fehlschläge permanent nachsteuern. Zudem steigen die fiskalischen Lasten, die diesen

---

[22] Vgl. Kooths, 2022b.
[23] Vgl. Groll, 2023.
[24] Vgl. Kooths, 2023c.

Kurs auch für die öffentlichen Haushalte nicht tragfähig erscheinen lassen. Im Ergebnis sinkt das Preis-Leistungs-Verhältnis des Standorts und die Politikunsicherheit steigt, wodurch insbesondere langfristig orientierte Geschäftsmodelle unattraktiver werden. Dieser Gegenwind wird zu Rückenwind, sobald die Wirtschaftspolitik den Kurs ändert und wieder mit den Marktkräften spielt, anstatt gegen sie.

Literatur

Expertenrat R21. (2024). *Klimapolitik: Es ginge einfacher, besser und billiger. Standpunkt des „R21 Expertenrats Klima- und Energiepolitik"*. Republik21 e. V. Denkfabrik.

Giersch, H. (1981). Wie Wissen und Wirtschaft wachsen. *List Forum, 11*, 143–162.

Giersch, H. (1993). Die progressive Ordnung. In Ders., *Marktwirtschaftliche Perspektiven für Europa* (S. 183–214). Econ.

Groll, D. (2023). Schriftliche Stellungnahme zum Antrag der Fraktion des SSW, Drucksache 20/955 („Bundesratsinitiative für einen armutsfesten Mindestlohn – damit das Leben bezahlbar bleibt!"), Schleswig-Holsteinischer Landtag, Umdruck 20/1876.

Hayek, F. A. v. (1945). The use of knowledge in society. *American Economic Review, 35*, 519–530.

Hayek, F. A. v. (1974). The pretence of knowledge. Lecture to the memory of Alfred Nobel, December 11, 1974. https://www.nobelprize.org/prizes/economic-sciences/1974/hayek/lecture/. Zugegriffen am 05.01.2025.

Heinemann, F., Fischer, L., Gundert, H., & Weck, S. (2023). *Länderindex Familienunternehmen* (9. Aufl.). Stiftung Familienunternehmen.

IMD. (2024). World competitiveness yearbook 2024, Lausanne. https://www.imd.org/centers/wcc/world-competitiveness-center/rankings/world-competitiveness-ranking/. Zugegriffen am 10.02.2025.

Klodt, H., & Kooths, S. (2021). Vom Rückenwind zur Flaute – Eine makroökonomische Bilanz mit schweren Krisen und wenigen Aktivposten. In P. Plickert (Hrsg.), *Merkel – Die Kritische Bilanz von 16 Jahren Kanzlerschaft* (S. 145–161). Finanzbuch Verlag.

Kooths, S. (2004). Wachstum durch Wissenschaft. In D. Dettling & C. Prechtl (Hrsg.), *Weißbuch Bildung – Für ein dynamisches Deutschland* (S. 32–41). Verlag für Sozialwissenschaften.

Kooths, S. (2022a). Wider das Gulliver-Syndrom. Stimme der Ökonomen, 16. September 2022, Merkur. https://www.merkur.de/wirtschaft/industrie-politik-vorschriften-dirigismus-folgen-gulliver-syndrom-uniper-kooths-ifw-kiel-zr-91721237.html. Zugegriffen am 10.02.2025.

Kooths, S. (2022b). EU-Taxonomie – Mission Impossible. *The Economists' Voice, 19*, 213–219.

Kooths, S. (2023a). Schriftliche Stellungnahme, Anhörung am 10. Mai 2023 vor dem Wirtschaftsausschuss des Deutschen Bundestages (20. Wahlperiode, Ausschussdrucksache 20(9)251) zum US-amerikanischen „Inflation Reduction Act" und den Vorschläge der EU-Kommission zu einem „Green Deal Industrial Plan for the Zero-Net Age". Berlin: Deutscher Bundestag.

Kooths, S. (2023b). Wirtschaft ohne Wunder. *Wirtschaftswissenschaftliches Studium, 52* (Heft 7–8), 1.

Kooths, S. (2023c). Markt vs. Staat – Leitplanken für die Wirtschaftspolitik. In N. Berthold & J. Quitzau (Hrsg.), *Die Wirtschafts-Welt steht Kopf: Abschied von den Illusionen – Konzepte für eine neue Wirtschaftspolitik*. Vahlen.

NKR. (2022). Bürokratieabbau in der Zeitenwende – Bürger, Wirtschaft und Verwaltung jetzt entlasten. Nationaler Normenkontrollrat, Jahresbericht 2022, Berlin: Bundesministerium der Justiz.

Peichl, A., Bonin, H., Stichnoth, H., Bierbrauer, F., Blömer, M., Dolls, M., Hansen, E., Hebsaker, M., Necker, S., Pannier, M., Petkov, B., & Windsteiger, L. (2023). Zur Reform der

Transferentzugsraten und Verbesserung der Erwerbsanreize. Forschungsbericht 629, Bundesministerium für Arbeit und Soziales, Berlin.

Projektgruppe Gemeinschaftsdiagnose. (2023). Inflation im Kern hoch – Angebotskräfte jetzt stärken. Frühjahrsgutachten, München.

Projektgruppe Gemeinschaftsdiagnose. (2024a). Deutsche Wirtschaft kränkelt – Reform der Schuldenbremse kein Allheilmittel. Frühjahrsgutachten, Kiel.

Projektgruppe Gemeinschaftsdiagnose. (2024b). Deutsche Wirtschaft im Umbruch – Konjunktur und Wachstum schwach. Herbstgutachten, Berlin.

Sinn, H.-W. (2012). *The green paradox – A supply-side approach to global warming.* MIT Press.

Wissenschaftlicher Beirat des BMWi. (2021). Vorschläge für eine Reform der gesetzlichen Rentenversicherung. Gutachten des Wissenschaftlichen Beirats beim Bundesministerium für Wirtschaft und Energie (BMWi), Berlin.

Wößmann, L. (2016). Ein wettbewerblicher Entwurf für das deutsche Schulsystem. Expertise im Auftrag der Initiative Neue Soziale Marktwirtschaft, Berlin.

Prof. Dr. Stefan Kooths ist Direktor des Forschungszentrums Konjunktur und Wachstum am Kiel Institut für Weltwirtschaft (IfW Kiel) und Professor für Volkswirtschaftslehre an der BSP Business and Law School Berlin/Hamburg. Nach dem Volkswirtschaftsstudium und anschließender Promotion an der Universität Münster war er dort zunächst mehrere Jahre in Forschung und Lehre tätig. 2005 wechselte er in die angewandte Wirtschaftsforschung und wurde Forschungsleiter in der Konjunkturabteilung des Deutschen Instituts für Wirtschaftsforschung in Berlin. Seit 2010 arbeitet er für das IfW Kiel, 2014 wurde er dort Konjunkturchef. Stefan Kooths gehört dem Wirtschaftspolitischen Ausschuss des Vereins für Socialpolitik an und engagiert sich im Präsidium des Internationalen Wirtschaftssenats (IWS). Er ist Vorsitzender der Friedrich August von Hayek-Gesellschaft, Mitglied der Mont Pèlerin Society und sitzt im Akademischen Beirat des Liberalen Instituts (Zürich).

Forschungsstark und praxisnah

FOM.
Die Hochschule besonderen Formats

FOM Hochschulzentrum Düsseldorf

Mehr als 50.000 Studierende, 25 Forschungseinrichtungen und 500 Veröffentlichungen im Jahr – damit zählt die FOM zu den größten und forschungsstärksten Hochschulen Europas. Initiiert durch die gemeinnützige Stiftung BildungsCentrum der Wirtschaft folgt sie einem klaren Bildungsauftrag: Die FOM ermöglicht Berufstätigen, Auszubildenden, Abiturienten und international Studierenden ein qualitativ hochwertiges und finanziell tragbares Hochschulstudium. Als gemeinnützige Hochschule ist die FOM nicht gewinnorientiert, sondern reinvestiert sämtliche Gewinne – unter anderem in die Lehre und Forschung.

Die FOM ist staatlich anerkannt und bietet mehr als 50 akkreditierte Bachelor- und Master-Studiengänge an – im Campus-Studium an 35 Hochschulzentren oder im einzigartigen Digitalen Live-Studium gesendet aus den Hightech-Studios der FOM.

Lehrende und Studierende forschen an der FOM in einem großen Forschungsbereich aus hochschuleigenen Instituten und KompetenzCentren. Dort werden anwendungsorientierte Lösungen für betriebliche und gesellschaftliche Problemstellungen generiert. Aktuelle Forschungsergebnisse fließen unmittelbar in die Lehre ein und kommen so den Unternehmen und der Wirtschaft insgesamt zugute.

Zudem fördert die FOM grenzüberschreitende Projekte und Partnerschaften im europäischen und internationalen Forschungsraum. Durch Publikationen, über Fachtagungen, wissenschaftliche Konferenzen und Vortragsaktivitäten wird der Transfer der Forschungs- und Entwicklungsergebnisse in Wissenschaft und Wirtschaft sichergestellt.

Alle Institute und KompetenzCentren unter
fom.de/forschung

MIX
Papier aus verantwortungsvollen Quellen
Paper from responsible sources
FSC® C105338

If you have any concerns about our products,
you can contact us on
ProductSafety@springernature.com

In case Publisher is established outside the EU,
the EU authorized representative is:
Springer Nature Customer Service Center GmbH
Europaplatz 3, 69115 Heidelberg, Germany

Printed by Libri Plureos GmbH
in Hamburg, Germany